史料・明治担保物権法

― プロジェから明治民法まで ―

平井一雄 編著

信山社

　　　　　は　し　が　き

　『法典調査会民法議事速記録』の財産法の部分や『民法修正案（前三篇）の理由書』を読んでいると，本条は，既成法典（旧民法）何条の文字を修正したにとどまるとか，何条の趣旨と変わらないつもりである，というような記述に頻繁に遭遇する。すなわち，いまさら私ごときがいうまでもないが，明治民法は旧民法と断絶しているのではなく，明治民法の多くの各箇条のルーツは旧民法にあり，さらに遡ればボワソナードの起草したプロジェに到るといえるのである。
　本書は，上記のような認識にもとづいて，明治民法（それは，公布された旧民法を改正して成立したものとして「新民法」ではなく「改正民法」と呼ばれ，旧民法は既成法典と呼ばれていた）の担保物権法の各条について，旧民法からプロジェへ辿ったものである。もっとも，記述の仕方は，後述のように時系列にしたがって逆に，プロジェ→旧民法（債権担保編）→明治民法となっている。
　担保物権法を対象としたのは，私の研究関心がその分野にあったからである。
　プロジェから明治民法までを辿ったものであるから，明治民法から現行民法に到るまでの変遷には触れていない。したがって，現行民法では削除されている制度（滌除）について採り上げているし，現行民法で新設されている制度（根抵当）は取り上げていない。

　本書の内容は以下の通りである。
　はじめに現行民法の条文を引用してある。これは，インデックスのようなものである（現行民法にはない条文については，明治民法の条文を掲げた）。次いで，「プロジェ」の条文，その日本語訳ともいうことができる旧民法草案の条文，旧民法債権担保編の条文，その次にボワソナードがどのような意図で起草したのかを知る意味で，その条文に付された commentaire の趣旨を紹介し，法典調査会に起草委員によって提示された条文と，起草委

i

はしがき

　員によってなされた趣旨説明を簡略に紹介したのちに，成文となった明治民法の条文を掲げ，最後に明治民法の仏語訳を引用した。これは，プロジェの条文と仏文において比較することも一興と思ったからである。

　これらの間に，補論（場合によっては再補論）なるものがはさまれている。これは，上記の記述について私が付した補足としての一文であるが，ときには私の感想のようなものも含まれている。

　明治民法担保物権法の各条については，今日までに，さまざまな解釈が述べられ判例の集積もある。本書は「史料」として纏めたものであるから，これらについては一切触れていない。

　以下，本稿で用いた書物と，一，二のお断りをしておく。

　「プロジェ」として引用したものの出典は，"M. G. Boissonade; Projet de Code Civil pour L'Empire du Japon accompagné d'un commentaire" t.4（1889年）（宗文館，1983年復刻版）である。同書では，privilègeのaccentとしてaccent aiguが用いられているが，辞書にしたがってaccent graveに統一した。その他の部分は，すべて原文のままである。

　旧民法草案として引用したものは，前田達明編『史料民法典』（成文堂，2004年）による。同書では，底本は京都大学法学部図書館所蔵本で，「ボワソナードの草案は，周知のように幾度も修正が加えられ，その日本語訳も種々存在し，ここに掲載したものは，必ずしも同時期のものではなく，史料として厳密性を欠く」とされている。その条文の訳文を見ると，すくなくとも私が引用した限りでは，『ボアソナード氏起稿　再閲修正民法草案註釈』（訳者，発行所，出版年とも不明）の訳文と一致しているということがいえる。

　旧民法の条文も，上掲前田編『史料民法典』による。

　法典調査会における，調査会に提出された各条の原案，ならびに起草委員の趣旨説明は，『法典調査会　民法議事速記録　二』（日本近代立法資料叢書２，商事法務研究会，昭和59年）によった。

　明治民法の条文についても，前掲前田編によったが，法文社版・有斐閣発行の『新体　総合註釈　大六法全書』（昭和15年），『旧法令集』（有斐閣，

はしがき

平成24年）なども参照した。

　また明治民法の仏語訳は，"Ichiro MOTONO et Massa-akira TOMII; Code Civil L' Empire du Japon. 1896"（Reimprimé par le Sinsei-shuppan 1997）による。同書の，第346条の dus は dos の，第351条の immeuble は meuble の誤りではないかと思われるので，引用では，dos, meuble を用いた。

　その他，広中俊雄編『民法修正案（前三篇）の理由書』（有斐閣，昭和59年），現代法制資料編纂会編『明治「旧法」集』（国書刊行会，昭和58年）からも適宜引用した。

　上に掲げたように，本書は参照した文献も少なく，内容的には不充分なものではあるが，これを足掛りとしてさらに充実したものにしたいと思っている。

　最後に，信山社の渡辺左近さんにお礼を申し上げたい。本書は，本来は私の民法研究のための note として作成したものである。そのため，メモ書きのような乱雑な原稿であったが，その出版をお奨めくださり，かつ，苦労して書物の体裁に整えてくださった。渡辺さんのこういったご尽力がなかったなら，本書は筐底に秘められたままであったであろう。これまでにもお世話になったことも含めて，こころから感謝の意を捧げます。

　　2016年1月20日

　　　　　　　　　　　　　　　　　　　　　　　　　平　井　一　雄

目　次

はしがき

はじめに………………………………………………………………… 1

第1章　留置権……………………………………………………… 3
　　　第295条（留置権の内容）………………………………… 4
　　　第296条（留置権の不可分性）…………………………… 9
　　　第297条（留置権者による果実の収取）………………… 11
　　　第298条（留置権者による留置物の保管等）…………… 18
　　　第299条（留置権者による費用の償還請求）…………… 22
　　　第300条（留置権の行使と債権の消滅時効）…………… 24
　　　第301条（担保の供与による留置権の消滅）…………… 27
　　　第302条（占有の喪失による留置権の消滅）…………… 30

第2章　先取特権…………………………………………………… 33
　　　第303条（先取特権の内容）……………………………… 33
　　　第304条（物上代位）……………………………………… 36
　　　第305条（先取特権の不可分性）………………………… 40
　　　第306条（一般の先取特権）……………………………… 41
　　　第307条（共益費用の先取特権）………………………… 44
　　　第308条（雇用関係の先取特権）………………………… 45
　　　第309条（葬式費用の先取特権）………………………… 46
　　　第310条（日用品供給の先取特権）……………………… 49
　　　第311条（動産の先取特権）……………………………… 51
　　　第312条（不動産賃貸の先取特権）……………………… 56
　　　第313条（不動産賃貸の先取特権の目的物の範囲）…… 58
　　　第314条　………………………………………………… 62
　　　第315条（不動産賃貸の先取特権の被担保債権の範囲）…… 65
　　　第316条　………………………………………………… 68

目　次

第317条（旅館宿泊の先取特権）…………………………………… 69
第318条（運輸の先取特権）………………………………………… 71
第319条（即時取得の規定の準用）………………………………… 75
第320条（動産保存の先取特権）…………………………………… 78
第321条（動産売買の先取特権）…………………………………… 80
第322条（種苗又は肥料の供給の先取特権）……………………… 82
第323条（農業労務の先取特権）…………………………………… 84
第324条（工業労務の先取特権）…………………………………… 85
第325条（不動産の先取特権）……………………………………… 86
第326条（不動産保存の先取特権）………………………………… 90
第327条（不動産工事の先取特権）………………………………… 90
第328条（不動産売買の先取特権）………………………………… 93
第329条（一般の先取特権の順位）………………………………… 95
第330条（動産の先取特権の順位）………………………………… 98
第331条（不動産の先取特権の順位）………………………………103
第332条（同一順位の先取特権）……………………………………107
第333条（先取特権と第三取得者）…………………………………108
第334条（先取特権と動産質権との競合）…………………………110
第335条（一般の先取特権の効力）…………………………………112
第336条（一般の先取特権の対抗力）………………………………116
第337条（不動産保存の先取特権の登記）…………………………118
第338条（不動産工事の先取特権の登記）…………………………119
第339条（登記をした不動産保存又は不動産工事の先取特権）
　　　　　…………………………………………………………121
第340条（不動産売買の先取特権の登記）…………………………123
第341条（抵当権に関する規定の準用）……………………………125

第3章　質　権…………………………………………………………127
　　第342条（質権の内容）…………………………………………127
　　第343条（質権の目的）…………………………………………129

目　次

第344条（質権の設定）……………………………………………… 129
第345条（質権設定者による代理占有の禁止）…………………… 132
第346条（質権の被担保権の範囲）………………………………… 132
第347条（質物の留置）……………………………………………… 135
第348条（転質）……………………………………………………… 140
第349条（契約による質物の処分の禁止）………………………… 143
第350条（留置権及び先取特権の規定の準用）…………………… 146
第351条（物上保証人の求償権）…………………………………… 147
第352条（動産質の対抗要件）……………………………………… 150
第353条（質物の占有の回復）……………………………………… 153
第354条（動産質権の実行）………………………………………… 154
第355条（動産質権の順位）………………………………………… 157
第356条（不動産質権者による使用及び収益）…………………… 158
第357条（不動産質権者による管理の費用等の負担）………… 162
第358条（不動産質権者による利息の請求の禁止）…………… 165
第359条（設定行為に別段の定めがある場合等）……………… 167
第360条（不動産質権の存続期間）………………………………… 168
第361条（抵当権の規定の準用）…………………………………… 170
第362条（権利質の目的等）………………………………………… 171
第363条（債権質の設定）…………………………………………… 172
第364条（指名債権を目的とする質権の対抗要件）……………… 175
第365条（指図債権を目的とする質権の対抗要件）……………… 177
第366条（質権者による債権の取立て等）………………………… 178
第367条－削除
第368条－削除

第4章　抵　当　権……………………………………………… 183
　第369条（抵当権の内容）…………………………………………… 185
　第370条（抵当権の効力の及ぶ範囲）……………………………… 190
　第371条　………………………………………………………………… 194

目　次

第372条（留置権等の規定の準用）……………………… 195
第373条（抵当権の順位）………………………………… 197
第374条（抵当権の順位の変更）………………………… 199
第375条（抵当権の被担保債権の範囲）………………… 200
第376条（抵当権の処分）………………………………… 204
第377条（抵当権の処分の対抗要件）…………………… 207
第378条（代価弁済）……………………………………… 210
　（以下第387条までは，滌除の規定であるので明治民法の条数を
　掲げる）
明治民法第378条　………………………………………… 213
明治民法第379条　………………………………………… 215
明治民法第380条　………………………………………… 217
明治民法第381条　………………………………………… 219
明治民法第382条　………………………………………… 221
明治民法第383条　………………………………………… 224
明治民法第384条　………………………………………… 227
明治民法第385条　………………………………………… 230
明治民法第386条　………………………………………… 231
明治民法第387条　………………………………………… 233
第388条（法定地上権）…………………………………… 235
第389条（抵当地の上の建物の競売）…………………… 237
第390条（抵当不動産の第三取得者による買受け）…… 238
第391条（抵当不動産の第三取得者による費用の償還請求） 241
第392条（共同抵当における代価の配当）……………… 243
第393条（共同抵当における代位の付記登記）………… 246
第394条（抵当不動産以外の財産からの弁済）………… 248
明治民法第395条　………………………………………… 253
第396条（抵当権の消滅時効）…………………………… 256
第397条（抵当不動産の時効取得による抵当権の消滅）…… 258
第398条（抵当権の目的である地上権等の放棄）……… 260

vii

はじめに

　本書が対象とするのは「はしがき」で述べたように，明治民法（明治31年施行）の第295条から第398条まで，いわゆる担保物権法についてである。その逐条の紹介に入る前に，旧民法（明治23年公布・明治26年施行予定）と明治民法との編別の相違について触れておく。

　ボワソナードが起草した「日本帝国民法典草案」（「プロジェ」と略称する）では，第4編「債権担保編」の第1部が「対人担保」，第2部が「物上担保」であり，旧民法もこの体裁を継承した。ところが，明治民法では，「対人担保」は債権編に，「物上担保」は物権編に組み入れられることとなった。その結果，旧民法債権担保編の「総則」と題された，第1条及び第2条（プロジェでは，第1001条と第1002条）は，明治民法では対応する規定が見られないことになった。以下にこの2箇条を掲げておく。挿入した仏語は，プロジェで用いられているものである。

第1条　債権者ノ総財産ハ動産ト不動産ト現在ノモノト将来ノモノトヲ問ハス其債権者ノ共同ノ担保（gage commun）ナリ但法律ノ規定亦ハ人ノ処分ニテ差押ヲ禁シタル物ハ此限リニ在ラス
債務者ノ財産カ総テノ義務ヲ弁済スルニ足ラサル場合ニ於テハ其価額（valeur）ハ債権ノ目的（objet），原因（cause），体様（modalité）ノ如何ト日附ノ前後トニ拘ハラス其債権額ノ割合ニ応シテ之ヲ各債権者ニ分与ス但其債権者ノ間ニ優先ノ正当ナル原因アルトキハ此限リニ在ス
　財産ノ差押，売却及ヒ其代価（prix）ノ順序配当（distribution）又ハ共分配当（contribution）の方式ハ民事訴訟法ヲ以テ之ヲ規定ス
第2条　義務履行ノ特別ノ担保（garanties spécials）ハ対人ノモノ有リ対物ノモノ有リ
対人担保ハ之ヲ左ニ掲ク
　第一　保証
　第二　債務者間又ハ債権者間ノ連帯

はじめに

　第三　任意ノ不可分
物上担保ハ之ヲ左ニ掲ク
　第一　留置権
　第二　動産質
　第三　不動産質
　第四　先取特権
　第五　抵当権

　物上担保は，旧民法では上に掲げたように5種類とされた。明治民法では，法典上の配列は，留置権，先取特権，質権，抵当権の順であり，旧民法の配列とは異なることが知られる。ボワソナードのプロジェも旧民法と同じである。フランス民法が，質権の後に先取特権を配しているのに倣ったものと思われる。

第1章　留　置　権

>[補論]

　プロジェでは，物上担保の一つとして留置権をおいている。これは，ボワソナードの創案にかかるが，にもかかわらず，プロジェの各所に，個々に留置権を認めた規定がかなり多く散在する。旧民法でも同様である。

　ボワソナードは，次のように言う。留置権が認められるさまざまな場合をことさら規定するのは，この権利の性質，すなわち，それがまさに役立つ時に行使しなければ，消滅する，という性質からして，必要なことである，と。彼のこのような言辞は，以下のような草案策定理念に裏打ちされているといえよう。「法律は，たんに裁判に従事する司法官に指針を与えるものではなく，とりわけ一般市民のためにあり，法律を読めば，個々の事案について，彼らの権利と義務が明らかになるのでなければならない。」
（以上，プロジェ第1096条の注釈より）

　プロジェをもととした旧民法の規定が，煩雑に過ぎたということも，明治民法が新たに起草された理由の一つではあるが，煩雑であることの理由の一端は，ボワソナードのこのような考慮によるということができよう。

　旧民法に散在している留置権を肯定する諸規程について，プロジェの規程と対応する旧民法の規程のリストを掲げておく。

Projet. Art. 32. 1al.	財産編	第31条1項
Art. 73. 4al.		第70条4項
Art. 156. 2al		第144条（70条を類適）
Art. 182. 2al.		第170条（144条を類適）
Art. 189. 2al.		第177条3項（70条を類適）
Art. 209		第197条
Art. 476. 4al.		第455条4項
Art. 684. 3al.	財産取得編	第47条3項

第1章　留置権

Art. 737. 3al. 　　　　第88条3項
Art. 900 　　　　　　　第205条
Art. 915. 2al. 　　　　第219条2項
Art. 944 　　　　　　　第248条

（現行民法）

（留置権の内容）

第295条　他人の物の占有者は，その物に関して生じた債権を有するときは，その債権の弁済を受けるまで，その物を留置することができる。ただし，その債権が弁済期にないときは，この限りではない。

　前項の規定は，占有が不法行為によって始まった場合には，適用しない。

（プロジェ）

Art. 1096. Indépendamment des cas où le droit de rétention est reconnu au créancier par des dispositions spéciales des Livres II et III du présent Code, le même droit appartient à tout créancier sur la chose mobilière ou immobilière de son débiteur, lorsqu'il la possède déjà en vertu d'une cause légitime, et lorsque sa créance est connexe à cette possession ou née à l'occasion de ladite chose, par l'effet soit de la cession qu'il en a faite, soit de dépenses faites pour sa conservation, soit de dommages par elle causés, lorsque le propriétaire en est responsable.

　Celui qui a géré les affaires d'autrui, sans mandat, ne jouit du droit de rétention, à l'égard des choses dont il a pris la gestion, que pour les dépenses nécessaires et pour celles de conservation.

（旧民法草案）

第1596条　留置権カ此法律第2編及ヒ第3編ノ特別条例ヲ以テ債権者ノ為メニ認メラレタル場合ノ外亦債権者カ既ニ正当ノ原由ニ依リ其債務者ノ動

第295条（留置権の内容）

産物又ハ不動産物ヲ占有シ且債権カ此占有ニ連繫シ又ハ債権カ債権者ヨリ為シタル其物ノ譲渡ニ因リ或ハ其物ノ保存ノ為メニ為シタル費用ニ因リ或ハ所有者カ其物ニ生シセシメタル損害ノ責ニ任ス可キトキハ其債務者ノ動産物又ハ不動産物ニ付キ総テノ債権者ニ属ス

委任ヲ受ケスシテ他人ノ事務ヲ管理シタル者ハ必要ノ費用及ヒ保持ノ費用ノ為メニ非サレハ其管理シタル物ニ付キ留置権ヲ享有セス

債権担保編

第92条　留置権ハ財産編及ヒ財産取得編ニ於テ特別ニ之ヲ規定シタル場合ノ外債権者カ既ニ正当ノ原因ニ由リテ其債務者ノ動産又ハ不動産ヲ占有シ且其債権カ其物ノ譲渡ニ因リ或ハ其物ノ保存ノ費用ニ因リ或ハ其物ヨリ生シタル損害賠償ニ因リテ其物ニ関シ又ハ其占有ニ牽連シテ生シタルトキハ其占有シタル物ニ付キ債権者ニ属ス

委任ナクシテ他人ノ事務ヲ管理シタル者ハ必要ノ費用及ヒ保持ノ費用ノ為メニ非サレハ其管理シタル物ニ付キ留置権ヲ有セス

プロジェ注釈

　既にいくつかの条文において，債権者の利益のために留置権を認めているが，フランス民法典とは異なって，留置権に関する一般的条項をここに規定した。

　留置権が認められる条件（condition）は2つである。

　第1には，債権者が留置権を主張する物につき，正当の原因（cause légitime）によってすでに占有していること，第2には，留置権をもって担保されるべき債権は，その物から生じ，その占有に連関して（connnexe à cette possession）いなければならない。

　事務管理は，占有が正当の原因によって始まる場合にあたるが，この場合には，必要費と保存費にのみ留置権が認められる。

　個別に有益費について留置権が認められている場合を除いては，他人の物の改良のための有益費には留置権は認められない。

第1章　留置権

補論

　フランス民法典（以下，フランス民法という）には，留置権に関する一般的規定はなく，民法典のなかに「留置権」の一般的規定をおいたこと，並びに，それを債権担保と位置付けたことは，ボワソナードの創出になる。彼によれば，フランス民法では，留置権についての一般的規定を欠く故に，その原則について厄介な論争があり，これを明らかにしておく必要から，日本民法では，このような規定を設けたとされる。

　すでに紹介したように，プロジェの他の箇所においても，たとえば，売主の義務を定めた第684条3項（財産取得編第47条3項に該る）では，売主は代金の支払いがあるまでは目的物を留置することができるとしているが，そこには，明治民法におけるように，双務契約の効力としての引換履行の抗弁権という発想はない。フランス法系では，留置権と契約の効力としての同時履行の抗弁権を区別しない。明治民法第533条は，ドイツ民法草案，スイス債務法等に倣って採りいれられたものである。もっとも，梅『要義・巻之三』では，第533条の参照条文としては、上記旧民法財産取得編第47条3項が挙げられている。

調査会原案

第295条　他人ノ物ヲ占有シ且其物ニ関シテ生シタル債権ヲ有スル者ハ其債権ノ弁済ヲ受クルマテ其物ヲ留置スルコトヲ得但其債権カ弁済期ニ在ラサルトキハ此限リニ在ラス

前項ノ規定ハ占有カ不法行為ニ因リテ始マリタル場合ニ之ヲ適用セス

説明概要

　まず，穂積委員から，留置権の章についての一般的説明がある。本章は，既成法典の債権担保編第92条から第96条までに修正を加えたものであること。既成法典は，諸国の多くが採っている例に倣わず，留置権の通則を置いたこと。かようにして，留置権に通ずるその効力，性質，原因等については，纏めて置くことが便利であることから，既成法典の主義をそのまま用いたこと。これを相殺の一つの変形とみれば債権編に置かなければなら

第295条（留置権の内容）

ないが，われわれは担保権の一つであるとする主義を採ったので，物権編に置いたわけである，ということが語られる。

ついで，前掲295条については，既成法典債権担保編第92条に修正を加えたものであると説明される。

「他人ノ物」としたのは，債務者の所有物に限るということはどうもできないので，外の人の所有物であっても，善意でこれを占有している場合においては，もとよりその権利があるからである。

既成法典では，「正当ノ原因ニ由リテ」占有するとあるが，こうすると留置権を主張する者は占有が正当の原因によることを証明しなければならぬという意味になる。第2項で，占有が不法行為によって始まった場合には，留置権を認めないということになっているから，ここでは正当の原因によって占有が開始したという文言を削除した。

「其物ニ関シテ生ジタル債権」については，瑞西債務法などでは，物と債権の牽連性を要しないとしているが，商事留置権は別として，民法ではそのように広く留置権を認めるべきではない。その物と債権の発生する原因との関係というものは，なくてはならぬものということにした。

その債権が弁済期になければならぬというのは，留置権は，弁済を受ける担保のために，その物を弁済を受けるまで押さえておくという性質ゆえである。弁済期ではないときから留置権があるというのは不都合であるから，ことさらに「弁済期ニ在ラサルトキハ此限リニ在ラス」ということをいれたのである。

次に既成法典と異なる点として，既成法典は，その物の譲渡，保存，損害賠償によって生じた債権など詳しい規定を設けているが，本案においては，このような細密な区別を設ける必要は認めない。いやしくも，法律が債権を与えると認めた以上は，保存の債権であろうが，改良の債権であろうが，譲渡の債権であろうが其他の債権であろうが，区別をする必要を見ない。既成法典で認めている事務管理費用を含めて，「其物ニ関シテ生シタ債権」としたのである。

第1章　留置権

[補論]

　旧民法債権担保編第92条（プロジェ第1096条）が，ここに提案された第295条では非常によく整理されたことがわかるが，正当な原因による占有者がその物に関して生じた債権について留置権が認められるという基本的性質は変えられていない。

　旧民法では，留置権，先取特権，質権，抵当権は，物上担保として，保証，連帯などの人的担保とならんで「債権担保編」に規定されており，留置権の性格は，物権的引換履行の抗弁か債権的引換履行の抗弁なのかは必ずしも明確ではなかった（旧民法では，物権は，財産編の第一部に所有権以下地役までが掲げられている）。明治民法起草委員が，留置権を明確に「物権」と性格付けたことに注目しなければならない。そして，すでに述べたが，旧民法にはなかった契約の効力として，同時履行の抗弁権が導入された。その結果，留置権と同時履行の抗弁権とは適用範囲が重複する場合が生ずることとなった。たとえば，不動産売買の売主には，その代金との間に留置権と同時履行の抗弁権とが認められる。留置権は物権的抗弁権であるから，買主が代金未払いのままこの不動産を第三者に売却し，第三者が所有権に基づいて当該不動産の引き渡しを売主に求めた場合には，売主は買主との間に生じている留置権にもとづいて，買主が売主に代金を支払うまで不動産の引き渡しを拒めるということが認められるというようなことが生ずる。

[明治民法]

第295条　他人ノ物ノ占有者カ其物ニ関シテ生シタル債権ヲ有スルトキハ其債権ノ弁済ヲ受クルマテ其物ヲ留置スルコトヲ得但其債権カ弁済期ニ在ラサルトキハ此限ニ在ラス
前項ノ規定ハ占有カ不法行為ニ因リテ始マリタル場合ハ之ヲ適用セス

[仏語訳]

Art.295. Lorsque le possesseur d'une chose appartenant à autrui est titulaire d'une créance née à l'occasion de cette chose, il peut retenir la chose jusqu'à ce

第296条（留置権の不可分性）

qu'il ait été payé, si, du moins, sa créance est exigible.

Les dispositions de l'alinéa précédent ne son pas applicable, lorsque la possession a commencé par un acte illicit.

> **現行民法**
>
> （留置権の不可分性）
> 第296条　留置権者は，債権の全部の弁済を受けるまで，留置物の全部についてその権利を行使することができる。

プロジェ

Art. 1097. Si le créancier n'a retunu qu'une partie des choses qu'il avait le droit de retenir, la partie conservée garantit toute la dette, si elle y suffit.

En sens inverse, le créancier ou ses héritiers peuvent conserver, jusqu'à parfait payment, tous les objets soumis à leur droit, bien qu'ils aient été payes en partie par le débiteur ou ses héritiers.

旧民法草案

第1597条　若シ債権者カ其留置スルノ権利ヲ有シタル物ノ一分ノミヲ留置シタルトキ保存シタル部分カ総テノ債務ヲ担保スルニ足ルニ於テハ其部分ハ総テノ債務ヲ担保ス

之ニ反シテ債権者又ハ其相続人ハ債務者又ハ其相続人ヨリ一分ノ弁済ヲ享ケタリト雖モ全部ノ弁済ヲ受クルニ至ルマテ留置権ニ服シタル総テノ物ヲ保存スルコトヲ得

債権担保編

第93条　留置権者カ留置スル権利ヲ有シタル物ノ一分ノミヲ留置シタルトキ其部分ハ総債務ヲ担保スルニ足ラサルニ於テハ之ヲ担保ス

之ニ反シテ債権者ハ債務者ヨリ一分ノ弁済ヲ受ケタリト雖モ全部ノ弁済ヲ受クルニ至ルマテ留置権ニ服シタル総テノ物ヲ留置スルコトヲ得

第1章　留置権

> プロジェ注釈

　債権者が，留置することを得るべき物の全部を留置しなかったときは，その権利は全くその現実に留置した物のみに集中する（concentrer）。

　留置物が，不可効力により滅失した場合には，すべての債務は残存した物により担保される。留置権におけるこの不可分性の適用は，当然のこととして法文中には示めさなかった。

> 補論

　プロジェおよび旧民法草案には，本条第2項において，当事者の相続人の権利についての規定があるが，旧民法ではそれが省かれているのでプロジェのコマンテールの該当箇所は割愛した。

　ボワソナードは，留置権の不可分性原則をあえて掲げず，その具体的適用例を法文として示したが，それは，彼が，民法典は一般人が読んでも分かるように定められなければならないという信念を有していたことによると思われる。しかしそのことは，他方では法文の煩雑性を招くことになったともいえるのである。

> 調査会原案

　第296条　留置権者ハ債権ノ全部ノ弁済ヲ受クルマテハ留置物ノ全部ヲ留置スルコトヲ得

> 説明概要

　本条は，既成法典債権担保編第93条の意味を少しも変更せずして，ただ文章を改めただけのことであるから，別に説明をしない。

> 補論

　本条が，旧民法においては，留置権の不可分性の具体的発露であったことは，その基であるプロジェでボワソナードが認めていた。その点はすでに紹介した。旧民法が教科書的であり煩雑であったことを是正するのが明治民法起草者の基本方針の一つであったことからすれば，本条が，前掲の

第297条（留置権者による果実の収取）

ように簡略化されたことは当然の成り行きであろう。

法典調査会において田部芳委員が，本条はあってもなくてもよい規定だから削除するようにという意見を述べ，長谷川喬委員が賛成するが，取り上げられることはなかった。本条は，担保物権の通有性を規定したものとして，後に先取特権，質権，抵当権で準用されるのである。

明治民法

第296条　留置権者ハ債権ノ全部ノ弁済ヲ受クルマテハ留置物ノ全部ニ付キ其権利ヲ行フコトヲ得

仏語訳

Art.296. Le rétenteur peut exercer son droit sur la totalité de la chose retenue, jusqu'à ce qu'il soit intégralement payé.

現行民法

（留置権者による果実の収取）

第297条　留置権者は，留置物から生ずる果実を収取し，他の債権者に先立って，これを自己の債権の弁済に充当することができる。

前項の果実は，まず債権の利息に充当し，なお残余があるときは元本に充当しなければならない。

プロジェ

Art. 1098. Le droit de rétention ne donne pas de privilège au créancier sur la valeur des chose.

Mais si la chose retenue donne des fruits ou produits, naturels ou civils, le rétenteur peut les percevoir par préférence aux autres créanciers, à la charge de les imputer sur les intérêts de sa créance et subsidiairement sur le capital.

Il est responsable des fêruits et produits qu'il a négligé de percevoir.

第1章　留置権

〔旧民法草案〕

第1598条　留置権ハ物ノ価額ニ付キ債権者ニ先取特権ヲ与ヘス
然レトモ若シ留置シタル物カ天然又ハ法定ノ果実又ハ産物ヲ生スルコトハ留置者ハ他ノ債権者ニ先タチテ之ヲ収取スルコトヲ得但其果実又ハ産物ハ其債権ノ利息ニ充当シ又付随ニテ元本充当スルコトヲ要ス
留置者ハ其収取スルコトヲ怠リタル果実及ヒ産物ニ付キ其責ニ任ス

〔債権担保編〕

第94条　留置権ハ留置物ノ価額ニ付キ債権者ニ先取特権ヲ付与セス
然レトモ留置物ヨリ天然又ハ法定ノ果実又ハ産出物ノ生スルトキハ留置権者ハ他ノ債権者ニ先タチテ之ヲ収取スルコトヲ得但其果実又ハ産出物ハ其債権ノ利息ニ充当シ猶余分アルトキハ元本ニ充当スルコトヲ要ス
留置権者ハ其収取スルコトヲ怠リタル果実又ハ産出物ニ付キ其責ニ任ス

〔プロジェ注釈〕

　質権（gage）は，質権者または他の債権者がその目的物を売却した場合には，その価額（valeur）について先取特権（privilège）或いは他の債権者に優先する権利（droit de préférence）を与えるが，留置権にはこのような優先的権利はなく，目的物を単に留置できるに過ぎない。法律（本条第1項）がこのようなことを示したのは，留置権と質権との間に極めて容易に生ずる思い違いを予め防ぐためである。

　第2項は，留置権者が目的物の果実および産出物に優先権を付与されることに関して，質権と類似を示すものである。それは，利息に，補助的には（subsidiairement）元本に繰り入れられる。このようにしたのは，目的物の管理（gestion）と保存（conservation）における苦労と注意（peines et soins）に対する公正な相殺なのである。

〔補論〕

　本条においては，留置権は質権と同じく物上担保権であるが，質権とは異なって目的物の価値に対する優先弁済権能がないことが明らかにされて

第297条（留置権者による果実の収取）

いる。留置権の本質が，公平にもとづく引き換え履行の権能に過ぎないからである。ただ，同時履行の抗弁権とは異なって，物上担保という性質から，目的物から生ずる天然・法定の果実については，留置権者のその収取権が認められる。ただしこの権能は，ボワソナードによれば，留置権者が目的物を留置するにおいてなしたその管理・保存についての苦労と注意とに対する差し引きということである。

調査会原案

第298条　留置権者ハ留置物ヨリ生スル果実ヲ収取シ他ノ債権者ニ先チテ之ヲ其債権ノ弁済ニ充当スルコトヲ得
前項ノ果実ハ先ツ之ヲ債権ノ利息ニ充当シ猶余分アルトキハ之ヲ元本ニ充当スルコトヲ要ス

説明概要

　本条は，ここに示したように既成法典担保編第94条に少しく修正を加えたものである。
　まず，第1項の「留置権ハ留置物ノ価格ニ付キ債権者ニ先取特権ヲ付与セス」を省いた。先取特権は明文によって生ずるものであり，その趣旨の規定がなければそのような効力は認められないので，特に必要はないからである。
　第3項の「留置権ハ其収取スルコトヲ怠リタル果実及ヒ産出物ニ付テ其責ニ任ス」とあるが，相手方が弁済を長期にわたってなさないこともあろう。その場合にも留置権者が果実や産物を収取することを怠ったとはいえないのではないか。それゆえに，留置権者にはとくに果実・産物の収取について責めを負わせる必要はないということで，これも省いた。
　その他，第2項にはいささか修正を加えた。「留置権者ハ留置物ヨリ生スル果実ヲ収取シ他ノ債権者ニ先立チテ之ヲ其債権ノ弁済ニ充当スルコトヲ得」としたことである。たんに果実としたのは，果実には天然果実，法定果実双方を含むからである。

第 1 章　留置権

> 補論

　明治民法においては，先取特権，質権，抵当権のいずれにも，「他ノ債権者ニ先チテコノ債権ノ弁済ヲ受クル権利ヲ有ス」とあるのに，留置権にはこのような文言がないことは，目的物の価格から優先弁済を受ける権能は，法がとくに認めたからであり，そのような規定がない場合には，かような権能は認められないという草案起草者の考えがここで明瞭にあらわれている。ただ，留置権についても，収取した果実に対しては優先弁済権能があるとされ，この点で，ボワソナードが，果実・産物の収取権を認めたのは，留置権者の目的物の管理・保存の苦労・注意の代償であるかのように述べているのとは異なって，留置権の担保「物権」性が明確に示される結果となったと評することができようか。

> 明治民法

第297条　留置権者ハ留置物ヨリ生スル果実ヲ収取シ他ノ債権者ニ先チテ之ヲ其債権ノ弁済ニ充当スルコトヲ得
　前項ノ果実ハ先ス之ヲ債権ノ利息ニ充当シ尚ホ余剰アルトキハ之ヲ元本ニ充当スルコトヲ要ス

> 仏語訳

Art. 297. Le rétenteur peut percevoir les fruits de la chose retenue et les imputer sur sa créance par préférence aux autres créanciers.

　Les fruits dont il est parlé à l'alinéa précédent doivent être imputés d'abord sur les intérêsts et ensuite, s'il y a un excédent, sur le capital.

> 補論

　明治民法第298条（現行民法も同じ）に入る前に，次の点を断っておく。
　これまでの明治民法の規定は，旧民法債権担保編の留置権の章の規定に対応していた。しかし，明治民法第298条に対応するのは，動産質に関する債権担保編第106条である。ボワソナードは，留置権に関して動産質の規定を準用する姿勢を採ったが，明治民法の起草者は，質権の規定におい

第297条（留置権者による果実の収取）

て留置権の規定を準用するという姿勢を採ったからである。具体的には，債権担保編の留置権に関する第1章は，第96条で終わるが，その前の第95条を含めて，これらに対応する明治民法の規定は見出せないのである。

本稿の趣旨からすれば，明治民法に対応しない旧民法やプロジェの規定は紹介する必要はないのだが，参考までに，債権担保編の第95条及び第96条について，ここで触れておくことにする。明治民法第298条については，その後に述べる。

（プロジェ）

Art. 1099. Le droit de rétention ne met pas obstacle à ce que le débiteur puisse aliéner la chose retenne, et même à ce que les autre créanciers puissant la saisir et la faire vendre, si elle n'est pas insaisissable.

Mais dan l'un et autre cas, l'acquéreur ne peut entre en possession sans désintéresser entièrement le créancier rétenteur.

（旧民法草案）

第1599条　留置権ハ債務者カ留置セラレタル物ヲ移付シ又他ノ債権者カ之ヲ差押ヘ及ヒ之ヲ売却セシムルノ妨ト為ラス但其物カ差押フルコトヲ得サルモノナルトキハ此限リニ在ラス
然カレトモ右就レノ場合ニ於テモ得取者ハ留置債権者ニ全ク弁済セスシテ其物ヲ占有スルコトヲ得ス

（債権担保編）

第95条　留置権ハ債務者カ留置物ヲ譲渡シ又他ノ債権者カ之ヲ差押ヘ及ヒ売却セシムル妨ト為ラス
然カレトモ就レノ場合ニ於テモ取得者ハ留置権者ニ全ク弁済セスシテ其物ヲ占有スルコトヲ得ス

（補論）

本条は，冒頭に掲げたように，明治民法・現行民法にはない規定である。

第1章　留置権

留置物の所有権は債務者にあるのだから，その目的物を債務者の債権者が差し押さえ，あるいは債務者がこれを第三者に売却できるのは当然である。本条第1項は，その意味で削除されたとおもわれる。

　本条第2項では，「全ク弁済セスシテ」とあるので，一部弁済ではどうかとの疑問が生じなくもないが sans désintérésser entièrment であるから，完全な弁済なくして，すなわち全額の弁済なくしての意である。第三取得者は，債権者に債務者の被担保債権額を支払うのと引き換えに目的物の占有移転を受けられるとの趣旨に解される。留置権は物権であるがゆえに第三者取得者に対抗できるが，第三取得者が引き渡しを求めてきた場合の問題であるが，明治民法起草者はこのようなことは解釈に任す趣旨で本項を削除したのであろうか。

❲プロジェ❳

Art. 1100. Le rétenteur d'un meuble ou d'un immeuble est, au surplus, soumis à la même responsabilité que le créancier jouissant d'un nantisement conventionnel, mobilier ou immobilier, telle qu'elle est réglée aux Chapitres suivants.

　Les autrs dispositions relatives au nantissement conventionnel sont applicable au droit de rétention pour tout ce qui n'est pas contraire à celle du présent Chapitre.

　En outre, le droit de rétention est perdu quand le créancier a volontairement négligée ou cessé de l'exercer effectivement.

❲旧民法草案❳

第1600条　右ノ外動産又ハ不動産ノ留置権者ハ次ノ二章ニ規定シタル如ク動産質債権者又ハ不動産質債権者ノ責任ト同一ノ責任ニ従フ
其他動産質及ヒ不動産質ニ関スル条例ハ此章ノ条例に触レサル諸件ニ付キ留置権ニ之ヲ適用ス
特ニ債権者カ実際留置権ヲ行フコトヲ怠リ又ハ之ヲ行フコトヲ止メタルキハ其留置権ヲ失フ

第297条（留置権者による果実の収取）

[債権担保編]

第96条　右ノ外動産又ハ不動産ノ留置権者ハ次ノ二章ニ規定シタル如ク動産又ハ不動産ノ質取債権者ト同一ノ責任ニ従フ
此他動産質及ヒ不動産質ニ関スル規定ハ此章ノ規定ニ触レサル限リハ留置権ニ之ヲ適用ス
特ニ債権者カ有意ニテ留置権ヲ行フコトヲ怠リ又ハ実際之ヲ行フコトヲ止メタルトキハ其留置権ヲ失フ

[プロジェ注釈]

第1　留置権者の責任は，動産の場合は動産質権者に，不動産の場合は不動産質権者に等しい。その用益の濫用による失権（la déchéance pour abus de jouissance）に関する制裁についても同様である（v.art.1111, 1112, et 1135）。

第2　留置権は，留置した物の保存に要した費用とその物から生じた損害を担保する（art.1114, 1135）。

第3　その物の占有は，債務者の消滅時効の経過を妨げない。また，留置者をして取得時効を得せしめない（art.1119 et 1120）。

　動産留置権を第三者に対抗するためには，第1105条，第1108条，第1109条に定めた条件を備えなくてはならない。不動産留置権については，不動産質のように登記は不要である。

　本条は，債務者に目的物を返還した場合，すなわち，留置権の行使を怠りまたは止めた場合には，留置権者は留置権を失うことを定めた。

[補論]

　旧民法の留置権に関する規定は本条で終わる。すでに見たように，ボワソナードは，これまでに規定したものの他は，質権の規定を準用するという方法を採った。

　プロジェが引用する1111条，1112条，1135条，1119条，1120条，1105条，1108条，1109条は，旧民法草案では，これに500を足せば該当する条文になる。旧民法では，債権担保編106条，107条，130条，109条，110条，100

第1章　留置権

条，103条，104条がこれに当たる。第130条を除いていずれも動産質の規定であるが，第130条は，これらの動産質の諸規定を不動産質にも準用するという規定にほかならない。

　通常ならば，質権は留置権の後に規定されているのだから，先行する制度についての規定を後の制度では準用するという体裁をとるはずだが，ボワソナードが留置権について後出の質権の規定を準用する体裁を採用した理由は不明である。フランス民法にはない留置権についての一般的規定を置くという点に眼目があって，詳細については質権に譲るということなのではなかろうか。

【現行民法】

（留置権者による留置物の保管等）

第298条　留置権者は，善良な管理者の注意をもって，留置物を占有しなければならない。

　留置権者は，債務者の承諾を得なければ，留置物を使用し，賃貸し，又は担保に供することができない。ただし，その物の保存に必要な使用をすることは，この限りでない。

　留置権者が前2項の規定に違反したときは，債務者は，留置権の消滅を請求することができる。

【プロジェ】

Art. 1111. Le créancier gagiste est tunu d'apporter à la garde et à la conservation de la chose, jusqu'à la restitution, tous les soins d'un bon administrateur.

　Il ne peut la louer sans y être autorisé par le débiteur, ni même l'employer à son usage personnel, à moins qu'il n'ait la même autorisation, ou que cet usage ne soit un mode naturel d'entretien et de conservation.

　Il peut être déclaré déchu de son droit, s'il en abuse.

第298条（留置権者による留置物の保管等）

旧民法草案

第1611条　動産質権者ハ質物ヲ返還スルマテ其監守及ヒ保存ニ付キ善良ナル管理者ノ総テノ注意ヲ加フルノ責アリ（第2080条第１項）
動産質債権者ハ債務者ノ許諾ヲ受ケスシテ質物ヲ賃貸スルコトヲ得ス又之ヲ自己ノ使用ニ供スルコヲモ得ス但右ニ付キ債務者ノ許諾ヲ受ケタルトキ又ハ其使用カ物ノ保持及ヒ保存ノ天然ノ方法タルトキハ此限ニ在ラス
若シ動産質債権者カ質物ヲ濫用スルトキハ其権利ヲ失ヒタリトノ宣告ヲ受クルコト有リ

債権担保編

第106条　質取債権者ハ質物ヲ返還スルマテ其看守及ヒ保存ニ付キ善良ナル管理人ノ注意ヲ加フル責アリ
質取債権者ハ債務者ノ許諾ヲ受ケスシテ質物ヲ賃貸スルコトヲ得ス又債務者ノ許諾ヲ受ケタルトキ又ハ物ノ使用カ其保存ニ必要ナルトキニ非サレハ自ラ之ヲ使用スルコトヲ得ス
若シ質取債権者カ質物ヲ濫用スルトキハ裁判所ハ其失権ヲ宣告スルコトヲ得

プロジェ注釈

　日本民法草案においては，フランス民法第2079条のように，債務者は引き続き質物の所有者であると規定する必要はない。なぜなら，動産質権者は，競売での目的物の価額をもって弁済を受ける権利しか有さないからである。
　動産質権者は，他人の物を，売却が必要ではない限り，これを返還するという条件で目的物を受け取るものであるから，売却のときに至るまでは物を注意して保存しなければならない。その責任は普通法（droit commun）が特定物売買の債務者に課したところと同様であって，すなわち，善良な管理者の注意をもってしなければならない。
　質権者が債務者の許諾なく物を使用し，もしくは許諾を冒用するときは，債権者は其権利を失ったと裁判所が宣告をすることがある。また，質権者

第1章　留置権

が目的物を第三者に寄託した場合には，裁判所は質権の失権を宣告することができる。

> [調査会原案]

第299条　留置権者ハ善良ナル管理者ノ注意ヲ以テ留置物ヲ占有スルコトヲ要ス若シ注意ヲ怠リタルトキハ債務者ハ留置権ノ消滅ヲ請求スルコトヲ得

留置権者ハ債務者ノ承諾ナクシテ留置物ノ使用若クハ賃貸ヲ為シ又ハ之ヲ担保ニ供スルコトヲ得ス但其物ノ保存ニ必要ナル使用ヲ為スハ此限リニ在ラス

> [説明概要]

　本条以下の34条は，既成法典の動産質の規定から留置権の方に移した。既成法典は動産質の方を本にしてあるが，それらの規定は，質権の内容に含まれている留置権（質権の留置的効力）から出ているようであり，そうだとすれば理屈のうえからは，こちら（留置権の章）に移すのが本筋であるとおもったから，ここに規定したのである。そして，本条は既成法典では動産質の第106条に当たる。

　本条は，既成法典債権担保編第106条に少しばかり文字の修正を加えた。既成法典では質取債権者が質物を濫用するときには，裁判所はその失権を宣告することができるとしていたのを，「債務者ハ留置権ノ消滅ヲ請求スルコトヲ得」とした。また，既成法典では，「質取債権者ハ債務者ノ許諾ヲ受スシテ質物ヲ賃貸スルコトヲ得ス又債務者ノ許諾ヲ受ケタルトキ又ハ物ノ使用カ其保存ニ必要ナルトキニ在ラサレハ自ラ之ヲ使用スルコトヲモ得ス」とあったが，「留置権者ハ債務者ノ承諾ナクシテ留置物ノ使用若クハ賃貸ヲ為シ又ハ之ヲ担保ニ供スルコトヲ得ス」と書いた。

> [補論]

　本条については，特段の異論はなく，箕作委員からの質問に触発されて，審議の席において，第1項中の「若シ」を削って第3項を新設し，その文

第298条（留置権者による留置物の保管等）

章を「留置権者カ前二項ニ違反シタルトキハ債務者ハ留置権ノ消滅ヲ請求スルコトヲ得」とするとの変更がなされた。

[再補論]

本条について，『理由書』では，次のように述べられている。

「本条以下数条ハ動産質ニ関スル既成法典ノ規定ヨリ摘出シタルモノニシテ既成法典ハ動産質不動産質ノ規定ヲ留置権ニ適用スヘキコトヲ定ムト雖モ既ニ留置権ノ為メニ一章ヲ設クルノミナラス之ヲ質権ノ前ニ規定スル以上ハ留置権ニ関スル通則ハ本章ニ規定スルヲ以テ当然トス本条ハ即チ既成法典担保編第106条ノ規定ニ依リ之ニ字句ノ修正ヲ加ヘタルモノニシテ其実質ヲ変更シタルニアラサレハ別ニ説明ヲ要セス」

[明治民法]

第298条　留置権者ハ善良ナル管理者ノ注意ヲ以テ留置物ヲ占有スルコトヲ要ス

留置権者ハ債務者ノ承諾ナクシテ留置物ノ使用若クハ賃貸ヲ為シ又ハ之ヲ担保ニ供スルコトヲ得ス但其物ノ保存ニ必要ナル使用ヲ為スハ此限リニ在ラス

留置権者カ前2項ノ規定ニ違反シタルトキハ債務者ハ留置権ノ消滅ヲ請求スルコトヲ得

[仏語訳]

Art. 298. Le rétenteur est tenu d'apporter à la chose retenue les soins d'un bon adeministrateur.

Le rétenteur ne peut, sans le consentement du débiteur, ni user de la chose retenue, ni la louer ou la donner en garantie. Toutefois, il peut en faire usage dans la mesure nécessaire pour la conservation de la chose.

Lorsque le rétenteur a contrevenu aux disposition des deux alinéas précédents, le débiteur peut demander l'extinction du droit de rétention.

第1章　留置権

> (現行民法)
>
> （留置権者による費用の償還請求）
> 第299条　留置権者は，留置物について必要費を支出したときは，所有者にその償還をさせることができる。
> 　留置権者は，留置物について有益費を支出したときは，これによる価格の増加が現存する場合に限り，所有者の選択に従い，その支出した金額又は増価額を償還させることができる。ただし，裁判所は，所有者の請求により，その償還について相当の期限を許与することができる。

(プロジェ)

Art. 1114　Si le créancier gagiste a fait des dépenses nécessaries pour l'entretien ou la conservation de la chose, le remboursement lui en est garanti par le gage, par préférence à sa créance elle-même.

　Il en est de même de l'indemnité des domages qu il a pu éprouver par suite des vices non apparents de la chose.

(旧民法草案)

第1614条　若シ動産質債権者カ質物ノ保持又ハ保存ノ為メ必要ノ出費ヲ為シタルトキハ其弁償ハ右債権者ノ為メ自己ノ債権其モノニ先タチ動産質ヲ以テ担保セラル（第2080条2項）質物ノ不表見ノ瑕疵ニ因リ債権者ノ受クルコト有ル可キ損害ノ賠償ニ付テモ亦同シ

(債権担保編)

第109条　質取債権者カ質物保存ノ為メ必要ノ出費ヲ為シタルトキハ債権ニ先タチ動産質ヲ以テ其出費ノ弁償ヲ担保ス
質物ノ隠レタル瑕疵ニ因リテ債権者ノ受ケタル損害ノ賠償ニ付テモ亦同シ

第299条（留置権者による費用の償還請求）

> プロジェ注釈

　有益費または改良費についてここに掲げなかったのは，法律がその償還を動産質権者に拒むからではない。普通法はこれを彼に認めている。しかし，これらは留置権が成立する要件ではない（ne motivent pas le driot de rétention. 第1096条の n° 212参照）。必要費のみがここに掲げられる。

> 調査会原案

　第300条　留置権者ハ留置物ノ保存費用ノ償還ヲ其所有者ニ請求スルコトヲ得

> 説明概要

　担保編の第96条の質のところから取ってここに置いた所以というものは，元来留置権は留置権者の利益のために設けた権利であるから，その保存費用も自分の費用であって所有者の費用に属しないと思う人がありそうだから，特に償還を請求する権利を明言する必要があると思って，ここに規定した。

> 明治民法

　第299条　留置権者カ留置物ニ付キ必要費ヲ出シタルトキハ所有者ヲシテ其償還ヲ為サシムルコトヲ得
　留置権者カ留置物ニ付キ有益費ヲ出シタルトキハ其価格ノ増加カ現存スル場合ニ限リ所有者ノ選択ニ従ヒ其費シタル全額又ハ増価額ヲ償還セシムルコトヲ得但裁判所ハ所有者ノ請求ニ因リ之ニ相当ノ期限ヲ許与スルコトヲ得

> 補論

　明治民法299条が，その第2項において，有益費についても所有者に対して，償還請求することを認めているのとは明らかに異なっていること，すなわち，同条第2項が後に追加されていることに留意しなければならない。

第 1 章　留置権

（仏語訳）

Art. 299. Lorsque le rétenteur a fait, pour la chose retunue, des dépenses nécessaries, il peut en demander le remboursement au propriétaire.

　Lorsque le rétenteur a fait des dépenses utiles, il peut, au cas seulement où la plus-value persiste, se faire rembourser, soit ses déboursés, soit le montant de la plus-value, au choix du propriétaire. Toutefois, le tribunal peut, à la demande du propriétaire, lui accordes un délai convenable.

（現行民法）

　（留置権の行使と債権の消滅時効）
　第300条　留置権の行使は，債権の消滅時効の進行を妨げない。

（プロジェ）

Art. 1119. Le seuf fait que le gage est resté aux mains du créancier ne suspend pas en sa faveur l'accomplissement de la prescription libératoire du débiteur.

（旧民法草案）

第1619条　質物カ債権者ノ手裏ニ存スル事ノミヲ以テハ債権者ノ利益ニ於テ債務者ノ免責時効ノ成就ヲ停止セス

（債権担保編）

第114条　質物カ質取債権者ノ方ニ存スル間ハ其債務ノ免責時効ノ成就ヲ停止ス

（プロジェ注釈）

　フランスでは，債権者の手許に質物を委ねていることをもって，債務者が消滅時効を債権者に対抗できるか否かが議論されており，多くの見解は肯定的である。しかし，本草案では，これとは反対の立場をとった。債務者が債務の満期後に質権を設定した場合には，消滅時効が進行中であると

第300条（留置権の行使と債権の消滅時効）

きでも債務者は債務の承認（reconnaissance）をしたのであるから，疑いなく，時効は中断する。というのは，そこには，明確な積極的行為（acte formel positif）があったからである。しかし，動産質の設定が満期前であるときは，質物を債権者の手許に委ねたことを，これと同様に見ることはできない。それは，単に消極的行為に過ぎないからである。

消滅時効は，弁済の推定にもとづくものであるが，債務者が質物を引き取らない（manque à retirer）ということは，弁済を推定するものではないのである。

ここで注意すべきは，消滅時効が債務者の利益の根拠とはならないというのは，明確な積極的行為がないために中断の効果が認められないからだというのではなく，人為によらない停止の効果によるものである。それは，人と人との関係若しくは物の特別な状態から生ずる。そして，中断ならぬ停止もまた，本条では，動産質権者には認められないのである。

[補論]

ボワソナードは，消滅時効を弁済の推定と構成し証拠編に定めた。このことは，明治民法の起草者によって否定され，時効は，権利の得喪原因とされたことはいうまでもない。

ここでは，質権の設定は，弁済を推定するものではないとして，時効の中断効が否定されているとみることができよう。もっとも，ボワソナードは，ここで問題とすべきなのは，時効の中断（interruption）ではなく停止（suspention）であるとしていることに注意しなければならない。本条では停止をも否定したのであると付加している。

なお，ボワソナードが，acte formel positif とか négatif という言葉を用いていることについては，筆者としては，その正確な意味を把握していないことを述べておかなければならない。

[調査会原案]

第301条　留置権ノ行使ハ債権ノ消滅時効ヲ停止セス

第1章　留置権

> 説明概要

　本条は，担保編第114条を改正したものである。同条は，質に関していて，「質物カ質取債権者ノ方ニ存スル間ハ其債務ノ免責時効ノ成就ヲ停止ス」ということになっているが，ボアソナード氏の原案を調べてみると全く反対の案となっている。蓋し，ボアソナード氏は時効推定の説をとったので，このごとき事実があってもその推定が止まるという訳はない，それゆえに矢張り免責時効は進行するという考えによって担保編第114条とは反対の主義で立案されたのであろうと思う。しかるに，旧民法がこれを改めた理由は，司法省から大審院各裁判所に時効を停止するという達があって，その達のすえ修正されたということである。

　本案はボワソナード氏の原案と同じことに帰着するが，理由は異なる。留置権者は，債権があるからといっていつまでも行わずに怠っていることは咎めなければならない。ことに，第303条において，留置権者には自己の債権の弁済をうる強い権利を与えている。このような強い権利を一方で与え，一方では留置しているがゆえに債権の消滅時効がいつまでも成就しないというのは，あまりに留置権者の保護に過ぎる。それゆえに，本条においては，ボアソナード氏と同じく，債権の消滅時効は停止しないという主義をとったのである。

> 補論

　2点留意しなければならない。1つは，上述のように第303条（留置権者に競売権を認めた規定）との関係，2つには，訴訟上の留置権の主張は，被担保債権の存在の主張となり，これには訴訟係属中に限り消滅時効の中断効が認められるとする，最大判昭和38年10月30日民集17巻9号1252頁である。

> 明治民法

第300条　留置権の行使ハ債権ノ消滅時効ノ進行ヲ妨ケス

第301条（担保の供与による留置権の消滅）

[仏語訳]

Art. 300. L'exercice du droit de rétention ne fait pas obstacle au cours de la prescription extinctive de la créance.

[現行民法]

（担保の供与による留置権の消滅）
第301条　債務者は，相当の担保を供して，留置権の消滅を請求することができる。

　プロジェ，旧民法草案，旧民法には，本条に該当する規定はない。

[調査会原案]
第302条　債務者ハ相当ノ担保物ヲ供シテ留置権ノ消滅ヲ請求スルコトヲ得

[説明概要]
　本条の規定は，旧民法には見ないが，諸国では往々に見るところである。たとえばドイツがそうである。留置権者が債務の原因に関係のあるものを留め置くことができるというのは，その債権の担保のためである。それゆえ，同じく価値のある担保品を提供すれば，前の物を取り返すことを請求できるのは，ちょうど代価をいま払うことはできないが，外にこういう物があるからこれを担保品と預けておいて前の留置物はこちらに渡して貰おうということは，一方においては留置権者を保護すると同時に債務者を保護することにもなる。代わり担保として保証は認められない。特定の物に担保権を有している留置権者が，これと性質の変わった担保をうるということは，債務者の保護にすぎるし，人的担保は人によってはあてにならない，それゆえ，品物の担保に代えるのに品物の担保をもってするという主義にしたのである。

第1章　留置権

[補論]

　本条は，ドイツ民法第一草案第234条，第2草案第230条にならったものである。本条については，磯部四郎委員から，相当な担保という点に争いがでれば，結局は裁判所がその相当性を決めることになるのだから，「物」にこだわる必要はないのではないかとして，担保物の「物」を削除するようにとの提案があったが，賛成者少数で否決され，原案通りとなった。しかし，明治民法第301条として成案となったときには，「物」が削除され「相当ノ担保」となっていることに注意が必要である。

[明治民法]

第301条　債務者ハ相当ノ担保ヲ供シテ留置権ノ消滅ヲ請求スルコトヲ得

[仏語訳]

Art. 301. Le debiteur peut, en fournissant une garantie convenable, demander l'extinction du droit de reténtion.

[再補論]

　法典調査会の原案では，明治民法第301条と第302条の間に次のような規定があった。
第303条　留置権者ハ留置権ノ行使ヲ債務者ニ通知シテ弁済ノ催告ヲ為シタル後相当ノ期間内ニ弁済又ハ担保ヲ受ケサルトキハ質権ニ関スル規定ニ従ヒ留置物ノ競売ヲ請求シ其代金ヲ以テ弁済に充ツルコトヲ得

[説明概要]

　本条は既成法典の留置権に関する規定にはないが（同条の参照条文として引用されているのは，担保編第111条で，これは，債務者の債務不履行の場合には，質権者は質物の競売ができ，その価額から優先弁済を受けられるというものである。），商法にはこれとほぼ同様な規定があるし，瑞西債務法にもこういう規定がある。
　債務者が弁済をしない場合には，留置の状態が長く続くし，法律がある

第301条（担保の供与による留置権の消滅）

方法でその弁済を速やかになさしめても，債務者に不利益にはならない。弁済するのが相当であり弁済しないのが不相当である。相当の期間を定めて催告し，それでも弁済がないときは，それなら売ってもよろしいというように，留置という状態に「カタ」をつけるという趣旨である。

補論

　今日風にいえば，民事留置権と商事留置権との効力の相違を無視した規定ということになろう。ボワソナードは，民事留置権では，商事留置権とは異なって，留置権者には優先弁済権能がないことを明確にしており（プロジェ第1098条，旧民法債権担保編第94条），それを受けて明治民法をを起草したならば，このような規定は法典調査会に提出されなかったはずである。推測では，次の2点が考えられる。その1は，ボワソナードの表現では，目的物の価額につき「先取特権を与えず」となっていたため，その意味を優先弁済権を与えないと読まず，留置権ではその被担保債権には先取特権は成立しないという字面だけの意味にとってしまったということである。ただ，同条のコマンテールでは，droit de préferance を与えないとしているのだから，このような推測は根拠薄弱とはいえよう。その2は，質権に関する規定を留置権に関する規定として置き換えたために，質権に認められる優先弁済機能が留置権にもあると誤解してしまったということである。

　留置権には，優先弁済権能はないが，民事執行法が，留置権の目的不動産が競売された場合において，買受人は，留置権によって担保される債権を弁済する責に任ずると規定している（民執59条4項）ことを含めて，留置権と執行との関係には留意を要する。なお，不動産留置権についての民事執行法のこのような扱いは，明治民法にはないが，旧民法債権担保編第95条2項，プロジェ第1099条2項が，差押えまたは売却の場合に，取得者に留置権者に対して債権額全額の弁済をすべきことを求めていたという点を想起させるものがある。

　法典調査会の議論のなかで，本条削除説もでたが，賛成者少数で原案が確定した。しかし，明治民法としての成案では，本条は削除されている。

　なお，動産質に関しては，旧民法債権担保編第111条が，質物の競売有

第1章　留置権

し，元利，費用等について優先弁済を受ける権利を有することを定めていたが，同条についてはその箇所で述べることとする。

> (現行民法)
> 　（占有の喪失による留置権の消滅）
> 　第302条　留置権は，留置権者が留置物の占有を失うことによって，消滅する。ただし，第298条第2項の規定により留置物を賃貸し，又は質権の目的としたときは，この限りでない。

　プロジェで本条に係るのは前出第1100条第3項であり，旧民法草案では第1600条第2項後段，旧民法では債権担保編第96条第2項後段である。いずれもすでに触れたので，ここでは，法典調査会に関してのみ紹介する。

(調査会原案)
第304条　留置権ハ占有ノ喪失ニ因リテ消滅ス但第299条第2項ノ規定ニ依リ賃貸又ハ質入ヲ為シタル場合ハ此限ニ在ラス

(説明概要)
　占有を失えば留置権が消滅するということは，断るまでもないことだが，本条は実は但し書きの例外があるから，このような場合には，占有を喪失しても留置権がなくならないということを明らかにしておくために設けた。

(明治民法)
第302条　留置権ハ占有ノ喪失ニ因リテ消滅スル但第298条第2項ニ規定ニ依リ賃貸又ハ質入ヲ為シタル場合ハ此限リニ在ラス

(仏語訳)
Art. 302. Le droit de rétention s'éteint par la perte de la possession, à moins que la chosen ait été louée ou donnée en gage conformément aux dispositions du

第302条（占有の喪失による留置権の消滅）

deuxième alinéa de l'article 298.

第2章　先取特権

　我が国の先取特権制度は，フランス民法からもたらされたものである。債権者平等の原則を主柱として，優先弁済を受けられる地位は，当事者間の特約により約定担保制度に委ねようとするのが，債権債務間における自由主義的表現として近代法の態度というならば，先取特権制度は，国家的干渉による約定担保制度の修正であり，物的担保制度の進展の過程からみると遅れた制度であると評される（我妻『新訂担保物権法』50頁以下参照）。しかし，現在にいたるまでの我が国の特別法における先取特権の増大は，何を意味することになるのであろうか。

　もとより本稿は，叙上の疑問に答えるものではないが，現今の先取特権制度のけっして退勢とはいえない状況は，旧民法が先取特権を規定し，明治民法がこれを承継したことに端を発するということができるのである。

現行民法

　（先取特権の内容）
第303条　先取特権者は，この法律その他の法律の規定に従い，その債務者の財産について，他の債権者に先立って自己の債権の弁済を受ける権利を有する。

プロジェ

Art. 1136. Le privilège est un droit de préférence attaché à la cause de certaines créances, en l'absence de nantissement conventionnel.

　Les privilèges n'existent que pour les causes, sous les conditions et sur les objets limitativement déterminés par la loi.

　Les cas où les privilèges donnant un droit de suite contre les tiers-détenteurs

第 2 章　先取特権

et les conditions de son exercice sont déterminés par la loi.

> [旧民法草案]

第1636条　先取特権ハ合意上ノ質ナキ場合ニ於テ或ル債権ノ原由ニ付着シタル優先権ナリ

先取特権ノ存在スルニ必要ナル原由，条件及ヒ其存在スル目的物ハ法律ニ制限シテ之ヲ定ム

先取特権カ第三保有者ニ対シ追及権ヲ与フル場合及ヒ其権利行用ノ条件ハ亦法律ヲ以テ之ヲ定ム

> [債権担保編]

第131条　先取特権ハ合意ナキモ法律カ或ル債権ノ原因ニ付着セシメタル優先権ナリ但動産質及ヒ不動産質ヨリ生スル先取特権ハ合意上ノモノトス

先取特権ハ法律ノ制限シテ定メタル原因，条件及ヒ目的ニ於ケルニ非サレハ存在セス

先取特権カ第三所持者ニ対シテ追及権ヲ付与スル場合及ヒ其権利行使ノ条件モ又法律ヲ以テ之ヲ定ム

> [プロジェ注釈]

　ここに掲げた先取特権の定義は，フランス民法典の定義と同一ではない。フランス民法第1095条は，"le privilège est un droit de préférence donne par la qualité de la créance" と定義しているが，債権の資格 qualité de la créance という語の意味は曖昧であるので，債権の原因 cause de créance とした。すなわち，先取特権と称される優先権の原因と同義である。

　先取特権は，その債権者には有利であるが，同時に他の債権者にとっては不利である。したがって，それが認められる場合を制限しなければならない。これが，第2項の意味である。

　先取特権が不動産に存する場合においては，債権者に第三取得者に対する追及権が与えられる。この追及権は，優先権に伴うものではなく，先取特権の定義中に現れるものでもないから，その権利行使の条件は法律で定

第303条（先取特権の内容）

められなければならない。

調査会原案

第303条　先取特権者ハ本法其他ノ法律ノ規定ニ従ヒ其債務者ノ財産ニ付キ他ノ債権者ニ先チテ自己ノ債権ノ弁済ヲ受クル権利ヲ有ス

説明概要

　本条は，担保編第131条に修正を加えたものである。既成法典の書き方では，先取特権は，債権の効力なのか物権なのかは判然としない。債権の性質に付着するとするか，債権の原因に付着するとするかは，とくに書かなくてもよいのではないかと考えたのでこれを省いた。要は，法の規定に由って認められた優先権なのであり，民法以外の法律で認められる場合もあるから，「本法其他ノ法律」とした。

　「其債務者ノ財産ニ付キ」ということを入れるのが物権たることを示すに必要と考えた。そこで，「他ノ債権者ニ先チテ自己ノ債権ノ弁済ヲ受クル権利」とした。

補論

　本条の説明に先立って，穂積陳重委員から先取特権についての一般的説明がなされた。先取特権を債権の効力に関する規定として債権編の規定のように見ている国もあるが，われわれは，既成法典と見るところを同じくして，この権利の生ずる原因は債権であるが，この権利自身というものは債権を有している者がある物の上に有する一種の物権であるという見解を採用した。

　穂積の考えるところでは，先取特権に関する規定は，既成法典のなかではもっともよく整っていると思う。ただ，規定が煩雑となっている不備があり，全体を整え直す必要がある。全体に通ずる総則を設け，三種の種類別をし，次に順位を挙げ，終わりにその効力を規定した。既成法典の64条が37条となった，と述べている。

第2章　先取特権

[再補論]

　第303条の説明において、穂積委員のいうところはあまり明確ではないと思われる。旧民法債権担保編第131条においても、先取特権は民法以外の法律で認められることがあるのを妨げている表現ではないし、「其債務者ノ財産ニ付キ」としたことが、先取特権が物権であることを明らかにした意味があるとも思われない。なお、この点につき、一般の先取特権は、現在では債務者の総財産の上に及ぶと解されている。本条では、「其債務者ノ財産ニ付キ」とあるが、財産の意味については、後掲第306条で問題となった。

[明治民法]

第303条　先取特権者ハ本法其他ノ法律ノ規定ニ従ヒ其債務者ノ財産ニ付キ他ノ債権者ニ先タチテ自己ノ債権ノ弁済ヲ受クル権利ヲ有ス

[仏語訳]

Art. 303. Le créancier privilégié a le droit de se faire payer de sa créance, par préférence aux autres créanciers, sur les biens de son débiteur, en ce comforment aux dispositions du présent Code ou des autres lois.

[現行民法]

　（物上代位）
第304条　先取特権は、その目的物の売却、賃貸、滅失又は損傷によって債務者が受けるべき金銭その他の物に対しても、行使することができる。ただし、先取特権者は、その払渡し又は引渡しの前に差押えをしなければならない。

[プロジェ]

Art. 1138 Si les choses grevées de privilèges ont péri ou ont subi des détériorations de la part de tier et qu'une indemnité soit due, de ce chef, au

第304条（物上代位）

débiteur, les créanciers privilégiés peuvent exercer, par préférence aux autres créanciers, le droit du débiteur à ladite indemnité, pourvu qu'avant le payement, ils y aient fait une opposition en bonne et due forme.

Il en est de même s'il y a eu vente ou louage de la chose soumise à un privilège, et dans tous les cas où il y a lieu à payement d'une somme ou valeur au débiteur, à raison de l'exercice de droit légaux ou conventionnels au sujet de ladite chose; sans préjudice de ce qui est dit à l'article 839, à l'égard de l'indemnité due par les assureurs, au cas de sinistre.

旧民法草案

第638条　若シ先取特権ノ負担アル物カ第三者ノ方ニテ滅失シ又ハ毀損シ第三者カ此カ為メ債務者ニ賠償ヲ負担シタルトキハ先取特権アル債権者ハ他ノ債権者ニ先タチ右ノ賠償ニ於ケル債務者ノ権利ヲ行フコトヲ得但其先取特権アル債権者ハ弁済前ニ適正ノ方式ニ従ヒ弁済ニ付キ異議ヲ述フルコトヲ要ス

先取特権ニ属シタル物ノ売却又ハ賃貸アル場合及ヒ其物ニ関スル法律上又ハ合意上ノ権利ノ行用ノ為メ債務者ニ金額又ハ有価物ヲ弁済ス可キ総テノ場合ニ於テモ亦同シ但災害ノ場合ニ於テ保険者ノ負担スル賠償ニ関シ第1339条ニ記載シタルモノヲ妨ケス

債権担保編

第133条　先取特権ノ負担アル物カ第三者ノ方ニテ滅失シ又ハ毀損シ第三者カ此カ為メ債務者ニ賠償ヲ負担シタルトキハ先取特権アル債権者ハ他ノ債権者ニ先タチ此賠償ニ於ケル債務者ノ権利ヲ行フコトヲ得但其先取特権アル債権者ハ弁済前ニ合式ニ払渡差押ヲ為スコトヲ要ス

先取特権ノ負担アル物ヲ売却シ又ハ賃貸シタル場合及ヒ其物ニ関シ権利ノ行使ノ為メ債務者ニ金額又ハ有価物ヲ弁済ス可キ総テノ場合ニ於テモ亦同シ

第2章　先取特権

> プロジェ注釈

　本条は，フランス民法には規定がなく，イタリー民法より借用した。これについては，先取特権の拡張とみるべきではなく，物上代位の一種（une sorte de subrogation réelle）によって，新しい価値への移転によって先取特権が保存されるにすぎないものである。

　ここにおいて，かかる代位から保護されるべき者は，この価値の債務者であって，誤って弁済をする危険にさらしてはならない。法は，先取特権を有する債権者から異議を告知することを要するとして，これに備えさせることとした。

　第2項は，動産の売買においては，先取特権者に追及効がないことから，その価値に先取特権の物上代位が適用されることを示した。なお，不動産売買については，追及権が法に従って保存されまたは行使される場合にのみ同じく適用をみる。

> 補論

　ボワソナードは，先取特権にもとづく物上代位の制度をイタリー民法典から借用したとする。本条中にある"opposition"という用語もイタリー法からそのまま借用したものである。それが，明治民法において「差押」とされ，そのフランス語訳でも"saisie"とされて（後掲参照），ボアソナードが想定した趣旨とは異なる意味が与えられるに至ったことに留意しなければならない（なお expsé の「払渡差押」の仏語訳は opposition のままである）。

> 調査会原案

第304条　先取特権ハ其目的物ノ売却，賃貸，滅失又ハ毀損ニ因リ債務者ノ受クヘキ金額其他ノ有価物ニ対シテモ之ヲ行フコトヲ得但先取特権者ハ其払渡又ハ引渡前ニ差押ヲ為スコトヲ要ス
債務者カ先取特権ノ目的物ノ上ニ設定シタル物権ノ対価ニ付キ亦同シ

第304条（物上代位）

[説明概要]

　本条は，債権担保編第133条の文字に修正を加えただけのことであって，実質的には帰するところに違いはない。第2項に「目的物ノ上ニ設定シタル物権ノ対価」としたのは，地上権，小作権その他物権設定に対価があるときは，すべてここに入るつもりでそのようにした。

　損害保険金に物上代位が及ぶかについては，本条の文辞でこれが入ると考えている。

[補論]

　法典調査会で本条について議論されたことの要旨は上記のとおりである。"opposition"が，旧民法草案では「異議」であり，旧民法では「払渡差押」であったものが（この他，「故障」，「払渡差留」とされたこともあった），「差押」となった経緯は勿論，それが手続的にはどのようなものなのかについても，全く審議の内容とはなっていない。

[明治民法]

第304条　先取特権者ハ其目的物ノ売却，賃貸，滅失又ハ毀損ニ因リテ債務者カ受クヘキ金銭其他ノ物ニ対シテモ之ヲ行フコトヲ得但先取特権者ハ其払渡又ハ引渡前ニ差押ヲ為スコトヲ要ス
債務者カ先取特権ノ目的物ノ上ニ設定シタル物権ノ対価ニ付キ亦同シ

[仏語訳]

Art. 304. Les privilèges peuvent être exercés sur les sommes ou autres choses dues au débiteur par suite de la vente, du louage, de la perte ou de la détérioration des choses grévees de privilège. Dans ce cas, le créancier privilégié est tunu de pratiquer une saisie avant le paiement desdites sommes ou la livraison desdites choses.

　Il en est de même en ce qui concerne les valeurs dues au débiteur pour prix des droit réels par lui consistués sur la chose grevée de privilège.

第 2 章　先取特権

> 補論

　上記のように，通常，差押は saisie と訳され，opposition とは異なる。すなわち，イタリー法の oppositione，プロジェの opposition が，日本民法に定着するに際して「差押」とされたことによって，旧民法と明治民法の間には断絶は生じていなかったかも知れないが，この制度を日本民法に導入したボワソナードのプロジェとの間には明確に連続性を欠くにいたった。その意味で，最判平成10年 3 月30日民集52巻 1 号 1 頁の判旨が，当該判例の調査官解説のいうように，その沿革研究から導かれた解釈によるものだとするものであるならば，上述の点からして問題が残るであろう。

現行民法

　（先取特権の不可分性）
　第305条　第296条の規定は，先取特権について準用する。

プロジェ

Art. 1137. Les privilèges sont indivisibles, activement et passivement, comme il est dit du gage et du nantissement immobilier, au articles 1110 et 1128.

旧民法草案

第1637条　先取特権ハ第1610条及ヒ第1628条ニ於テ動産質及ヒ不動産質ニ付キ記載シタル如ク働方及ヒ受方ニテ不可分タリ

債権担保編

第132条　先取特権ハ動産質及ヒ不動産質関シ第105条及ヒ第123条ニ記載シタル如ク働方及ヒ受方ニテ不可分タリ

調査会原案

第305条　先取特権ハ不可分ニテ債権ヲ担保ス

第306条（一般の先取特権）

(明治民法)
第305条　第296条ノ規定ハ先取特権ニ之ヲ準用ス

(補論)
　先取特権の不可分性を定めた規定である。旧民法債権担保編第132条が，質権についての不可分性を定めた規定であるのに対応する。本条が，留置権の不可分性を定めた第296条を準用しているのは，担保物権の不可分性を留置権の規定において明確にし，先取特権，質権，抵当権ではその規定を準用することにしたからである。

　もっとも，既述のように，明治民法第296条に対応する旧民法債権担保編第93条は，明治民法第296条のような包括的規定ではない。旧民法債権担保編では，規定の順は，留置権，質権，先取特権であり，質権に関する第105条，第123条が第132条で準用される形式になっていた。法典調査会で穂積委員は，本条は，この第132条の文字をいささか改めただけであると述べている。

(仏語訳)
Art. 305. Les dispositions de l'article 296 sont applicable par analogie aux privilèges.

(現行民法)
　（一般の先取特権）
第306条　次に掲げる原因によって生じた債権を有する者は，債務者の総財産について先取特権を有する。
一　共益の費用
二　雇用関係
三　葬式の費用
四　日用品の供給

第 2 章　先取特権

（プロジェ）

Art. 1142. Les créances privilégiées sur les meubles et les immeubles sont, dans les limites et sous les conditions ci-après déterminées:

 1 Les frais de justice,

 2 Les frais funéraires,

 3 Les frais de dernière maladie,

 4 Les salaries des gens de service,

 5 Les fournitures de sibsistance.

（旧民法草案）

第1642条　動産及ヒ不動産ニ係ル先取特権ニ付タル債権ハ下ニ定メタル制限及ヒ条件ヲ帯ヒタル左ノ諸件トス

 第一　訴訟費用

 第二　葬式費用

 第三　最後ノ疾病ノ費用

 第四　雇人ノ給料

 第五　飲食品ノ供給

（債権担保編）

第137条　動産及ヒ不動産ニ係ル先取特権アル債権ハ之ヲ左ニ掲ク但下ニ定メタル制限及ヒ条件ニ従フ

 第一　訟事費用

 第二　葬式費用

 第三　最後疾病費用

 第四　雇人給料

 第五　日用品供給

（補論）

　前記旧民法草案第1642条は，先取特権の章の第1節「動産及ヒ不動産ニ係ル一般先取特権」（les privilèges géneraux sur les meubles et immeubles），

第306条（一般の先取特権）

第1款「一般先取特権ノ原由」の冒頭の規定である。この一般の先取特権は，その対象が動産及び不動産であるとされたことが，後掲の穂積委員の説明に影響したと思われるので言及しておく。

[調査会原案]

第306条　左ニ掲クル原因ヨリ生スル債権ヲ有スル者ハ下ノ規定ニ従ヒ債務者ノ総動産及ヒ総不動産ニ係ル一般ノ先取特権ヲ有ス
　第一　訟事費用
　第二　埋葬費用
　第三　雇人給料
　第四　日用品供給

[説明概要]

　本条は，担保編第137条の修正である。既成法典では，「動産及ヒ不動産ニ係ル先取特権アル債権ハ之ヲ左ニ掲ク」とあって，訟事費用とか葬式費用云々とあるが，そうするとこれらの費用が債権のようであるが実はその債権の原因であるから，「左ニ掲クル原因ヨリ生スル債権」とした。

　葬式費用を埋葬費用としたのは，葬式というと儀式だけの費用のようで墓地や墓標が入らないような疑いを生ずるからである。最後疾病費用を除いたのは，これを認めておかないと非常に病人が困るということはあるまいという理由からである。

[補論]

　本野一郎委員から，本条では総動産・総不動産とあるが，クレアンスは入らないのかという質問があり，穂積委員は債務者の財産を構成する債権の上には先取特権は及ばない心算であったと答えている。そして，本条は，法典調査会では，原案のまま確定した。明治民法では「債務者ノ総財産」と換えられていることに留意を要する。すなわち，一般の先取特権の効力の及ぶ範囲について，ボアソナードの構想と明治民法とでは異なることになった。

第2章　先取特権

> 明治民法

第306条　左ニ掲ケタル原因ヨリ生シタル債権ヲ有スル者ハ債務者ノ総財産ノ上ニ先取特権ヲ有ス
　一　共益ノ費用
　二　葬式ノ費用
　三　雇人ノ給料
　四　日用品ノ供給

> 補論

　注意すべきは，法典調査会の原案ではなかった「共益ノ費用」が，明治民法では第1順位として存在することになり，それに伴って第307条が設けられたことである。その経緯は現在のところ不明であるが，なお探求したい。
　「雇人の給料」は，昭和24年改正によって順位があげられ，さらに平成15年改正によって「雇用関係」とされた。

> 仏語訳

Art.306. Ont privilège sur tous les biens du débiteur ceux quit ont une créance née d'une des causes énumérées ci-dessous:
　1　Les frais d'intérêt commun;
　2　Les frais funéraires;
　3　Les salaries des gens de service;
　4　Les fournitures de subsistence.

> 現行民法

（共益費用の先取特権）
第307条　共益の費用の先取特権は，各債権者の共同の利益のためにされた債務者の財産の保存，清算又は配当に関する費用について存在する。

第308条（雇用関係の先取特権）

　前項の費用のうちすべての債権者に有益でなかったものについては，先取特権は，その費用によって利益を受けた債権者に対してのみ存在する。

明治民法

第307条　共益費用ノ先取特権ハ各債権者ノ共同利益ノ為メニ為シタル債務者ノ財産ノ保存，清算又ハ配当ニ関スル費用ニ付キ存在ス
　前項ノ費用中総債権者ニ有益ナラサリシモノニ付テハ先取特権ハ其費用ノ為メ利益ヲ受ケタル債権者ニ対シテノミ存在ス

補論

　前条第1号及および本条は，旧民法には存在せず，明治民法にいたって規定されたものである。プロジェと対比させる意味もないので，明治民法第307条の仏語訳は省略する。

現行民法

　（雇用関係の先取特権）
第308条　雇用関係の先取特権は，給料その他債務者と使用人との間の雇用関係に基づいて生じた債権について存在する。

補論

　本条は，平成15年に全面改正された。また，昭和22年改正で第306条3号が2号に繰り上げられた結果，それまでの第308条と第309条とが入れ換わった。
　平成15年改正によって，雇い人保護の規定の趣旨は受け継がれたが，内容的には明治民法，旧民法との連続性はなくなったといえるので，以下では，参考までに明治民法の規定を掲げるにとどめる。

第 2 章　先取特権

(明治民法)

第309条　雇人給料ノ先取特権ハ債務者ノ雇人カ受クヘキ最後ノ6カ月間ノ給料ニ付キ存在ス但其金額ハ50円ヲ限トス

(現行民法)

（葬式費用の先取特権）

第309条　葬式の費用の先取特権は，債務者のためにされた葬式の費用のうち相当な額について存在する。

　前項の先取特権は，債務者がその扶養すべき親族のためにした葬式の費用のうち相当な額についても存在する。

(プロジェ)

Art.1144.　Sont privilégiés les frais civil et religieux faits pour l'enservelissement, l'inhumation ou la crémation du débiteur, eu égard à sa position sociale et dans la mesure d'usage.

　Le privilège s'applique aussi aux frais faits pour les funérralles des personnes de la famille du débiteur se trouvent à sa charge et habitant avec lui.

　Il ne s'étend pas aux dépenses, même d'usage, consécutives aux funérailles.

(旧民法草案)

第1644条　債務者ノ身分ニ応シ且慣習ニ従ヒ其歛葬，土葬又ハ火葬ノ為メ為シタル俗事上及ヒ宗教上ノ費用ハ先取特権アリ

先取特権ハ亦債務者ノ担当タル其同居ノ家族ノ葬式ノ為メ為シタル費用ニ之ヲ準用ス

其先取特権ハ葬式ニ連続シタル出費ニハ及ハス但其出費カ慣習上ノモノタルトキモ亦同シ

(債権担保編)

第308条　葬式費用ノ先取特権ハ債務者ノ身分ニ応シテ為シタル葬式ノ費

第309条（葬式費用の先取特権）

用ニ付キ存在ス
前項ノ先取特権ハ債務者カ其扶養スヘキ親族又ハ家族ノ身分ニ応シテ為シタル葬式ノ費用ニ付テモ亦存在ス

[プロジェ注釈]

　フランス民法では，葬式の費用（frais funéraires）とのみ定めており，その範囲が明らかではないので，本条では，細かく規定した。
　本条の趣旨は，無資力で死亡した債務者のためにも，一定の出費が可能となることにある。
　債務者本人の葬式に限るか。これについてもフランスでは議論があったが，債務者の家族（友人ではない）であること，生前の生活費が債務者の負担の下にあったこと，死亡するまで債務者と同居していたこと，これらの条件を充たせば，債務者本人の葬式でなくてもよい。
　葬式に連続した（consécutif）出費とは，例えば，会葬御礼などである。

[補論]

　ボアソナードのコマンテールを見ると，本条は，フランスの葬式の在り方を念頭においた規定であることがわかる。したがって，旧民法では，わが国の国情にあわせてかなり修正せざるをえなかったのであろう。

[調査会原案]

第308条　埋葬費用ノ先取特権ハ債務者ノ身分ニ応シテ為シタル其埋葬ノ費用ニ付キ存在ス
前項ノ先取特権ハ債務者カ其同居親族又ハ其扶養スヘキ親族ノ身分ニ応シテ為シタル埋葬ノ費用ニ付テモ亦存在ス

[説明概要]

　本条は，債権担保編第139条に修正を加えたものである。埋葬費用のなかには火葬の費用も含まれる趣旨である。身分という言葉は，法律上の意味ではなく，身分相応と一般にいわれるような意味である。

第2章　先取特権

　既成法典では同居の親族としているが，同居していなくても扶養義務がある親族の葬式に関しては，先取特権を与えてもよかろうと考える。
　「葬式ニ連続シタル出費ニ及ハス」とあるが，その限界は明らかではないからここで規定するのは廃した。

> 補論

　公示不要で他の債権者を害する虞があるから，先取特権の被担保債権の範囲はなるべく狭くするというのが基本であったのに，上記の修正原案では旧民法の規定よりも広くなり過ぎないか，という点から議論がなされた。しかし，「埋葬費用」を「葬式費用」と改めたことを除いて，原案は確定した。
　なお，法典調査会には，明治民法では除かれた「訟事費用」についての先取特権の規定が，本条の前に第307条として提出され，穂積委員から説明があり，特に発議なく決定している。

> 明治民法

第308条　葬式費用ノ先取特権ハ債務者ノ身分ニ応シテ為シタル葬式ノ費用ニ付キ存在ス
前項ノ先取特権ハ債務者カ其扶養スヘキ親族又ハ家族ノ身分ニ応シテ為シタル葬式ノ費用ニ付テモ亦存在ス

> 仏語訳

Art.308. Le privilège pour frais funéraires garantit les frais faits pour les funérailles du débiteur eu égard à sa situation.
　Le privilège prévu à l'alinéa précédent garantit également les frais faits, eu éagard à leur situation, pour les funérailles des Sinzokous des Kazokous du débiteur, lesquels se trouvent à sa charge.

> 補論

　他の箇所でもそうだが，フランス法とは概念が異なるため，Sinzokous

第310条（日用品供給の先取特権）

Kazokous としてある。

> （現行民法）
>
> （日用品供給の先取特権）
> 第310条　日用品の供給の先取特権は，債務者又はその扶養すべき同居の親族及びその家事使用人の生活に必要な最後の六箇月の飲食料品，燃料及び電気の供給について存在する。

（プロジェ）

Art.1147. Le privilège des fournitures ne s'applique qu'aux denrées alimentaires fournies au débiteur ou à sa habitant avec lui et a leurs serviteurs.

　Il ne comprend que lesdites fournitures faites dans les six derniers mois.

（旧民法草案）

第1647条　飲食品供給ノ先取特権ハ債務者又ハ債務者ト同居スル家族及ヒ是等ノ者ノ雇人ニ供給シタル飲食品ニノミ之ヲ適用ス
　右ノ先取特権ハ最後ノ6カ月間ニ為シタル右ノ供給ノミヲ包含ス

（債権担保編）

第142条　日用品供給ノ先取特権ハ債務者又ハ其担当ニ係ル同居ノ親族及ヒ雇人ノ生活ニ必要ナル日用品ノ供給者ニ属ス
　右ノ先取特権ハ最後ノ6カ月間ノ供給ノミヲ包含ス

（プロジェ注釈）

　債務者の雇人の生活に必要な日用品の供給に先取特権を認めないときは，雇人の仕事を債務者自身がなさなければならず，債務者が債権者に満足を与える手段である日々の職務にあてるべき時間を割くことになって，むしろ債権者の不利益になるであろう。これが，債務者の雇人の生活の飲食品に先取特権を認めた法律上の原因である。

第2章　先取特権

> 補論

　上記のコマンテールでは，雇人の範囲について，フランス法では，subsistance なる語を用いているが，プロジェでは denrées alimentaires とした理由などが述べられているが，雇人の範囲については，時代とともに変遷するのが当然であり，また用語の点については，わが国の民法の解釈としてはあまり意味がないので，エクストレでは省略する。

　総動産の上の一般の先取特権に関するフランス民法の規定は第2101条になるが，同条は，現在は特別法（とくに労働法）によってさまざまな改正をみており，日用品の供給についての規定は見られない。

> 調査会原案

第310条　日用品供給ノ先取特権ハ債務者又ハ其扶養スヘキ同居親族及ヒ其僕婢ノ生活ニ必要ナル最後ノ6カ月間ノ飲食料及ヒ薪炭ノ供給ニ付キ存在ス

> 説明概要

　既成法典担保編第142条には，「生活ニ必要ナル日用品ノ供給者ニ属ス」とあるが，これはやや広きに失するものである。「生活に必要な日用品」といっても現実にはさまざま有り得るのであるから，なるべく狭くかつ境界を明らかにすべく立案した。債務者とその扶養すべき同居の親族としたこと，雇人をやめて僕婢すなわち家に常住すべき者に限ったのもそうであり，生活に必要な日用品を具体的に飲食料及び薪炭としたのもそうである。衣服については，衣服が入るなら家はどうかというような問題が生ずるので入れなかった。

> 補論

　審議の過程で，本条を説明した穂積委員から，薪炭の次に油の字を入れたいという発言があった。また，酒はどうか，煙草はどうなるか，というようなことも問題にされた。結局，本条は原案通りとなり，明治民法では，後掲のとおり，薪炭の次に油が追加されている。

第311条（動産の先取特権）

(明治民法)

第310条　日用品供給ノ先取特権ハ債務者又ハ其扶養スヘキ同居ノ親族並ニ家族及ヒ其僕婢ノ生活ニ必要ナル最後ノ六カ月間ノ飲食品及ヒ薪炭油ノ供給ニ付キ存在ス

(仏語訳)

Art.310. Le privilège pour fournitures de subsistances s'applique gu'aux deurées alimentaires, bois, charbon, huile et petrole, fournis pendant les six derniers mois et nécessaries á l'existence du débiteur ou de ses shinzokous et kazokous habitant avec lui et se trouvant à sa charge, ainsi que de leurs serviteurs.

(現行民法)

（動産の先取特権）
第311条　次に掲げる原因によって生じた債権を有する者は，債務者の特定の動産について先取特権を有する。
　一　不動産の賃貸借
　二　旅館の宿泊
　三　旅客又は荷物の運輸
　四　動産の保存
　五　動産の売買
　六　種苗又は肥料（蚕種又は蚕の飼養に供した桑葉を含む。以下同じ。）の供給
　七　農業の労務
　八　工業の労務

(補論)

　第311条は，現行民法でも明治民法でも第1号から8号まであることは変わらないが，平成16年改正によって，第4号の公吏の職務上の過失についての先取特権が廃され，第8号の農工業の労役についての先取特権が，

第 2 章　先取特権

農業の労務,工業の労務の先取特権に分けられて,それぞれ第 7 号,第 8 号とされた。

これに伴って,公吏保証金の先取特権を規定していた第320条も削除されたので,明治民法と現行民法とでは,第320条以下に違いが生じている。具体的には,明治民法で第321条であった動産保存の先取特権が第320条となり,以下,動産売買,種苗又は肥料の供給,農業の労務,工業の労務となる。

本稿では,第320条の箇所では,明治民法第320条の規定を掲げるので,同条については,現行民法第320条に対応する明治民法第321条との二つを紹介することになる。

(プロジェ)

Art.1151. Indépendamment des créancies nantis dont les privilèges sont établis aux Chaptre II et III ci-dessus, sont privilégés pour les créances et sur les objets mobiliers ci-après désignés:

1　Le bailleur d'immeibles,
2　Les fournisseurs de semences et d'engrais,
3　Les ouvriers agricoles et industriels,
4　Celui qui a conservé un objet mobiliers,
5　Le vendeur d'objets mobilier,
6　L'aubergiste ou hôtelier,
7　Le voiturier ou batelier,
8　Le créancier, pour faits de charge, d'un officier public soumis au cautionnement,
9　Celui qui a prêté les fonds dudit cautionnement.

(旧民法草案)

第1651条　上ノ第 2 章ニ於テ先取特権ヲ設定セラレタル動産質権者ノ外左ノ各人ハ下ニ指定シタル債権ノ為メ下ニ指定シタル動産物ニ付キ先取特権ヲ有ス

第311条（動産の先取特権）

　第一　不動産ノ賃貸人
　第二　種子及ヒ肥料ノ供給者
　第三　農業及ヒ工業ノ職工
　第四　動産物ノ保存者
　第五　動産物ノ売主
　第六　旅店主人
　第七　舟車運送営業人
　第八　保証ニ服シタル公役人ノ負担ノ所為ニ付キ其役員ニ対スル債権者
　第九　右ノ保証ノ元資ヲ貸シタル者

債権担保編

第146条　上ノ第2章ニ規定シタル先取特権ヲ有スル動産質取債権者ノ外下ニ指定シタル動産物ニ付キ先取特権ヲ有スル債権者ハ之ヲ左ニ掲ク
　第一　不動産ノ賃貸人
　第二　種子及ヒ肥料ノ供給者
　第三　農業ノ稼人及ヒ工業ノ職工
　第四　動産物ノ保存者
　第五　動産物ノ売主
　第六　旅店主人
　第七　舟車運送営業人
　第八　保証金ヲ供スル義務アル公吏ノ職務上ノ所為ニ対スル債権者
　第九　右保証金ノ貸主

補論

　旧民法では，債権担保編の第1章が留置権，第2章が動産質，第3章が不動産質，第4章が先取特権となっていたから，本条の「上ノ第二章」とは動産質の規定を指す。明治民法において，物権編第8章が先取特権，第9章が質権と先後が入れ替えられた。

第2章　先取特権

[プロジェ注釈]

本条は，フランス民法第2102条に倣ったものであるが，内容は若干変えてある。たとえば，農業用器具の修理人（réparateur d'ustensiles agricoles）の修理代金債権についての先取特権は，日本では米作が主であるから不要なので，肥料の供給者を入れた。また，フランス商法にある農業・工業の職工を加えてある。

なお，ここでは，（被担保）債権を挙げず，先取特権を有する債権者を掲げた。各々の債権のための似たような書式を列記することが不可能である以上，先取特権が認められる債権者を掲げた方がよりよいからである。

[調査会原案]

第311条　左に掲クル原因ヨリ生スル債権ヲ有スル者ハ下ノ規定ニ従ヒ債務者ノ動産ニ係ル先取特権ヲ有ス
　一　不動産ノ賃貸借
　二　旅店ノ宿泊
　三　旅客又ハ荷物ノ運輸
　四　公吏ノ職務上ノ過失
　五　動産ノ保存
　六　動産ノ売買
　七　種苗又ハ肥料ノ供給
　八　農工業ノ労役

[説明概要]

本条は，既成法典の担保編第146条にあたる。そこでは，先取特権を有する者を掲げてあるが，本案では，先取特権のついている債権の原因を掲げたので，「左ニ掲クル原因ヨリ生スル」という文章に改めた。1号から4号は，質に類似のものでこれを先に掲げた。5号は，その原因が他の債権者の共同利益にかかっているもので，これらをここに挙げた。7・8・9号も，先取特権を与えなければ特にその債権者が迷惑を被るだろうというので，ここに挙げたのである。既成法典では，種子とあるのを種苗と改

第311条（動産の先取特権）

めた。

> 補論

　何人かの委員から修正案が出されるが，いずれも賛成者少数で，本条はそのまま可決された。明治民法では，次に見るように，「動産ニ係ル」が「特定動産ノ上ニ」となったのみで，各号に修正はない。

> 明治民法

第311条　左ニ掲ケタル原因ヨリ生シタル債権ヲ有スル者ハ債務者ノ特定動産ノ上ニ先取特権ヲ有ス
　一　不動産ノ賃貸借
　二　旅店ノ宿泊
　三　旅客又ハ荷物ノ運輸
　四　公吏ノ職務上ノ過失
　五　動産ノ保存
　六　動産ノ売買
　七　種苗又ハ肥料ノ供給
　八　農工業ノ労役

> 仏語訳

Art.311. Ont privilège sur certains meubles déterminés du débiteur ceux qui ont une créance née d'une des causes énumérées ci-dessous:
　1　Le bail d'immeubles;
　2　Les frais d'hôtel;
　3　Le transport des voyageurs ou des bagages;
　4　Les fautes commises par les officiers publics dans l'exercice de leurs fonctions;
　5　La conservation de meubles;
　6　La vente de meubles;
　7　Les fournitures de semences, plants ou engrais;

第 2 章　先取特権

8　Le travail agricole ou industriel.

> **現行民法**
>
> （不動産賃貸の先取特権）
> 第312条　不動産の賃貸の先取特権は，その不動産の賃料その他の賃貸借関係から生じた賃借人の債務に関し，賃借人の動産について存在する。

プロジェ

Art.1152. Le bailleur de bâtiments d'habitation, de magasins ou autres constructions, a privilège sur les objets mobiliers placés dans lesdits bâtiments pour l'usage, le commerce ou l'industrie du preneur.

Le privilège a lieu, encore que lesdits objets n'appartiennent pas au preneur, si le bailleur a ignoré le fait et n'a pas eu de raison suffisante de le prévoir, au moment où il a connu l'introduction des objets dans les locaux loués.

Le privilège du bailleur ne s'exerce pas sur l'argent comptant, sur les bijoux et piereries destinés à l'usage personnel du preneur ou de sa famille, ni sur les titres de creance, même au porteur.

旧民法草案

第1652条　居宅，倉庫又ハ其他ノ建物ノ賃貸人ハ賃貸人ノ使用，商業又ハ工業ノ為メ右ノ建物内ニ備ヘタル動産物ニ付キ先取特権ヲ有ス

右ノ物カ賃借人ニ属セスト雖モ若シ賃貸人カ其事実ヲ知ラス且賃貸シタル場所内ニ物ヲ持込ムコトヲ知リタル当時ニ於テ右ノ事実ヲ予見ルニ足ル可キ理由アラサリシトキハ先取特権ハ尚存在ス

賃貸人ノ先取特権ハ現金，賃貸人又ハ其家族ノ一身ノ使用ニ供シタル珠宝宝石ニ付キ之ヲ行フコトヲ得ス

第312条（不動産賃貸の先取特権）

[債権担保編]

第147条　居宅，倉庫其他ノ建物ノ賃貸人ハ賃借人ノ使用又ハ商工業ノ為メ此建物内ニ備ヘタル動産物ニ付キ先取特権ヲ有ス

右ノ動産物カ賃借人ニ属セスト雖モ先取特権ハ猶ホ存ス但賃貸人カ賃借場所ニ此動産物ノ持込ヲ知リタル当時其物ノ賃借人ニ属セサル事実ヲ知ラス且其事実ヲ予見スルニ足ル可キ理由アラサリシトキニ限ル

賃貸人ノ先取特権ハ現金ニ付キ又賃借人及ヒ其家族ノ一身ノ使用ニ供シタル金宝宝石ニ付キ又無記名ナルモ証券ニ付キ之ヲ行フコトヲ得ス

[プロジェ注釈]

　本条第1項は，われわれが，田園の賃貸（bailleur rural）に対して都市の賃貸（bailleur urbain）と呼ぶ建物賃貸人に認められる先取特権をいう。

　現金，装身具（bijoux）宝石（pierreries）は，先取特権の対象とはならない。債権証書（持参人払式も同じ）も同様である。

　これに対し，美術品，陶磁器，絵画，蔵書等は対象となる。フランスでは，これらを「賃借家屋の備品」（garnissent les lieux loués）と呼んでいる。

[補論]

　田園の賃貸，都市の賃貸という区別は，わが国では理解しかねるところがあろう。プロジェには（旧民法草案にも）なかった無記名証券が旧民法に入ったのは，ボワソナードがコメントで述べていたところを明文化したということであろう。

[調査会原案]

第312条　不動産賃貸ノ先取特権ハ其不動産ノ借賃，負担其他賃貸借ノ関係ヨリ生スル賃借人ノ債務ノ為メ賃借人ノ動産ニ付キ存在ス

[説明概要]

　本条は，土地の賃貸借にも建物の賃貸借にも双方にかかる先取特権である。その目的物は，「賃借人ノ動産ニ付キ存在ス」と広く書いておいた。

第 2 章　先取特権

土地の賃貸借から生ずる場合と，建物の賃貸借から生ずる場合とでは異なるからである。

　既成法典担保編第147条においては，本条のごとく先取特権の原因となるべきものを挙げ，且つその先取特権の範囲制限等を掲げてあるが，範囲制限等は後に譲って，本条ではその原因のみを掲げたのである。

> 補論
>
> 　審議において，「負担」の字を削除する案が提出され，賛成多数で削除されることになった。なお，穂積委員の説明中で，本条に対応する旧民法の規定は，債権担保編第151条とあるが，これは上記に引用した第147条の誤りではないかと思われる。
>
> 　明治民法の先取特権の規定は，第303条から第341条まで，旧民法債権担保編の規定は第131条から第194条までで，条数の上からは半分近くに整理されたので，明確に対応する条文があるとは限らず，関連する条文を対応関係にあると誤解したのではないかと思われる。

明治民法

第312条　不動産ノ先取特権ハ其不動産ノ借賃其他賃貸借関係ヨリ生シタル賃借人ノ債務ニ付キ賃借人ノ動産ノ上ニ存在ス

仏語訳

Art.312. Le privilège pour bail d'immeubles porte sur les meubles appartenant au preneur, à raison des loyers et autres dettes nées à l'occasion du bail.

> 現行民法
>
> 　（不動産賃貸の先取特権の目的物の範囲）
> 第313条　土地の賃貸人の先取特権は，その土地又はその利用のための建物に備え付けられた動産，その土地の利用に供された動産及び賃借人が占有するその土地の果実について存在する。

第313条（不動産賃貸の先取特権の目的物の範囲）

> 建物の賃貸人の先取特権は，賃借人がその建物に備え付けた動産について存在する。

[補論]

　本条に係わるプロジェの条文は，第1154条，第1155条である。これ等は整理されて，明治民法第313条及び第134条にまとめられた。プロジェでは，長期賃貸借（emphyteise，旧民法では，永貸借），小作（ferme），物納小作（colonage，旧民法では，分果賃貸）という区別が設けられ，これに従って貸主の先取特権の及ぶ範囲も異なるなど細かい規定となっている。明治民法と大きく相違するプロジェの規定を掲げることに余り意味があるとも思われない。

　このプロジェの条文に対応する旧民法草案と旧民法の条文は，それぞれ，第1654条，第1655条，第148条，第149条となるが，以下では，大きく改変された旧民法債権担保編の規定のみを明治民法と対比させて見るという意味で掲げることにする。その比較だけでも，明治民法の起草者が旧民法をいかに整理改正したのかが読み取れるであろう。旧民法の規定は余りにも細かく，また，賃貸人が家賃を担保するために，それに相応する動産を担保として備えつけることを賃借人に要求できるとするなど，わが国のそれまでの建物賃貸借の実情とは異なるような法文となっている。

[債権担保編]

第148条　賃貸人ハ家賃ノ当期分及ヒ後ノ一期分ノ弁済ヲ担保スルニ足ル可キ動産ヲ賃貸シタル場所ニ備フルコトヲ賃借人ニ要求スルコトヲ得賃借人之ヲ為サス且此家賃ノ前払又ハ之ニ相当スル其他ノ担保ヲ供セサルトキハ賃貸人ハ賃貸借ヲ解除スルコトヲ得尚ホ損害アルトキハ其賠償ヲ求ムルコトヲ得

賃貸場所ニ備ヘタル動産ヲ賃貸人ノ許諾ナクシテ取去リタルモ別ニ詐害ナキニ於テハ賃貸人ハ其担保カ不足トナリタルトキ且賃借人ニ属スル権利内ニ非サレハ此動産ヲ其場所ニ復セシムルコトヲ得ス

第2章　先取特権

然レトモ賃貸人ノ権利ヲ詐害シテ為シタル行為ニ付テハ賃貸人ハ財産編第341条以下ニ記載シタル条件及ヒ区別ニ従ヒ第三者ニ対シテ其行為ヲ廃罷セシムルコトヲ得

右ハ総テ第133ニ依リテ賃貸人ノ有スル権利ヲ妨ケス

第149条　賃貸借ト永貸借トヲ問ハス田畑山林ノ賃貸人ハ賃借人カ居宅並ニ土地利用ノ建物内ニ備ヘタル動産ニ付キ及ヒ土地ノ利用ニ供シタル動物,農具其他ノ器具ニ付キ上ト同一ノ限度ニ於テ先取特権ヲ有ス

右ノ賃貸人ハ賃貸シタル土地ノ収穫物其他ノ産出物カ猶ホ土地ニ付着スルト土地ニ保有シアルトヲ問ハス其収穫物及ヒ産出物ニ付キ先取特権ヲ有ス

分果賃貸人ハ賃貸シタル土地ノ収穫物其他ノ産出物ノ中ニテ自己ノ権利ヲ有スル部分カ猶ホ分果小作人ノ方ニ存スル間ハ直接ニ其収穫物其他ノ産出物ノ上ニ先取特権ヲ行フ

〔調査会原案〕

第313条　土地ノ賃貸人ノ先取特権ハ賃借地又ハ其利用ノ為メニスル建物ニ備付ケタル動産, 其土地ノ利用ニ供シタル動産及ヒ賃借人ノ占有ニ在ル果実ニ付キ存在ス

建物ノ賃貸人ノ先取特権ハ賃借人カ其建物内ニ備付ケタル動産ニ付キ存在ス

〔説明概要〕

　本条は, 担保編第147条と第149条の2ヵ条を併せ, これに修正を加えたものである。前条において, すでにいかなる原因で先取特権が生じるかということを一般に述べてあるが, その目的物については, 土地の賃貸借の場合と建物の賃貸借の場合とでは範囲が同じではないから, 本条は2つに分けておもにその目的物を示すためにここに規定した。

　第149条の規定は, 田畑山林の賃貸だけになっていたが, 本条ではこれを土地と改めた。ボアソナードの意図もそうであったろうと思う。田畑山林だけの賃貸に限るという理由は見出せない。

　次に, 既成法典では, 賃借人の居宅あるいは土地利用の建物内に備えた

第313条（不動産賃貸の先取特権の目的物の範囲）

動産，土地利用に供した動物農具その他の器具の上に先取特権をもつようになっているが，本条ではこれをすこし狭めた。賃借人の居宅に備えた動産にまで及ぼすのは賃貸借の関係と先取特権の目的物との関係が遠すぎる。

本条第2項については，既成法典では，「賃借人ノ使用又ハ商工業ノ為メ此建物内ニ備ヘタル動産物」とあるが，使用しているという意味が明瞭ではない。また，商工業の為めと限定しているのも疑問に思う。そこで，一般にその建物のなかに自分が備え付けたという事実がある動産ならば，先取特権が存在するというように改めた。

また，第148条はすべて削除した。その第1項は，賃貸人は賃借人に対し，十分借賃の担保に足るべき動産を備え付けることを要求できるとなっているが，このごとき義務を賃借人に負わせる，このごとき権利を賃貸人に与えるということは，慣行にもなっていないし実際にも行われ難いことである。第2項も同じ理由で削った。第3項は，詐害行為という問題で別に規定されるべきことである。第4項も言うをまたぬことと思ったので，これも削った。

補論

先取特権が及ぶ動産の具体的な範囲ということについて，細かい議論がなされ修正案がいくつか提案されるが，いずれも賛成者少数で，結局原案通りとなった。本条における議論のなかでも，後に抵当権の効力の及ぶ範囲の箇所でも問題となるが，土地とその地上建物は一体とみるべきかどうかということが議論されている。

再補論

本条は，旧民法債権担保編第147条も含めて修正したとされているが，法典調査会に提出された明治民法の原案では，本条とは別に第147条2項に文字の修正を加えたとされる第314条があった。

前条ノ場合ニ於テ動産カ賃借人ノ所有ニ属セサルトキハ賃貸人ハ其備付ヲ知リタル当時其物ノ第三者ニ属スル事実ヲ知ラス且予見スニ足ル可キ理由アラサリシトキニ限リ其物ニ付キ先取特権ヲ有ス

第 2 章　先取特権

というもので，議論のすえ，「且予見スルニ足ル可キ」というのを「且之ヲ知ルニ足ル可キ」と調査会で修正することになった。しかしながら，成案となった明治民法には，この条文は見当たらない。

明治民法

第313条　土地ノ賃貸人ノ先取特権ハ賃借地又ハ其利用ノ為メニスル建物ニ備付ケタル動産，其土地ノ利用ニ供シタル動産及ヒ賃借人ノ占有ニ在ル其土地ノ果実ノ上ニ存在ス

仏語訳

Art.313. Le privilège du bailleur d'un fonds de terre porte sur les meubles placés sur le fonds loue ou dans les bâtiments servant à l'exproitation du fonds, sur les meubles servant à cette exploitation et sur les fruits du sol demeurés en possession du preneur.

現行民法

第314条　賃借権の譲渡又は転貸の場合には，賃貸人の先取特権は，譲受人又は転借人の動産にも及ぶ。譲渡人又は転貸人が受けるべき金銭についても，同様とする。

プロジェ

Art.1156. En cas de cession du bail ou de sous-location, le privilège du bailleur porte sur les meubles et autres objets garnissant les lieux loués, encore que le bailleur sache qu'ils appartiennent au cessionnaire ou au sous-locataire.

　Dans ce cas, le privilège porte aussi sur les sommes dues au preneur principal comme prix de cession ou sous-location, conformément à l'article 1138, sans que des payments anticipés puissant être opposés au bailleur.

第314条（不動産賃貸の先取特権の目的物の範囲）

[旧民法草案]

第1656条　賃借権ノ譲渡又ハ転貸ノ場合ニ於テハ賃貸人其賃貸シタル場所ニ備ヘ有ル動産及ヒ其他ノ物カ譲受人又ハ転借人ニ属スルコトヲ知ルト雖モ賃貸人ノ先取特権ハ是等ノ物ニ及フ

此場合ニ於テ先取特権ハ亦第1638条ニ従ヒ譲渡又ハ転貸ノ代価トシテ主タル賃借人ノ受ク可キ金額ニ及フ但前払ヲ以テ賃借人ニ対抗スルコトヲ得ス

[債権担保編]

第150条　賃借権ノ譲渡又ハ転貸ノ場合ニ於テ賃貸人ハ賃貸場所ニ備ヘ有ル動産カ譲受人又ハ転借人ニ属スルコトヲ知ルト雖モ其先取特権ハ此等ノ物ニ及フ

此場合ニ於テ先取特権ハ第133条ニ従ヒ譲渡又ハ転貸ノ代価トシテ主タル賃借人ノ受取ル可キ金額ニ及フ但前払ヲ以テ賃貸人ニ対抗スルコトヲ得ス

[プロジェ注釈]

　小作地（bail a ferme）と長期賃貸借（emphytéose，旧民法では，永借権という。）は，譲渡，転貸がなせるが，物納小作（bail a colonage）は，賃貸人の許可なくしてはこれをすることができない。先の二つの場合には，動産が譲受人，転借人の所有に属することを賃貸人が知っていても，先取特権の目的となる。

[補論]

　旧民法は，賃借人は，原則として，賃貸借の期間を超えざる限り，賃借権を譲渡，転貸できるとしていた（財産編第134条1項．Projet. 第142条1項）。永借権（期間30年を超える不動産の賃貸権），地上権についても同様である。明治民法では，永借権を廃し，賃借権は債権とし，地上権（superficie）を物権とした。そして，賃借権の譲渡，転貸は，賃貸人の承諾を得なければならないとしたのである。また，小作，物納小作も，賃借権，地上権のなかの土地の利用契約の態様と捉えた。

第2章　先取特権

[調査会原案]

第315条　賃借権ノ譲渡又ハ転貸ノ場合ニ於テハ賃貸人ノ先取特権ハ譲受人又ハ転借人ノ動産並ニ譲渡人又ハ転貸人ノ受ケルヘキ金額ニ及フ　譲受人又ハ転借人ハ前払ヲ以テ之ニ対抗スルコトヲ得ス

[説明概要]

本条は，担保編第150条にいささか修正を加えただけである。第2項の「之ニ」という字が漠然としすぎるという注意があったので，これを「賃貸人ニ」と改められたい。

[補論]

審議の過程でかなり紛糾した。磯部四郎委員から，第2項を「転借人ハ借賃ノ前払ヲ以テ賃貸人ニ対抗スルコトヲ得ス」と改めたらどうかという案がでて，この修正案が成立する。ところが，その後になって，既成法典では，譲渡・転貸の代価として受け取るべき金額に及ぶとあって，その前払いというのだから，借賃にかぎらないではないか，という議論がでて，結局，起草委員にさらに考えてもらうということで本条の審議は終わった。そして，翌日の会議において，穂積起草委員から次のような案が提示される。

　賃借権ノ譲渡又ハ転貸ノ場合ニ於テハ賃貸人ノ先取特権ハ譲受人又ハ転借人ノ動産ニ及フ譲渡人又ハ転貸人ノ受取ルヘキ金額ニ付キ亦同シ此場合ニ於テ転借人ハ借賃ノ前払ヲ以テ賃貸人ニ対抗スルコトヲ得ス

その場においても，また議論がなされるが，結局本条は，上記案通り可決となった。

[明治民法]

第314条　賃借権ノ譲渡又ハ転貸ノ場合ニ於テハ賃貸人ノ先取特権ハ譲受人又ハ転貸人カ受クヘキ動産ニ及フ譲渡人又ハ転貸人カ受クヘキ金額ニ付キ亦同シ

第315条（不動産賃貸の先取特権の被担保債権の範囲）

> [補論]
>
> 前払いをもって賃貸人に対抗することを得ない，という一文は削除されている。プロジェによれば，この部分には，ボワソナードがフランス民事訴訟法第820条を引用しており，譲渡人，転貸人が譲渡・転貸によってうけるべき金額は譲渡・転貸の目的物の法定果実だから，賃貸人の先取特権がおよぶとしたとの説明がある。そうだとしたら，その当否は別として（果実ではなく対価ではないかとおもわれるが），たんなる借賃ではない。法典調査会の議論では，ここに述べたような視点からはとくに論じられていない。

[仏語訳]

Art. 314. En cas de cession du bail ou de sous-location, le privilège du bailleur s'etend sur les meubles du cessionnaire ou de sous-locataire. Il porte également sur les sommes dues au cédant ou au sous-locateur.

> [現行民法]
>
> （不動産賃貸の先取特権の被担保債権の範囲）
>
> 第315条　賃借人の財産のすべてを清算する場合には，賃貸人の先取特権は，前期，当期及び次期の賃料その他の債務並びに前期及び当期に生じた損害の賠償債務についてのみ存在する。

[プロジェ]

Art. 1157. En cas de liquidation générale des biens du preneur, le bailleur ne jouit du privilège établi aux articles précédents que pour la dernière année échue, pour l'année courante et pour une année à échoir, tant des loyers ou fermages que des autres charges annuelles.

Le privilège garantit, en outre, les autres obligations conventionnelles résultant du bail, les indemnities dues au bailleur pour les fautes ou négligences du preneur pendant l'année écoulée et l'année courante, et les dommages

第 2 章　先取特権

-intérêts accompagnant la résiliation qu'il peut faire prononcer pour l'avenir.

(旧民法草案)

第1657条　賃借人ノ財産ノ総清算ノ場合ニ於テハ賃貸人ハ前年ト本年ト翌年トノ為メニ非サレハ借家賃又ハ借地賃及ヒ其他毎年ノ負担ニ付テハ前数条ニ定メタル先取特権ヲ享ケス

其他先取特権ハ賃貸ヨリ生スル他ノ合意上ノ義務、前年ト本年トノ間ノ賃借人ノ過怠又ハ懈怠ノ為メ賃貸人ノ受ク可キ賠償及ヒ賃貸人カ将来ニ向テ宣告セシムルコト有ル可キ銷除ニ添フタル損害賠償ヲ担保ス

(債権担保編)

第151条　賃借人ノ財産ノ総清算ノ場合ニ於テハ賃貸人ハ土地、建物ノ借賃其他ノ負担ニ付キ前期、当期及ヒ次期ノ分ニ非サレハ前数条ニ定メタル先取特権ヲ有セス

此他先取特権ハ賃貸借ヨリ生スル他ノ合意上ノ義務、前期及ヒ当期ニ於テノ賃借人ノ過失又ハ懈怠ノ為メ賃貸人ノ受ク可キ賠償及ヒ賃貸人カ請求スルコトヲ得ヘキ解除ニ添ヒタル損害賠償ヲ担保ス

(プロジェ注釈)

　フランス民法 (art.2102) と異なるのは、過ぎた最後の1年、現年および到来するべき1年の都合3年分について、賃貸人に先取特権を与えたことである。

(調査会原案)

第316条　賃借人ノ財産ノ総清算ノ場合ニ於テハ賃貸人ノ先取特権ハ前期、当期及ヒ次期ノ借賃、負担其他ノ債務及ヒ前記並ニ当期ニ於テ生シタル損害ノ賠償ノ為メニノミ存在ス

(説明概要)

　本条は、担保編第151条に修正を加えたのである。前の第312条において

第315条（不動産賃貸の先取特権の被担保債権の範囲）

「負担」という字が削られたから，その結果として本条においてもこの「負担」という字は削られたとみてよいと思う。

　第2項の「他ノ合意上ノ義務」には期限が限られていないように見えたので，ボアソナードの説明をみると，この前記・当期という字が「他ノ合意上ノ義務」という字に係っている。賃借人の受けるべき賠償等にだけ係っているのではない。

補論

　穂積委員の説明に疑問を覚えるのは，「負担」という字は削られたと述べながら原案では入っていることである。後に掲げるように明治民法第315条では，この字を見ることはない。

　本条についても，調査会では多くの議論がなされている。「総清算」とはどういう意味か。破産はそうであろうが，他に場合はあるのか。ここの「期」の意味は1カ月と期限を決めれば1年でなくともよいのか。次期，即ち期限が来ていないのにどうして先取特権が及ぶのか，という富井委員の発言もあり，本条については，起草委員の間でも理解が異なることが垣間見られる。しかしながら，本条は原案の通り可決された。

明治民法

第315条　賃借人ノ財産ノ総清算ノ場合ニ於テハ賃貸人ノ先取特権ハ前期，当期及ヒ次期ノ借賃其他ノ債務及ヒ前期並ニ当期ニ於テ生シタル損害ノ賠償ニ付テノミ存在ス

仏語訳

Art. 315. En cas de liquidation générale des biens du preneur, le privilège du bailleur ne garantit que les loyers et autres dettes du preneur se rattachant au terme échu, au terme courant et au terme à échoir, ainsi que les indemnités dues au bailleur à raison des dommages causés pendant le dernier terme et le terme courant.

第 2 章　先取特権

> [現行民法]
> 第316条　賃貸人は，敷金を受け取っている場合には，その敷金で弁済を受けない債権の部分についてのみ先取特権を有する。

[補論]

　本条は，旧民法にはなく，新たに設けられた。旧民法債権担保編第152条は，賃貸借の規定に属するということで，削除された。

[調査会原案]

第317条　賃貸人カ敷金ヲ受取リタル場合ニ於テハ其敷金ヲ以テ弁済ヲ受ケサル債権部分ニ付テノミ先取特権ヲ有ス

[説明概要]

　本条は新たに設けた。従来からわが国のある場所では，敷金をもって借賃の担保としていて，先取特権のようなものは存在していなかった。此の度本案において賃貸人が先取特権を有することになると，担保が二重のことになる。そこで，敷金を受け取ったならば，その敷金が実際担保になる部分でなければ先取特権は存在しないという規定を設けたほうがよろしかろうと思って，本条をおいたのである。

[補論]

　穂積委員の本条についての説明は判り難いが，要するに，敷金が差し入れられている場合の賃貸人の先取特権が及ぶ範囲を明確にしておかなければならないので，本条を設けたということである。通常は，賃貸借が終了した場合に，賃借人の未払い賃料，損害賠償債務などを敷金から控除するが，なおそれでも不足する場合に，その不足額についてのみ賃貸人の先取特権が及ぶというにすぎない。賃貸借に伴って敷金が必ず差し入れられるものとも限らず，敷金の法的性質ならびにそれが担保する目的の範囲などについて明文の規定を欠くことを思えば，本条が民法典中に必要であった

第317条（旅館宿泊の先取特権）

かどうかは疑わしい。

　法典調査会では，結局，本条は原案通り可決されている。

(明治民法)

第316条　賃貸人カ敷金ヲ受取リタル場合ニ於テハ其敷金ヲ以テ弁済ヲ受ケサル債権ノ部分ニ付テノミ先取特権ヲ有ス

(仏語訳)

Art. 316. Dans le cas où le bailleur a touché un dépôt de garantie, il n'a privilège que pour la partie de sa créance qui n'est pas couverte par la somme déposée.

(補論)

　上記の仏文の方が，本条の意味を理解し易いのではなかろうか。

(現行民法)

　（旅館宿泊の先取特権）

第317条　旅館の宿泊の先取特権は，宿泊客が負担すべき宿泊料及び飲食料に関し，その旅館に在るその宿泊客の手荷物について存在する。

(プロジェ)

Art. 1165. L'aubergiste et l'hôtelier ont privilège sur les effets apportés par les nvoyageurs et restant encore dans leur auberge ou hôtellerie, pour leur créance de logement et de nourriture desdits voyageurs et de leurs serviteurs et des bêtes de somme ou de trait les accompagnant.

(旧民法草案)

第1665条　旅店主ハ旅人其雇人及ヒ此ニ率来レル駄負又ハ牽挽ノ獣ノ宿泊及ヒ食料ノ債権ノ為メ其旅客ノ携帯シテ尚ホ旅館又ハ旅店ノ内ニ存スル手荷物ニ付キ先取特権ヲ有ス

第2章　先取特権

債権担保編
第159条　旅店ノ主人ハ旅客其従者及ヒ牛馬ノ宿泊料，食料ノ為メ其旅客ノ携帯シテ尚ホ旅店ニ存スル手荷物ニ付キ先取特権ヲ有ス

プロジェ注釈
　この定めは非常に古く，ローマ以来常に，旅店，宿屋の主人のために先取特権が許されていた。草案が採用したフランス民法でも同じく先取特権を認め，旅人の携行した荷物（les effets）が，その旅店，宿屋に存在する限りで先取特権が及ぶものする。この条件（condition）によって，旅店主は完済まで携行した荷物を留置できるという結果を得る。
　担保される債権は，宿泊料及び飲食料のみである。買い物，医師の費用，衣服の修理などの立替金には及ばない。

調査会原案
第318条　旅店宿泊ノ先取特権ハ旅客其従者及ヒ牛馬ノ宿泊料，食料ノ為メ其旅店ニ存スル手荷物ニ付キ存在ス

説明概要
　本条は，担保編第159条に文字の修正を加えただけに止まっているので，別に説明をしない。文字の修正の中に携帯して云々ということを除いたのは，疑いのもととなるからである。自分が持ってきたのでなければいけないか，後から持ってきたのはいけないかというような議論が起こるからである。

補論
　先取特権は旅人の牛馬には及ばないのか，旅店主の立替金も担保されるべきではないか，手荷物では狭すぎるので携帯物ではどうか，などの意見がでるが，原案通り可決された。
　手荷物というと携行ないし携帯した物というよりもやや狭くなるような感じがしなくもない。ちなみに広辞苑では，手荷物には，手まわりの荷物

第318条（運輸の先取特権）

という説明がある。

(明治民法)

第317条　旅店宿泊ノ先取特権ハ旅客，其従者及ヒ牛馬ノ宿泊料並ニ飲食料ニ付キ其旅店ニ存スル手荷物ノ上ニ存在ス

(仏語訳)

Art. 317. Le privilège pour frais d'hôtel porte sur les bagages qui se trouvent dans l'hôtel, à raison du prix du logement et de la nourriture du voyageur, de ses serviteurs et de ses chenaux ou boeufs.

(補論)

　上記では，les bagages となっているが，フランス民法第2102条では，les effets du voyageur qui ont été transportés dans son auberge であり，ボワソナードと同じく，effet が用いられている。

(現行民法)

　（運輸の先取特権）
　第318条　運輸の先取特権は，旅客又は荷物の運送費及び付随の費用に関し，運送人の占有する荷物について存在する。

(プロジェ)

Art. 1166. Le privilège des voituriers et bateliers, commerçants ou non, s'exerce sur les objets par eux transportés, avec ou sans voyageurs et se trouvant encore dans leurs mains, pour le prix du transport des bagages ou marchandieses, des personnes, des bêtes de somme ou de trait et de leur nourriture, s'il y a lieu, et pour les droits de douane ou autres frais accessoires légitimes.

　Le privilège subsiste même après la livraison des objets, si, dans les 48 heures de ladite livraison, le voiturier a sommé le débiteur ou celui qui a reçu les objets

第 2 章　先取特権

en son nom de lui resituer la possession ou de payer ce qui est dû et a formé, a bref délai, une demande en justice pour y donner suite.

　Dans aucun cas, la revendication ne peut avoir lieu contre les tiers acquéreurs, sauf le cas fraude, comme il est prévu à l'article 1153, et sans préjudice de l'application de l'article 1138.

(旧民法草案)

第1666条　商人タルト否トヲ問ハス舟車運送営業人ハ荷物又ハ商品若クハ人ノ運送賃並ニ食料ヲ携ヘタラハ其食料ノ運送賃ノ為メ及ヒ関税又ハ其他正当ナル付従ノ費用ノ為メ旅客ト共ニ又ハ旅客ト別ニ運送シ尚ホ自己ノ手裏ニ存スル物ニ付キ先取特権ヲ行フ

若シ運送営業人ハ引渡ヨリ48時間内ニ債務者又ハ債務者ノ名ヲ以テ荷物ヲ受取リタル者ニ対シテ其物ノ占有ヲ返還シ又ハ自己ノ受取ル可キモノヲ弁済ス可キノ催告ヲ為シ且其効果ヲ生セシムル為メ短キ期間内ニ裁判上ノ請求ヲ為シタルトキハ其先取特権ハ物引渡後ト雖モ存在ス

如何ナル場合ニ於テモ第三取得者ニ対シテ物ノ回収ヲ請求スルコトヲ得ス但第1653条ニ規定シタル如ク詐偽アル場合ハ此限リニ在ラスシテ且第1638条ノ適用ヲ妨ケス

(債権担保編)

第160条　舟車運送営業人ハ旅客又ハ荷物ノ運送賃ノ為メ及ヒ関税其他正当ナル付従ノ費用ノ為メ自己ノ手ニ存スル運送物ニ付キ先取特権ヲ有ス

運送営業人カ運送物ノ引渡ヨリ48時間以内ニ債務者又ハ其名ヲ以テ其物ヲ受取リタル者ニ対シ其物を返還スルカ又ハ運送賃其他ノ費用ヲ弁済スルカノ催告ヲ為シ且其効果ヲ生セシムル為メ成ル可ク短キ時間ニ裁判上ノ請求ヲ為シタルトキハ其先取特権ハ物ノ引渡後ト雖モ存続ス

如何ナル場合ニ於テモ第三取得者ニ対シテ物ヲ回復スルコトヲ得ス但第148条ニ規定シタル如ク詐害アル場合ハ此限リニ在ラス且第133条ノ適用ヲ妨ケス

第318条（運輸の先取特権）

> プロジェ注釈

　この先取特権の起源は，旅店主の先取特権と同じくローマより出たものである。担保される債権は，荷物または旅客と荷物の運送賃および関税その他入庫料（emmagasinage），荷箱の修理費，引渡費などである。

　舟車運送営業人（voituriers et bateliers）は，できるだけ速やかに積荷をおろす必要があり，また，これらの者がその中継地あるいは寄港地に担保目的物を保存する適当な場所が常にあるとは限らない。これ等のことを考慮して，受取人に対する催告について48時間の期間を与えた。また，裁判上の請求をするにおいても，短い期間内に（dans un bref délai）としたのである。

　目的物が売却により第三取得者の手中にあるときは，先取特権は及ばない。ただし第1638条により，その第三者の負担した代価に及ぶ。

> 補論

　プロジェの第1638条とは，先取特権について物上代位の規定である。すなわち，動産の先取特権には追及効がなく，目的物の売却の場合にはその代金に代位することが認められることが，本条においても述べられている。

　なお，ボワソナードが定めた本条の48時間という期限が妥当といえるか，細かくは引用しなかったが，コマンテールの叙述では説得力が見いだせなかった。

> 調査会原案

　第319条　運輸ノ先取特権ハ旅客又ハ荷物ノ運送賃及ヒ付随ノ費用ノ為メ運送人ノ手ニ存スル荷物ニ付キ存在ス

> 説明概要

　本条は，担保編第160条に少しく修正を加えたものである。実際に行われる運輸は，舟と車に限らないであろうから，舟も車も除いた。営業人についても，運送賃については営業者であるか営業者ではないかは違いがないとおもったから，これも除いて一般に運輸というだけにした。「関税其

第2章　先取特権

他正当ナル付随ノ費用」というのも，単に「付随ノ費用」とした。

　第2項についても，48時間を3日とする立法例もあり30日とする立法例もある。いったん引き渡した物を返還するか弁済するかと催告するのもどうであろうか。運送人の占有下にある間は，優先権のある先取特権もあり留置権もあるというように規定しておくほうがよいというので，これを削った。

　詐害行為である場合，物上代位が認められる場合については，他に規定が設けてあり重複するので，一々断らなくてもよいということでこれを除き去った。

補論

　上記穂積委員の説明にからんで，留置権と先取特権との関係が問題となり，留置権は単に引換履行を求める権利に止まるのに対して，先取特権は他の債権者に対して優先権を有するという点で，運送人の利益がより保護されるという説明がなされる。

明治民法

第318条　運輸ノ先取特権ハ旅客又ハ荷物ノ運送賃及ヒ付随ノ費用ニ付キ運送人ノ手ニ存スル荷物ノ上ニ存在ス

仏語訳

Art. 318. Le privilège pour transport porte sur les bagages qui se trouvent dans les mains du transporteur, à raison des frais de transport des voyageurs ou de leurs bagages, ainsi que des frais accessories.

第319条（即時取得の規定の準用）

> (現行民法)
>
> （即時取得の規定の準用）
> 第319条　第192条から第195条までの規定は，第312条から前条までの規定による先取特権について準用する。

(明治民法)

第319条　第192条乃至第195条ノ規定ハ前7条の先取特権ニ之ヲ準用ス

(補論)

　本条は，旧民法には存在しない。法典調査会に提出されたようでもない。広中編『民法修正案（前三編）の理由書』を引用すれば，以下のようである。なお，注釈民法（甲斐道太郎）によれば，本条はスイス債務法27条に由来するもののようである。

　「第192条乃至第195条ハ所謂即時時効ニ関スル規定ニシテ善意ノ占有者ヲ保護スル必要ニ出タルモノナリ而シテ本条第312条乃至第319条ノ場合ニ於テ不動産賃貸人，旅店主人又ハ運送人カ善意ナルトキハ賃借人，旅客又ハ運送依頼人ニ属セサル物ニ付テモ先取特権ヲ行ハシムル必要アリト認ムルニ因リ本条ニ於テ第192条乃至第195条ノ規定ハ第312条乃至第319条ノ先取特権ニ準用スヘキコトヲ明示セリ」

(仏語訳)

Art. 319. Les dispositions des article 192 à 195 sont applicable par analogie aux privilèges prévus aux sept articles précédents.

(明治民法)

第320条　公吏保証金ノ先取特権ハ保証金ヲ供シタル公吏ノ職務上ノ過失ニ因リテ生シタル債権ニ付キ其保証金ノ上ニ存在スル

第2章　先取特権

> 補論

　先に旧民法債権担保編第146条を紹介したおりに，その第8号が「保証金ヲ供スル義務アル公吏ノ職務上ノ所為ニ対スル債権者」，第9号が「右保証金ノ貸主」であったことはすでに示した。このことから分かるように，債権担保編では，第161条および第162条が，これらを受けて細部の規定をおいている。プロジェでも同様であるが，そもそ，国家賠償法が存在する現行法では，これらの規定は意義を失ったので削除されたのであるし，明治民法ですら採用されなかった債権担保編第162条およびこれに対応するプロジェの第1168条，旧民法草案の第1668条を掲げる必要はないであろう。以下では，プロジェ第1168条，旧民法草案第1667条，旧民法債権担保編第161条を明治民法制定にいたる過程を辿るものとして示すこととする。

> プロジェ

Art. 1167. Les créances résultant de faits de charges, de fautes abus commis dans l'exercice de leur fonction par les officiers publics soumis à un cautionnement sont provilégiées sur ledit cautionnement.

> 旧民法草案

　第1667条　保証ニ服シタル公役員ノ其職務執行ニ於テ為シタル負担ノ所為，過失又ハ濫用ヨリ生スル債権ハ其保証金ニ付キ先取特権アリ

> 債権担保編

　第161条　保証ヲ供スル義務アル公吏ノ過失又ハ職権ノ濫用ヨリ生スル債権ハ其保証金ニ付キ先取特権アリ

> プロジェ注釈

　公証人（notaires），裁判所書記（greffiers），執行吏（huissiers）のような，一個人と金銭上の係わりを有する特定の官吏（fonctionnaires）は，国または国の行政機関（administrations publiques）の基金（caisses）に対し，金員を保証金として収めるとする特別法に従わなければならない。この保証金

76

第319条（即時取得の規定の準用）

は，前述の官吏が一個人に対して命じられることある賠償あるいは損害の回復のための未確定の担保である。

この一個人は，一種の法律上の質（gage légal）を有する有担保の債権者で，官庁はその質権を保存する代理人である。

調査会原案
第320条　保証金ノ先取特権ハ之ヲ供スル義務アル公吏ノ職務上ノ過失ヨリ生スル債権ノ為メ其保証金ニ付キ存在ス

説明概要
本条は，債権担保編第161条に文字の修正を加えただけに止まっている。第162条を削った理由は，先取特権の原因となったその又原因となったものにまで特権を及ぼすのは，すこし範囲が広すぎると思ったからである。

補論
穂積委員の説明については質問・意見等はなく原案は可決された。付言すれば，債権担保編第162条がここで採用されなかったのは，先取特権は，一方では特定の債権を有する者を優先的に保護しなければならないという要請がある反面，他の債権者が害されるという弊害があるので，旧民法よりも，先取特権が認められる範囲をなるべく厳格にしようとの起草委員の考慮が背景にある。

仏語訳
Art. 320. Le privilège pour fautes des officiers publics porte sur le cautionnement par eux fourni, à raison des créances nées des fautes qu'ils ont commises dans l'exercice de leurs fonctions.

第 2 章　先取特権

> (現行民法)
>
> （動産保存の先取特権）
> 第320条　動産の保存の先取特権は，動産の保存のために要した費用又は動産に属する権利の保存，承認若しくは実行のために要した費用に関し，その動産について存在する。

(プロジェ)

Art. 1161. Celui qui est créancier pour frais de réparation ou de conservation d'un objet mobilier a privilège sur l'objet ainsi réparé ou conservé, lors même qu'il n'exerce pas le droit de rétention qui lui appartient d'après l'article 1096.

　Le même privilège s'applique aux frais d'actes judiciaries ou extrajudiciaries ayant fait reconnaître, conserve ou réaliser au profit du débiteur des droits personnels ou réels à des sommes d'argent, valeurs ou autres objets mobiliers quelconques.

(旧民法草案)

第1661条　動産物ノ修繕又ハ保存ノ費用ノ為メ債権者タル者ハ第1596条ニ従ヒ己レニ属スル留置権ヲ行ハサルトキト雖モ其修繕シ又ハ保存シタル物ニ付キ先取特権ヲ有ス

右同一ノ先取特権ハ金額，有価物又ハ其他総テノ動産物ニ於ケル人権又ハ物権ヲ債務者ノ利益ニ於テ認知セシメ又ハ実行セシメタル裁判上又ハ裁判外ノ所為ノ費用ニ之ヲ適用ス

(債権担保編)

第155条　動産物ノ修繕又ハ保存ノ費用ニ付テノ債権者ハ第92条ニ従ヒ己レニ属スル留置権ヲ行ハサルトキト雖モ其修繕又ハ保存シタル物ニ付キ先取特権ヲ有ス

右ノ先取特権ハ金額，有価物其他動産物ニ関スル物権又ハ人権ヲ債務者ノ為メニ追認シ保存シ又ハ実行セシメタル裁判上又ハ裁判外ノ行為ノ費用ニ

第320条（動産保存の先取特権）

之ヲ適用ス

プロジェ注釈

　本規定は，修繕と保存とを併記した。両者は近い関係にあり物の滅失を防ぐ最良の手段だからである。しかし，改良（amélioration）については，先取特権は許容できない。なぜなら，改良は，保存と同等に当然に期待すべき行為ではなく，また，その範囲は増加額について認められることとなって，目的物の価額を超えることになるからである。もっとも，不動産の改良については，先取特権が認められる。

調査会原案

第321条　動産保存ノ先取特権ハ其保存費用ノ為メ其動産ニ付キ存在ス
　前項ノ先取特権ハ動産ニ関スル権利ヲ保存シ，追認シ若クハ実行セシメタル裁判上又ハ裁判外ノ行為ニ付テモ亦存在ス

説明概要

　本案も，既成法典担保編第155条に文字の修正を加えたに止まっている。

補論

　「裁判外ノ行為ニ付テモ」とあるのを「裁判外ノ行為ノ費用ノ為ニモ」としてはどうか，保存し追認しというのはなんだか変であるから，「保存追認若クハ」としてはどうか，という意見が出され，いずれも賛成多数で可決となった。しかし，明治民法で成案となった本条は，次の通りである。

再補論

　明治民法では，公吏保証金の先取特権についての規定が第320条として存在した。これが現行民法では削除されているため，現行民法第320条は明治民法第321条となる。

第 2 章　先取特権

>【明治民法】

第321条　動産保存ノ先取特権ハ動産ノ保存費ニ付キ其動産ノ上ニ存在ス
前項ノ先取特権ハ動産ニ関スル権利ヲ保存，追認又ハ実行セシムル為メニ要シタル費用ニ付テモ亦存在ス

>【仏語訳】

Art. 321. Le privilège pour conservation de meubles porte sur les meubles conservés, à raison des frais faits pour leur conservation.

　Le privilège prévu à l'alinéa précédent garantit également les frais faits en vue de conserver, de faire reconnaître ou de réaliser les droits relatifs aux meubles.

>【現行民法】
>
>　（動産売買の先取特権）
>第321条　動産の売買の先取特権は，動産の代価及びその利息に関し，その動産について存在する。

>【プロジェ】

Art. 1162. Le vendeur d'objets mobiliers a privilège sur l'objet vendu pour le prix de vente et les intérêst, s'il y a lieu, soit qu'il ait ou non donné terme pour le payment.

　S'il y a eu échange avec soulte et que la soulte soit de plus de moitié de la valeur de l óbjet aliéné, le privilège a lieu pour ladite soulte.

>【旧民法草案】

第1662条　動産物ノ売主ハ代価弁済ニ付キ期限ヲ与ヘタルト否トヲ問ハス売却代価及ヒ利息アラバ其利息ノ為メ売却物ニ付キ先取特権ヲ有ス
若シ補足額ヲ以テスル交換アリテ其補足額カ移付シタル物ノ価額ノ半ヨリ多キトキハ先取特権ハ其補足額ニ付キ存在ス

第321条（動産売買の先取特権）

(債権担保編)

第156条　動産物ノ売主ハ代価弁済ノ為メ期限ヲ許与シタルト否トヲ問ハス其代価及ヒ利息ノ為メ売却物ニ付キ先取特権ヲ有ス
若シ補足額ヲ以テスル交換アリテ其補足額カ譲渡シタル物ノ価額ノ半ヲ超ユルトキハ先取特権ハ其補足額ノ為メ交換物ニ付キ存在ス

(プロジェ注釈)

　売主は，代価が支払われるという条件で債務者の資産中に目的物を置いたのであり，売主の地位が他の債権者と競合するとすれば，不公平な結果となる。売主の先取特権は，当該売買目的物についてのみ認められる。
　法文は，（交換当事者間の帳尻の）差額支払い（soulte）についても規定した。

(補論)

　échange avec soulte とは échange melé de vente すなわち売買と交換とが混合したものである。上掲「（交換当事者間の帳尻の）差額支払い」とは，「山口俊夫・フランス法辞典」の"soulte"の訳語による。

(調査会原案)

第322条　動産売買ノ先取特権ハ其代価及ヒ利息ノ為メ其動産ニ付キ存在ス

(説明概要)

　本条は，担保編第156条に修正を加えたものである。動産の売買に限定し，交換については除いてある。交換について売買の規定が適用になるとすれば，本条の規定が適用になるわけだし，適用がないというならば，本条の規定も適用がないとすれば済むことである。

(明治民法)

第322条　動産売買ノ先取特権ハ動産ノ代価及ヒ其利息ニ付キ其動産ノ上

第 2 章　先取特権

ニ存在ス

仏語訳

Art. 322. Le privilège pour vente de meubles porte sur les meubles vendus, à raison du prix de vente et des intérêst.

現行民法

（種苗又は肥料の供給の先取特権）
第322条　種苗又は肥料の供給の先取特権は，種苗又は肥料の代価及びその利息に関し，その種苗又は肥料を用いた後一年以内にこれを用いた土地から生じた果実（蚕種又は蚕の飼養に供した桑葉の使用によって生じた物を含む。）について存在する。

プロジェ

Art. 1159. Ceux qui ont fourni au propriétaire, à l'usufruitier, au fermier ou au possesseur, les semences et engrais employés sur le fonds, ont privilège sur les fruits de la récolte de l'année pour laquelle ils ont fait ledites fournitures.

Il en est de même au profit de ceux qui ont fourni dans l'année les graines de vers-à-soie et les feuilles mûriers destinés à la nourriture des vers.

旧民法草案

第1659条　所有者, 圍収者, 賃借人又ハ占有者ニ土地ニ用ユル種子及ヒ肥料ヲ供給シタル者ハ右ノ供給物ヲ用キタル年ノ収穫ノ果実ニ付キ先取特権ヲ有ス

其年ニ於テ蚕種及ヒ蚕ノ飼養ニ供スル桑葉ヲ供給シタル者ニ付テモ亦同シ

債権担保編

第153条　所有者, 用益者, 賃借人又ハ占有者ニ種子及ヒ肥料ヲ供給シタル者ハ之ヲ用キタル年ノ果実ニ付キ先取特権ヲ有ス

第322条（種苗又は肥料の供給の先取特権）

蚕種及ヒ蚕ノ飼養ニ供スル桑葉ヲ供給シタル者ニ付テモ亦同シ

(プロジェ注釈)

　種子及び肥料を信用にて供給した者に，その収穫について先取特権を与えた。また，日本においては，他より買い入れた桑葉の代金あるいは桑の借賃を1回で支払うのが困難である場合に，信用によって蚕の飼養の桑葉を供給した者に先取特権を与えたことは養蚕者にとって有益であろう。

(調査会原案)

第323条　種苗肥料供給ノ先取特権ハ之ヲ用キタル時ヨリ1年間ノ果実ニ付キ存在ス
蚕種又ハ蚕ノ飼養ニ供スル桑葉ノ供給ニ付キ亦同シ

(説明概要)

　本条は，担保編第153条に修正を加えた。「種子」とあったのを「種苗」とした程度であって，他は文字の修正に止まっている。「之ヲ用キタル年」とあるのは，いささか曖昧なところがあるので，「用キタル時ヨリ一年間」とした。

(明治民法)

第323条　種苗肥料供給ノ先取特権ハ種苗又ハ肥料ノ代価及ヒ其利息ニ付キ其種苗又ハ肥料ヲ用キタル後一年内ニ之ヲ用キタル土地ヨリ生シタル果実ノ上ニ存在ス
前項ノ先取特権ハ蚕種又ハ蚕ノ飼養ニ供シタル桑葉ノ供給ニ付キ其蚕種又ハ桑葉ヨリ生シタル物ノ上ニモ亦存在ス

(仏語訳)

Art. 323. Le privilège pour fournitures de semences, plants ou engrais garantit le prix de vente des semences, plants ou engrais, ainsi que les intérêst, et porte sur les fruits produits par le fonds dans l'année à dater de l'employ desdites

第 2 章　先取特権

semences, plants ou engrais.

　Le privilège prévu à l'alinéa précédent garantit également les créances nées de la fourniture de grains de vers-à-soie ou de feuilles de mûrier destinées à la nourriture des vers et porte sur les produits desdites graines ou feuilles de mûrier.

> ［現行民法］
> 　（農業労務の先取特権）
> 　第323条　農業の労務の先取特権は，その労務に従事する者の最後の1年間の賃金に関し，その労務によって生じた果実について存在する。

［プロジェ］

Art. 1160. Les ouvriers, que les serviteurs, qui autres ont travaillé à la culture et à la récolte des produits de l'année courante, ont privilège sur ces produits, pour le salaire à eux du pour ladite année.

　Le même privilège appartient aux ouvriers qui ont travaillé dans les exploitations de bois, mines, minières et carrièrs et dans les magnaneries, mais seulement pour les trios derniers mois de leur salaire de l'année courante.

［旧民法草案］

第1660条　雇人ニ非スシテ其年ノ産物ノ栽培及ヒ収入に使役セラレタル職工ハ其年ニ受ク可キ給料ノ為メ右ノ産物ニ付キ先取特権ヲ有ス

　右同一ノ先取特権ハ森林，鉱坑，炭坑，石坑，養蚕場ニ於テ使役セラレタル職工ニ属ス但其年ノ給料中最後ノ3カ月分ノミニ限ル

［債権担保編］

第154条　雇人ノ外其年ノ耕転収穫ノ為メ労働シタル稼人ハ1カ年間ノ給料ノ為メ其収穫物ニ付キ先取特権ヲ有ス

　又工業ノ職工ハ工業ヨリ生スル産出物又ハ製造品ニ付キ先取特権ヲ有ス但

第323条（農業労務の先取特権）

其年ノ給料中最後ノ3カ月間ノ為メニノミニ限ル

[プロジェ注釈]

　注意すべきは，ここに掲げたのは，商法の規定に従わない産業（industrie）に従事する労働者（ouvrier）についてであって，その他の者については，商法がその先取特権を規定することとなる。

[調査会原案]

第324条　農工業労役ノ先取特権ハ最後ノ6カ月ノ給料ノ為メ其労役ヨリ生シタル果実又ハ製作物ニ付キ存在ス

[説明概要]

　本条は，担保編第154条に修正を加えたのである。同法では，期間に差があったのをここでは6カ月に統一した。とくに理屈があるわけではないが，給料が1年も滞ることはないと考えたこと，農業と工業の労力者の間で合理的な違いを見出すことができなかったからである。

[補論]

　本条では，「雇人」あるいは「職工」という用語の意味などについて議論がなされる。その結果，岸本委員から，文章を既成法典第154条の通りに戻して，用語の点については起草委員において適宜修正してもらいたいという意見が出，決を採ったところ賛否半数となったので，箕作議長が岸本説に賛成して，後日そのような扱いとすることになった。明治民法の成案は以下の通りである。

[明治民法]

第324条　農工業労役ノ先取特権ハ農業ノ労役者ニ付テハ最後ノ1年間工業ノ労役者ニ付テハ最後ノ3カ月間ノ賃金ニ付キ其労役ニ因リテ生シタル果実又ハ製作物ノ上ニ存在ス

第2章　先取特権

［仏語訳］

Art. 324. Le privilège pour travail agricole ou industriel porte sur les fruits ou choses industrielles provenant du travail, à raison des salaries de la dernière année, en ce qui concerne les ouvriers agricoles, et, pour les salaries des trios derniers mois, en ce qui concerne les ouvriers industriels.

［補論］

　現行民法第324条は，工業労務の先取特権を定めるが，これは前述の明治民法第311条の8項が7項と分けられたことによって設置されたものである。

［現行民法］

（不動産の先取特権）
第325条　次に掲げる原因によって生じた債権を有する者は，債務者の特定の不動産について先取特権を有する。
　一　不動産の保存
　二　不動産の工事
　三　不動産の売買

［プロジェ］

Art. 1171. Sont privilégiés sur les immeubles, pour les créances et sous les conditions ci-après déterminées:

1　L'aliénateur d'un immeuble, par vente, échange ou autr acte onéreux, ou même gratuit avec charges, sur l'immeuble aliéné;

2　Les copartageantes, sur les immeubles compris dans le partage;

3　Les architectes, ingénieurs et entrepreneurs, sur la plus-value résultant de leurs travaux sur les immeubles;

4　Les prêteurs de deniers qui ont payé, en tout ou en partie, l'aliénateur, le copartageant ou les entrepreneurs de travaux, au moment de l'acte qui

第325条（不動産の先取特権）

donnne naissance au privilège, sur les mêmes immeubles;

5　Les créanciers et légataires d'une succession qui demandent la séparation des patrimonies du défunt d'avec celui de l'héritier, comformement au Chapitre des Successions, sur les immeubles du défunt.

(旧民法草案)

第1671条　左ノ債権ニ付テハ下ニ定メタル条件ニ従ヒ不動産ニ係ル先取特権アルモノトス

　第一　売買，交換又ハ其他ノ有償所為又ハ負担ヲ帯ル無償所為ニ関スルモ不動産ヲ移付シタル者ハ其移付シタル不動産ニ付キ先取特権ヲ有ス

　第二　共同派分者ハ派分中ニ包含シタル不動産ニ付キ先取特権ヲ有ス

　第三　工匠，土木師及ヒ工事請負人ハ自己ノ工事ニ因リテ不動産ニ生スル増価ニ付キ先取特権ヲ有ス

　第四　先取特権ヲ発生セシムル所為ノ当時ニ於テ全部又ハ一部ニテ移付者，共同派分者，工事請負人ニ支払ヒタル金圓ノ貸主ハ右同一ノ不動産ニ付キ先取特権ヲ有ス

　第五　死亡者ノ資産ト相続人ノ資産トノ離分ヲ請求スル相続人ノ債権者及ヒ受嘱者相続ノ不動産ニ付キ先取特権ヲ有ス

(債権担保編)

第165条　左ノ債権者ハ下ニ定メタル債権ノ為メ其条件ニ従ヒ不動産ニ付キ先取特権ヲ有ス

　第一　売買，交換其他有償ノ行為ニ因リ又無償ナルモ負担ヲ帯フル行為ニ因リテ不動産ヲ譲渡シタル者ハ其譲渡シタル不動産ニ付キ先取特権ヲ有ス

　第二　共同分割者ハ分割中ニ包含シタル不動産ニ付キ先取特権ヲ有ス

　第三　工匠，技師及ヒ工事請負人ハ工事ニ因リテ不動産ニ生シタル増価ニ付キ先取特権ヲ有ス

　第四　先取特権ヲ生セシムル行為ノ当時譲渡人，共同分割者，工事請負

第2章　先取特権

人ニ支払ヒタル金銭ノ貸主ハ右同一ノ不動産ニ付キ先取特権ヲ有ス

プロジェ注釈

　本条は，フランス民法第2103条と対比したとき，双方とも5個の先取特権が認められていることがわかるが，両者の間には若干の相違がある（フランス民法第2103条の不動産に関する特別の先取特権については，いうまでもなく，今日オルドナンスにより改正されている―編者注）。本条については，イタリー法は参照すべきところはなかった。

補論

　明治民法の起草者は，先取特権は必要にして最小限の場においてのみ認めれば足りるという考え方のもとに，本条は，次に記載するように法典調査会に示された原案では極く簡略化されている。したがって，プロジェのコマンテールのある程度の詳細な紹介はしない。
　本条は，プロジェ，旧民法草案，旧民法債権担保編の規定とは大きく変わっている。不要と思われた規定をどう削除したかについては，『民法修正案（前三編）の理由書』に詳しい。

調査会原案

第325条　左ニ掲ケタル原因ヨリ生スル債権ヲ有スル者ハ下ノ規定ニ従ヒ債務者ノ不動産ニ係ル特別ノ先取特権ヲ有ス
　一　不動産ノ売買
　二　不動産ノ工事

説明概要

　本条は，担保編第165条に修正を加えたものである。先取特権は，極めて特別な保護であり，簡単にして必要なものだけに限るという主義をもって，不動産の売買と工事に限った。
　交換については，必要ならば売買の規定を適用するということで足りよう。共有物の分割については，第259条の保護がある。金銭の貸主につい

第325条（不動産の先取特権）

ては，動産の先取特権を与えぬというのと同様に，先取特権はないということにした。

補論

原案は，一不動産ノ売買，二不動産ノ工事であったが，長谷川委員の指摘によって，説明にあたった穂積委員が，原案を「一不動産ノ工事，二不動産ノ売買」と改めるよう提案した。

明治民法
第325条　左ニ掲ケタル原因ヨリ生シタル債権ヲ有スル者ハ債務者ノ特定不動産ノ上ニ先取特権ヲ有ス
　一　不動産ノ保存
　二　不動産ノ工事
　三　不動産ノ売買

補論

法典調査会の原案では，不動産の保存の先取特権がなかったが，明治民法ではこれが入れられた。その経緯はいまのところ調べがついていない。なお，『民法修正案（前三編）の理由書』によれば，不動産保存者の先取特権については，既成法典は認めていないが，動産保存者の先取特権を認める以上は，不動産の保存についてもこれを認めるのを至当と信じたので，新たにこれを加えた，との記述がある。また，不動産工事と売買の先取特権の順序が入れ換っている。

仏語訳

Art. 325. Ont privilège sur certains immeubles déterminés du débiteur ceux qui ont une créance née d'une causes énumérées ci-dessous:
  1　La conservation d'immeubles;
  2　Les travaux relatifs à des immeubles;
  3　La vente d'immeubles.

第2章　先取特権

> (現行民法)
>
> （不動産保存の先取特権）
> 第326条　不動産の保存の先取特権は，不動産の保存のために要した費用又は不動産に関する権利の保存，承認若しくは実行のために要した費用に関し，その不動産について存在する。

(補論)

　本条については，プロジェ第1171条に規定がなく，したがって，旧民法草案，旧民法債権担保編にも規定がない。動産保存の先取特権（明治民法第320条と，文言としては同一である）があることに鑑みて，同じ規定が不動産の保存についても必要であると考えられたことから設けられたことについては，すでに述べた（法典調査会原案第327条の審議のなかで，箕作議長から，この点の指摘があった。（同条「補論」参照））。

(明治民法)

第326条　不動産保存ノ先取特権ハ不動産ノ保存費ニ付キ其不動産ノ上ニ存在ス
　　第321条第2項ノ規定ハ前項ノ場合ニ之ヲ準用ス

(仏語訳)

Art. 326. Le privilège pour conservation d'immeubles porte sur les immeubles conservés, à raison de frais faits pour leur conservation.

　Les dispositions du deuxième alinéa de l'article 321 sont applicable par analogie au cas prévu à l'alinéa précédent.

> (現行民法)
>
> （不動産工事の先取特権）
> 第327条　不動産の工事の先取特権は，工事の設計，施工又は監理を

第327条（不動産工事の先取特権）

する者が債務者の不動産に関してした工事の費用に関し，その不動産について存在する。
　前項の先取特権は，工事によって生じた不動産の価格の増加が現存する場合に限り，その増加額についてのみ存在する。

プロジェ

Art. 1178. Les architects, ingénieurs et entrepreneurs ont privilège pour leurs créances resultant de travaux par eux dirigés ou exécutés pour la construction ou la réparation de bâtiments, terrasses, digues ou canaux, pour les dessèchements, irrigations, défrichements, remblais et autres travaux analogues faits sur le sol.

（第 2 項省略）

Art, 1179. Le privilège résultan des tarvaux sus-énoncés ne porte que sur la plus-value donnée par lesdits taravaux au sol ou aux bâtiments et subsistant encore au moment de l'exercice du privilège.

（第 2 項以下省略）

旧民法草案

第1678条　工匠，技術師及ヒ工事請負人ハ建物，露台，堤搪若クハ堀害ノ造設若クハ修繕ノ為メ又ハ地上ニ為シタル乾涸，灌漑，開墾，置土及ヒ其他之ニ類似スル土工ノ為メ自己ノ指揮シ又ハ挙行シタル工事ヨリ生スル債権ニ先取特権ヲ有ス

（第 2 項省略）

第1679条　前記ノ工事ヨリ生スル先取特権ハ其工事ニ因リ土地又ハ建物ニ生セシメタル増価ニシテ先取特権行用ノ当時ニ於テ尚存在スルモノノミニ付キテ存立ス

（第 2 項以下省略）

債権担保編

第174条　工匠，技師及ヒ工事請負人ハ建物，土手若クハ掘割ノ築造若ク

第 2 章　先取特権

ハ修繕又ハ地上ニ為シタル排泄，灌漑，開墾，置土其他之ニ類似スル工事ヨリ生スル債権ノ為メ先取特権ヲ有ス

　（第 2 項省略）

第175条　右ノ工事ヨリ生スル先取特権ハ其工事ニ因リ土地又ハ建物ニ加ヘタル増価ニシテ先取特権行使ノ当時猶ホ存スルモノノミニ付キ存在ス

　（第 2 項以下省略）

プロジェ注釈

　この先取特権は，不動産についてなした工事によって，その不動産に付与された増加額（plus-value）について認められる。不動産全体について先取特権が認められるが，それが付着するのはその増加額についてのみである。従って，この増加額は合法的に証明されなければならない（regulièrement constatée）。

補論

　次条の第 2 項以下は，増加額の証明方法について規定する（裁判所によって任命された鑑定人の作成する調書による）が，省略した。

調査会原案

第327条　不動産工事ノ先取特権ハ工匠，技師及ヒ請負人カ債務者ノ不動産ニ関シテ為シタル工事ノ為メ其不動産ニ付キ存在ス

前項ノ先取特権ハ工事ニ因リテ生シタル不動産ノ増価カ猶ホ存スルトキニ限リ其増加額ニ付テノミ存在ス

説明概要

　本条は，担保編第174条及び第175条の一部分に修正を加えたのである。修正を加えた点は，既成法典では，工事の例が種々挙げてあるがこれを不動産に関してなした工事とだけにした。第175条には，増加額とはどういう具合に定めるものかが書かれてあるが，これは後に第337条にこのことを規定するつもりである。

第328条（不動産売買の先取特権）

> 補論

本条については，法典調査会で意外に長い議論がなされている。主として，材料を供給した者の先取特権は本条によるのか動産売買の先取特権によるのか，という点である。結論としては，起草委員の原案がそのまま通過した。なお，この議論のなかで，箕作議長から，動産保存の先取特権があるのに，不動産に関しては規定がないことが指摘されている。

> 明治民法

第327条　不動産工事ノ先取特権ハ工匠，技師及ヒ請負人カ債務者ノ不動産ニ関シテ為シタル工事ノ費用ニ付キ其不動産ノ上ニ存在ス

前項ノ先取特権ハ工事ニ因リテ生シタル不動産ノ増加額カ現存スル場合ニ限リ其増加額ニ付イテノミ存在ス

> 仏語訳

Art. 327. Le privilège pour travaux relatifs à des immeubles porte, à raison des frais de travaux exécutés par les architects, ingénieurs ou entrepreneurs relativement aux immeubles du débiteur, sur ces immeubles.

Le privilège prévu à l'alinéa précédent n'existe que dans la mesure de la plus-value résultant, pour l'immeuble, des travaux exécutés et dans le cas seulement où cette plus-value subsiste.

> 現行民法
>
> （不動産売買の先取特権）
> 第328条　不動産の売買の先取特権は，不動産の代価及びその利息に関し，その不動産について存在する。

> プロジェ

Art. 1172. Le privilège de l'aliénateur appartient:

1　Au vendeur, pour le prix de vente fixé, soit en capital, soit en rente

第 2 章　先取特権

perpétuelle ou viagère, pour les intérêst ou arrérages et pour les autres charges de la vente;

（第 2 号以下省略）

> 旧民法草案

第1672条　移付者ノ先取特権ハ左ノ各人ニ属ス
　第一　元本又ハ無期若クハ終身ノ年金ニテ定メタル売却代価, 利息又ハ利子及ヒ売買ノ其他ノ負担ニ付テハ売主
　（第 2 号以下省略）

> 債権担保編

第166条　譲渡人ノ先取特権ハ左ノ各人ニ属ス
　第一　売買ノ代価及ヒ利息其他ノ負担ニ付テハ売主
　（第 2 号以下省略）

> プロジェ注釈

　先取特権を有する債権の第一は, 当然に売主に属する。一部が弁済され残部があるときは, 利息とともに残元本が返済される。また, 代価は無期または終身の年金によって成立することがある。この場合は, 先取特権は, その利息と元本とを担保する。

> 調査会原案

第326条　不動産売買ノ先取特権ハ其代価及ヒ利息ノ為メ其不動産ニ存在ス

> 補論

　穂積委員から, 前条の改正によって, 条文が前後することになったから, 本条については後に審議を願いたいとの発言があり, 第327条として規定された不動産工事の先取特権についての審議がなされたが, 本条について後に審議がなされた形跡はない。おそらく, 現行民法第325条 3 号につい

第329条（一般の先取特権の順位）

ての説明で十分と思われたのではなかろうか。

(明治民法)
第328条　不動産売買ノ先取特権ハ不動産ノ代価及ヒ其利息ニ付キ其不動産ノ上ニ存在ス

(仏語訳)
Art. 328. Le privilège pour vente d'immeubles porte sur les immeubles vendus, à raison du prix de vente et des intérêst.

(現行民法)
　（一般の先取特権の順位）
第329条　一般の先取特権が互いに競合する場合には，その優先権の順位は，第306条各号に掲げる順序に従う。
　一般の先取特権と特別の先取特権とが競合する場合には，特別の先取特権は，一般の先取特権に優先する。ただし，共益の費用の先取特権は，その利益を受けたすべての債権者に対して優先する効力を有する。

(補論)
　本条から，先取特権の効力の規定となる。明治民法と，プロジェ，旧民法草案，旧民法債権担保編の示すところとは大幅に異なる。『民法修正案（前三編）理由書』によれば，既成法典は，「特ニ錯雑ヲ極ムルヲ見ル故ニ本案ハ多数ノ立法例ニ倣ヒ順位ニ関スル規定ヲ纏括シテ本節ヲ設ケ務メテ之ヲ簡明ナラシメタリ」とあって，プロジェのコマンテールを紹介して，その立法趣旨を探ったとしてもあまり意味があるとは思われない。従って，旧民法草案，旧民法債権担保編の規定とも，係わるところのみを簡略に示すにとどめる。

第2章　先取特権

(プロジェ)

Art. 1149. En cas de concours de tout ou partie des privilèges généraux les uns avec les autres, ils sont colloqués dans l'ordre respectif où ils sont énumérés aux articles 1143 à 1147.

（以下省略）

Art.1169. Lorsqu'il y a conflit entre les privilèges spéciaux sur les meubles et tout ou partie des privilèges généraux, la priorité est réglée comme il suit:

1　Les frais de justice priment tous les créanciers auxquels ils ont été utiles, et dans la mesure ou la proportion dans laquelle ils l'ont été;

2　Les quatre autres privilèges généraux priment également, en proportion de leur importance respective et dans l'ordre de l'article 1142, tous les privilèges spéciaux, mais seulement en cas d'insuffisance des meubles non soumis à d'autres privilèges.

(旧民法草案)

第1649条　一般ノ先取特権ノ全部又ハ一部カ互ニ抵触スル場合ニ於テハ第1643条乃至第1647条ニ列記シタル相互ノ順序ニ従テ配当順序ヲ定ム

　　（以下省略）

第1669条

　動産ニ係ル特別先取特権ト一般先取特権ノ全部又ハ一分トノ間ニ抵触アルトキハ優先ノ順序ヲ左ノ如ク規定ス

　　第一　訴訟費用ハ其費用ノ有益タリシ総テノ債権者ニ其有益ノ限度又ハ割合ニ応シテ先タツ

　　第二　其他4箇ノ一般先取特権ハ亦其相互ノ重要ノ割合ニ応シ且第1641条に定メタル順序ヲ以テ総ノ特別先取特権ニ先立タツ但他ノ先取特権ニ服セサル動産ノ不足ナル場合ニ限ル

(債権担保編)

第144条　一般ノ先取特権ノ互ニ競合スル場合ニ於テハ第138条乃至第142条ニ列記シタル相互ノ順序ニ従ヒテ配当加入ヲ定ム

第329条（一般の先取特権の順位）

（以下省略）
第163条　動産ニ係ル特別ノ先取特権ト一般ノ先取特権ト競合スルトキハ優先ノ順序ヲ左ノ如ク規定ス
　一　訟事費用ハ其費用ノ有益タリシ総債権者ノ債権ニ先ツ但有益ノ限度又ハ割合ニ従フ
　二　此他四箇ノ一般ノ先取特権ハ第137条ニ定メタル順序ヲ以テ総テノ特別ノ先取特権ニ先ツ但特別ノ先取特権ニ属セサル動産ノ不足ナル場合ニ限ル

調査会原案

第328条　一般ノ先取特権ノ互ニ競合スル場合ニ於テハ其優先権ノ順位ハ左ノ原因ニ依リテ之ヲ定ム
　第一　訟事費用
　第二　埋葬費用
　第三　雇人給料
　第四　日用品供給
一般ノ先取特権ト特別ノ先取特権ト競合スルトキハ特別ノ先取特権ハ一般ノ先取特権ニ先ツ但訟事費用ノ先取特権ハ其利益ヲ受ケタル総債権者ニ対シテ優先ノ効力ヲ有ス

説明概要

　本条は，先取特権の順位について，一番初めにこなければならない条であって，担保編第144条の一部と第163条の規定を1条に纏めたのである。一般の先取特権の順序については，既成法典の順序を改めていない。それゆえ別に説明はしない。
　この第2項では，一般の先取特権と特別の先取特権とが競合する場合には，既成法典とはその原則を異にした。本案では，和蘭西班牙その他のところが採っている主義の方がよかろうと思って特別の先取特権が一般の先取特権に先立つという原則にした。その方が，各先取特権者を満足させて公平の結果を得ることであろう。目的物を限ってあるものには特別の保護

第 2 章　先取特権

が与えられるのであって，債務者の総財産を担保としている一般の先取特権に先立つとした方が当を得たものではないか。

〔明治民法〕

第329条　一般ノ先取特権カ互ニ競合スル場合ニ於テハ其優先ノ順位ハ第306条ニ掲ケタル順序ニ従フ
　一般ノ先取特権ト特別ノ先取特権ト競合スル場合ニ於テハ特別ノ先取特権ハ一般ノ先取特権ニ先ツ但共益費用ノ先取特権ハ其利益ヲ受ケタル総債権者ニ対シテ優先ノ効力ヲ有ス

〔補論〕

　旧民法にはなかった共益の費用が最優先の保護を受けることになった。法典調査会までは存在した訴事費用は削られた。訴事費用は，共益費用に含まれ且共益費用とした方がより範囲が広いと考えられたためであろう。

〔仏語訳〕

Art. 329. En cas de concours des privilèges généraux les uns avec les autres, leur rang se détermine d'après l'ordre établi à l'article 306.

　En cas de concours des privilèges généraux et des privilèges sepéciaux, les privilèges généraux sont primés par les privilèges spéciaux. Toutefois, le créancier privilégié pour frais d'intérêt commun est préféré à tous les créanciers qui ont profité de ces frais.

〔現行民法〕

　（動産の先取特権の順位）
第330条　同一不動産について特別の先取特権が互いに競合する場合には，その優先権の順位は，次に掲げる順序に従う。この場合において，第2号の掲げる動産の保存の先取特権について数人の保存者があるときは，後の保存者が前の保存者に優先する。

第330条（動産の先取特権の順位）

　一　不動産の賃貸，旅館の宿泊及び運輸の先取特権
　二　動産の保存の先取特権
　三　動産の売買，種苗又は肥料の供給，農業の労務及び工業の労務の先取特権
　前項の場合において，第一順位の先取特権者は，その債権取得の時において第二順位又は第三順位の先取特権者があることを知っていたときは，これらの者に対して優先権を行使することができない。第一順位の先取特権者のために物を保存した者に対しても同様とする。
　果実に関しては，第一の順位は農業の労務に従事する者に，第二の順位は種苗又は肥料の供給者に，第三の順位は土地の賃貸人に属する。

(プロジェ)

Art. 1170. Si le conflit s'élève entre divers créanciers ayant un privilège special sur le même meuble, la préférence respective a lieu dans l'ordre et sous les distinctions ci-après:

Au premier rang est celui qui a conservé l'objet du privilège.

S'il y a plusieurs créanciers par suite d'actes successifs de conservation, la préférence appartient, respectivement, a ceux qui ont fait les actes de conservation les plus récents;

Au second rang est le créancier nanti de l'objet, soit par gage exprès ou conventionnel, soit par gage, soit par gage tacite, comme le bailleur d'immeuble, l'aubergiste et le voiturier.

Au troisième rang est le vendeur dudit objet.

Toutefois, le créancier nanti obtient le premier rang, s'il a ignoré, lors de la constitution du gage, qu'il était dû des frais de conservation pour ledit objet.

En sens inverse, le créancier nanti est primé par le vendeur, s'il a su que le prix de vente était encore dû.

S'il s'agit de récoltes, le premier rang appartient aux ouvriers agricoles et le second aux fournisseurs de semences et d'engrais, le troisième au bailleur du

第 2 章　先取特権

fonds.

　Les ouvriers industriels priment de même le bailleur sur les produits des mines, carrières et autres exploitations extractives ou industrielles du sol.

　S'il s'agit du cautionnement d'un fonctionnaire public, ses créanciers pour faits de charge priment, ensemble et proportionnellement à leurs créances respective, sans égard à leur date, tous les autres créanciers, même celui qui a prêté les deniers du cautionnement; celui-ci exerce le privilège dit "de second ordre" sur le reste du cautionnement.

（旧民法草案）

第1670条　若シ同一ノ動産ニ付キ特別先取特権ヲ有スル諸種ノ債権者ノ間ニ抵触ノ起ルトキハ其相互ノ優先権ハ下ノ順序及ヒ区別ニ従ヒテ生ス
第一ノ順位ハ先取特権ノ目的物ヲ保存シタル者ニ属ス
若シ保存ノ漸次ノ所為ニ因リ数名ノ債権者アルトキハ優先権ハ其間ニテ最モ近キ保存所為ヲ為シタル者ニ属ス
第二ノ順位ハ明示即チ合意上ノ動産質ニ因リ或ハ不動産ノ賃貸ハ旅店主ノ又ハ運送営業人ノ如ク黙示ノ動産質ニ因リ物ヲ握有シタル債権者ニ属ス
第三ノ順位ハ右ノ物ノ売主ニ属ス
然レトモ質物トシテ握有スル債権者ハ動産質設定ノ時其物の保存費用カ未タ支払ハレサルコトヲ知ラサリシトキハ第一ノ順位ヲ得
之ニ反シテ質物トシテ握有スル債権者ハ若シ売却代価カ未タ支払ハレサルコトヲ知リタルトキハ売主ニ先セラル
収穫物ニ関シテハ第一ノ順位ハ農業ノ職工ニ属シ第二ノ順位ハ種子及ヒ肥料ノ供給者に属シ第三ノ順位ハ土地ノ賃貸人ニ属ス
工業ノ職工ハ亦鉱坑，石坑及ヒ其土地ノ採掘事業又ハ土地ノ工業ヨリ生スル産物ニ付キ賃貸人ニ先タツ
公役員ノ保証金ニ関シテハ負担所為ノ為メ其役員ニ対スル各債権者ハ相互ニ其相互ノ債権ノ割合ニ応シ其債権ノ日附ニ関セスシテ総テノ他ノ債権者ニ先タチ又保証ノ金員ヲ貸シタル債権者ニモ先タツ其保証ノ金員ヲ貸シタル債権者ハ保証金ノ残額ニ付キ「第二ノ順序ト」称スル先取特権ヲ行フ

第330条（動産の先取特権の順位）

（債権担保編）

第164条　1箇ノ動産ニ付キ特別ノ先取特権ヲ有スル諸種ノ債権競合スルトキハ其相互ノ優先権ハ下ノ順序及ヒ区別ニ従ヒテ之ヲ定ム
第一ノ順位ハ先取特権ノ目的物ヲ保存シタル者ニ属ス
若シ数人ノ債権者漸次ニ保存ヲ為シタルトキハ優先権ハ其間ニテ最後ノ保存者ニ属ス
第二ノ順位ハ合意上ノ動産質ニ因リ或ハ不動産ノ賃貸人，旅店主人又ハ運送営業人ノ如ク黙示ノ動産質ニ因リテ物ヲ質ニ取リタル債権者ニ属ス
第三ノ順位ハ物ノ売主ニ属ス
然レトモ質取債権者ハ動産質設定ノ時其物ノ保存費用ノ未タ支払アラサルコトヲ知ラサリシトキハ第一ノ順位ヲ得
之ニ反シテ質取債権者カ売却代価ノ未タ支払アラサルコトヲ知リタルトキハ売主之ニ先タツ
収穫物ニ関シテハ第一ノ順位ハ農業ノ稼人ニ第二ノ順位ハ種子及ヒ肥料ノ供給者ニ第三ノ順位ハ土地ノ賃貸人ニ属ス
工業ノ職工ハ工業ヨリ生スル産出物又ハ製造品ニ付キ賃貸人ニ先タツ
公吏ノ保証金ニ関シテハ職務上ノ所為ニ対スル各債権者ハ相共ニ債権ノ割合ニ応シ其債権ノ日附ニ関セス他ノ債権者ニ先タチ又保証金ヲ貸付タル債権者ニモ先タツ其保証金ヲ貸付タル債権者ハ保証金ノ残額ニ付キ第二位ニテ先取特権ヲ有ス

（調査会原案）

第329条　同一ノ動産ニ付キ特別ノ先取特権アル諸種ノ債権競合スルトキハ其優先権ノ順序左ノ如シ
第一ノ順位ハ不動産賃貸人，旅店主人及ヒ運送人ニ属ス
第二ノ順位ハ先取特権ノ目的物ノ保存者ニ属ス若シ数人ノ保存者アリタルトキハ後ノ保存者ハ前ノ保存者ニ先タツ
第三ノ順位ハ売主，種苗又ハ肥料ノ供給者及ヒ農工業ノ労力者ニ属ス
第一ノ順位ニ在ル者カ債権取得ノ当時第二又ハ第三順位の特別ノ先取特権者アルコトヲ知リタルトキハ之ニ対シテ優先権ヲ行フコトヲ得ス第一ノ

第 2 章　先取特権

順位ニ在ル者ノ為メニ物ヲ保存シタル者ニ対シ亦同シ
果実ニ関シテハ第一ノ順位ハ農工業ノ労力者ニ第二ノ順位ハ種苗又ハ肥料ノ供給者ニ第三ノ順位ハ土地ノ賃貸人ニ属ス

[説明概要]

　本条は，担保編第164に修正を加えたものである。先取特権の順位を決めるに当たり，本案に採った主義と既成法典の採った主義とは実質において異なってはいないといってよい。
　既成法典では，第一の順位は目的物の保存者であり，本案では，これが第二順位となっているが，悪意の第一の順位者は，第一の順位者のために物を保存した者に優先権を行えないとしてあるから，既成法典とその場合は同じことになる。
　保証金貸主の先取特権は，本案の認めないところであるから，削除した。

[明治民法]

第330条　同一ノ動産ニ付キ特別ノ先取特権カ互ニ競合スル場合ニ於テハ其優先権ノ順位左ノ如シ
　第一　不動産賃貸，旅店宿泊及ヒ運輸ノ先取特権
　第二　動産保存ノ先取特権但数人ノ保存者アリタルトキハ後ノ保存者ハ
　　　　前ノ保存者に先ツ
　第三　動産売買，種苗肥料供給者及ヒ農工業労役ノ先取特権
第一順位ノ先取特権者カ債権取得ノ当時第二又ハ第三ノ順位ノ先取特権アルコトヲ知リタルトキハ之ニ対シテ優先権ヲ行フコトヲ得ス第一順位者ノ為メニ物ヲ保存シタル者ニ対シ亦同シ
果実ニ関シテハ第一ノ順位ハ農業ノ労役者ニ第二ノ順位ハ種苗又ハ肥料ノ供給者ニ第三ノ順位ハ土地ノ賃貸人ニ属ス

[仏語訳]

Art. 330. En cas de concours des privilèges spéciaux les uns avec les autres sur un même meuble, leur rang est déterminé comme suit:

第331条（不動産の先取特権の順位）

1 Les privilèges pour bail d'immeuble, pour frais d'hôtel ou pour transport;
2 Le privilège pour conservation de meubles. Toutefos, s'il y a plusieurs conservateurs, le dernier en date prime les précédents;
3 Les privilèges pour vente de meubles, pour fournitures de semences, plants ou engrais, ou pour travail agricole industriel,

Lorsqu'un créancier privilégié du premier rang a connu, au moment de la naissance de sa créance, l'existence d'un créancier privilégié du second ou du troisième rang, il ne peut exercer, à l'égard de celui-ci, son droit de préférence. De même, le conservateur de la chose prime les créanciers du premier rang qui profitent de la conservation.

En ce qui concerne les fruits, le premier rang appartient aux ouvriers agricoles, le deuxième aux fournisseurs des semences, plants ou engrais et le troisième au bailleur du fonds.

（現行民法）

（不動産の先取特権の順位）
第331条　同一の不動産について特別の先取特権が互いに競合する場合には、その優先権の順位は、第325条各号に掲げる順序に従う。
　同一の不動産について売買が順次された場合には、売主相互間における不動産売買の先取特権の順位は、売買の前後による。

（プロジェ）

Art. 1193. Entre les créanciers privilégiés sur les immeubles la priorité respective a lieu dans l'ordre suivant:

1 Les architects ingénieurs et entrepreneurs de travaux, lors même que leur créance serait née la dernière.

En cas d'insuffisance de la plus-value résurtant de leurs taravaux, pour leur payement intégral, ils sont tous colloqués au même rang, proportionnellement à leurs créances;

第 2 章　先取特権

  2 L'aliénateur ou le copartageant;

  En cas d'aliénations ou de partages successifs, la priorité appartient aux plus anciens créanciers respectivement.

  Les prêteurs de deniers ont le rang du créancier que leurs deniers ont servi à désintéresser, en tout ou en partie, soit à l'origine, soit par suite d'une subrogation conventionnelle.

  Les créanciers et légataires qui demandent la séparation des patrimonies ne sont primés sur les biens du défunt que par les architectes, ingénieurs et entrepreneurs qui ont donné une plus-value aux biens héréditaires depuis qu'ils sont échus a l'héritier.

  La séparation des patrimonies ne modifie pas les droits des créanciers et légataires du défunt respectivement.

(旧民法草案)
第1693条　不動産ニ付キ先取特権アル債権者ノ間ニ於ケル相互ノ優先権ハ左ノ順序ニ従フ
  第一　工匠，技術師及ヒ工事請負人ノ債権カ生シタルトキト雖モ是等ノ各人
    其工事ヨリ生スル増加額カ此等ノ各人ニ全ク弁済スルニ足ラサル場合ニ於テハ此等ノ各人其債権者ノ割合ニ応シ皆同一ノ順位ニテ配当順序ヲ定メラル
  第二　移付者又ハ共同派分者
    逐次ノ移付又ハ派分ノ場合ニ於テハ優先権ハ相互ノ間ニ於テ最モ舊キ債権者ニ属ス
金圓ノ貸主ノ或ハ初ヨリ或ハ合意上ノ代位ニ因リ其金圓ニテ全部又ハ一分ノ弁済ヲ受ケタル債権者ト同一ノ順位ヲ有ス
資産ノ離分ヲ請求スル債権者及ヒ受嘱者ハ死亡者ノ財産ニ付テハ其財産カ相続人ニ帰シタル後相続財産ニ増価ヲ与ヘタル工匠，技術師及ヒ工事請負人ノミニ因リテ先セラル
資産ノ離分ハ死亡者ノ債権者及ヒ受嘱者ノ間ニ於ケル其相互ノ権利ヲ変更

第331条（不動産の先取特権の順位）

セス

債権担保編

第187条　不動産ニ付キ先取特権アル債権者間ノ相互ノ優先権ハ左ノ順序ニ従フ

第一　工匠，技師及ヒ工事請負人但其債権カ他ノ債権ヨリ後ニ生シタルトキモ亦優先権ヲ有ス

　此工事ヨリ生スル増価額カ右ノ各人ニ全ク弁済スルニ足ラサル場合ニ於テハ債権ノ割合ニ応シ同一ノ順位ニテ其配当加入ヲ定ム

第二　譲渡人又ハ分割者

　逐次ノ譲渡又ハ分割ノ場合ニ於テハ優先権ハ債権者間最モ舊キ者ニ属ス

金銭ノ貸主ハ或ハ初ヨリ或ハ合意上ノ代位ニ因リ貸付タル其金銭ニテ全部又ハ一分ノ弁済ヲ受ケタル債権者ト同一ノ順位ヲ有ス

調査会原案

第330条　同一ノ不動産ニ付キ特別ノ先取特権アル諸種ノ債権競合スルトキハ其優先権ノ順序左ノ如シ

第一ノ順位ハ工匠技師及ヒ請負人ニ属ス

第二ノ順位ハ不動産ノ売主ニ属ス

逐次ノ売買アリタル場合ニ於テハ相互間ノ優先権ノ順序ハ時ノ先後ニ依ル

補論

　法典調査会における穂積委員からの説明では，後に触れるように，その原案は既成法典債権担保編第187条と変わらないとされているので，参考までに同条に対応するプロジェ，旧民法草案を引用した。随分と整理されていることがわかる。なお，プロジェの注釈については省略する。

説明概要

　穂積委員からの説明は，「本条ハ既成法典ト実質ハ少シモ変ハリマセヌ

第 2 章　先取特権

カラ別ニ説明致シマセヌ」というものである。

その後の審議においては，「不動産ノ」を削除して，「第二ノ順位ハ売主ニ属ス」とすることとなった。

> [補論]
>
> 『民法修正案（前三編）の理由書』によれば，「既ニ本案ガ共同分割者及ビ交換其ノ他有償又ハ無償ノ譲渡人ノ先取特権ニ関スル規定ヲ削除セシト新タニ不動産保存ノ先取特権者ヲ認メタル自然ノ結果ニ出ツルモノトス而（ママ）シテ既成法典同条第１号但書以下ハ明文ヲ要セザルヲ以テ又同条第２号末文ノ先取特権ハ本案ノ認メザル所ナルヲ以テ共ニ之ヲ削除セリ」とある。

[明治民法]

第331条　同一ノ不動産ニ付キ特別ノ先取特権カ互ニ競合スル場合ニ於テハ其優先権ノ順位ハ第325条ニ掲ケタル順序ニ従フ

同一ノ不動産ニ付キ逐次ノ売買アリタルトキハ売主相互間ノ優先権ノ順位ハ時ノ前後ニ依ル

[仏語訳]

Art. 331. En cas de concours des privilèges spéciaux les uns avec les autres sur un même immeuble, leur rang se détermine d'après l'ordre établi à l'article 325.

En cas de ventes successives d'un même immeuble, le rang des vendeurs entre eux se détermine par la date respective des ventes.

> [現行民法]
>
> （同一順位の先取特権）
>
> 第332条　同一の目的物について同一順位の先取特権者が数人あるときは，各先取特権者は，その債権額の割合に応じて弁済を受ける。

第332条（同一順位の先取特権）

補論

本条は，プロジェ第1140条3項，旧民法草案第1640条3項，旧民法債権担保編第135条3項による。以下では，同項のみを掲げる。

プロジェ

Art. 1140. 3 al. Les créanciers privilégiés au même titre ou au même rang sont payés proportionnellement au montant de leur créance.

旧民法草案

第1640条第3項　同名義又ハ同順位ノ先取特権アル債権者ハ其債権額ノ割合ニ応シテ弁済ヲ受ク

債権担保編

第135条第3項　同原因又ハ同順位ノ先取特権アル債権者ハ其債権額ノ割合ニ応シテ弁済ヲ受ク

プロジェ注釈

同一の原因または同一の等しく有利な原因（causes également favorables）ある数人の先取特権者が競合することは稀ではない。かかる場合には，先取特権のない債権者間におけると同じく，相互の額の割合に応じて配分される。

調査会原案

第331条　同一ノ目的ニ付キ同一ノ順位ニ在ル先取特権ハ其債権額ノ割合ニ応シテ弁済ヲ受ク

説明概要

本条は，債権担保編第135条の第3項を修正したものである。既成法典のそれは，当然の規則であるから，そのままに1条としてここに置いた。

第 2 章　先取特権

> 【明治民法】

第332条　同一ノ目的物ニ付キ同一順位ノ先取特権者数人アルトキハ各其債権額ノ割合ニ応シテ弁済ヲ受ク

> 【仏語訳】

Art. 332. Lorsqu'il y a plusieurs créanciers privilégiés du même rang sur une même chose, ils sont payés proportionnellement au montant de leurs créances.

> 【現行民法】
>
> （先取特権と第三取得者）
> 第333条　先取特権は，債務者がその目的である動産をその第三取得者に引き渡した後は，その動産について行使することができない。

> 【補論】

　本条は，法典調査会の起草委員説明では，既成法典の何条によるかは明らかではないが，「参照」条文として「担148，160」が挙げられており，『民法修正案（前三編）理由書』では，「本条ハ既成法典第百六十条第二項及ヒ第148条第2項ノ規定ノ如ク取引ノ安全ヲ保護スル必要ニ本ツクモノニシテ既成法典ト同一ノ主義ニ従フモノナリ」とある。従って，以下では，前記2項に対応するプロジェの規定等を引用する。

> 【プロジェ】

Art. 1153. 2.al. Si les meubles qui garnissaient les locaux loués en ont été enlevés sans autorisation du bailleur, mais sans fraude, le bailleur ne peut les y faire réintégrer que si sa garantie est devenue insuffisante et dans la mesure des droits qui en appartiennent encore au preneur.

Art. 1166.2.al. Le privilège subsiste même après la livraison des objets, si, dans les 48 heures de ladite livraison, le voiturier a sommé le débiteur ou cilui qui a reçu les objets en son nom de lui restituer la possession ou de payer ce qui est dû

第333条（先取特権と第三取得者）

et a formé, à bref délai, une demande en justice pour y donner suite.

[旧民法草案]

第1653条2項　若シ賃貸シタル場所ニ備ヘタル動産ヲ賃貸人ノ許諾ナクシテ取去リタルモ別ニ詐害ナキトキハ賃貸人ハ其担保カ不足ト為リタルトキ尚ホ賃借人ニ属スル権利ノ限度内ニ非サレハ右ノ取去ラレタル動産ヲ賃貸シタル場所ニ復セシムルコトヲ得ス

第1166条2項　若シ運送営業人カ引渡ヨリ48時間内ニ債務者又ハ債務者ノ名ヲ以テ荷物ヲ受取リタル者ニ対シテ其物ノ占有ヲ返還シ又ハ自己ノ受取ル可キモノヲ弁済ス可キノ催告ヲ為シ且其効果ヲ生セシムル為メ短キ期間内ニ裁判上ノ請求ヲ為シタルトキハ其先取特権ハ物引渡後ト雖モ存続ス

[債権担保編]

第148条2項　賃貸場所ニ備ヘタル動産ヲ賃貸人ノ許諾ナクシテ取去リタルモ別ニ詐害ナキニ於テハ賃貸人ハ其担保カ不足ト為リタルトキ且賃借人ニ属スル権利ノ限度内ニ非サレバ此動産ヲ其場所ニ復セシムルコトヲ得ス

第160条2項　運送営業人カ運送物ノ引渡ヨリ48時間以内ニ債務者又ハ其名ヲ以テ其物ヲ受取リタル者ニ対シ其物ヲ返還スルカ又ハ運送賃其他ノ費用ヲ弁済スルカノ催告ヲ為シ且其効果ヲ生セシムル為メ成ル可ク短キ時間ニ裁判上ノ請求ヲ為シタルトキハ其先取特権ハ物ノ引渡後ト雖モ存続ス

[調査会原案]

第332条　先取特権ハ債務者カ其動産第三取得者ニ引渡シタル後ハ其動産ニ付キ之ヲ行フコトヲ得ス

[説明概要]

　先取特権は物権であるから，それが存在している動産が他人に移転してもやはりその上に先取特権が存しているか否かという問題が生ずる。既成法典では，ある場合においては第三取得者の手元の動産にまで先取特権が及ぶ場合がある。動産の先取特権について追及効があるということは，取

第 2 章　先取特権

引の信用の保護からして認めぬ方が宜しかろう。動産のように，しばしばその所有者が変ったりまたはそれについて登記などがないのに負担がついて回るというのはないものにした方が信用取引の保護に及んで便利であろうと思ったから，即時時効の規定などと同じようにみて，すべて第三取得者には及ばぬとしたのである。

補論

　動産先取特権には，すべての場合において追及効を否定するという点で，本条は，既成法典とは異なることとなった。いわば，新設の規定といってもよい（上に引用した旧民法債権担保編第148条 2 項，第160条 2 項との相違は明らかである）。本条によって，動産先取特権者と第三取得者との関係は簡単明瞭となった。ただ，本条を説明した穂積委員が，即時取得の制度を持ち出したからか，早速磯部委員から，第三取得者が悪意の場合でも追及効は遮断されるかという質問がなされ，本条削除の意見が出されるが，これは通らなかった。ただ，本条を取引安全の見地のみから説明しようとすることには問題が残ろう。

明治民法

第333条　先取特権ハ債務者カ其動産ヲ第三取得者ニ引渡シタル後ハ其動産ニ付キ之ヲ行フコトヲ得ス

仏語訳

Art. 333. Le privilège mobilier ne peut plus être exercé quand le meuble sur lequel il porte a été livré par le débiteur à un tiers acquéreur.

現行民法

　（先取特権と動産質権との競合）
　第334条　先取特権と動産質権とが競合する場合には，動産質権者は，第330条の規定による第一順位の先取特権者と同一の権利を有する。

第334条（先取特権と動産質権との競合）

プロジェ

Art. 1170. 4.al. Au troisième rang est le vendeur dudit objet.

Toutefois, le créancier nanti obtient le premier rang, s'il a ignoré, lors de la constitution du gage, qu'il était du des frais de conservation pour ledit objet.

旧民法草案

第1670条4項　第三ノ順位ハ右ノ物ノ売主ニ属ス
然レトモ質物トシテ握有スル債権者ハ動産質設定ノ時其物ノ保存費用カ未タ支払ハレサルコトヲ知ラサリシトキハ第一ノ順位ヲ得

債権担保編

第164条4項　第三ノ順位ハ物ノ売主ニ属ス
然レトモ質取債権者ハ動産質設定ノ時其物ノ保存費用ノ未タ支払アラサルコトヲ知ラサリシトキハ第一ノ順位ヲ得

調査会原案

第333条　先取特権ト動産質権ト競合スルトキハ動産質権者ハ第329条第2項ノ先取特権ト同一ノ権利ヲ有ス

説明概要

本条は，担保編第164条の第4項の一部分と同じことである。その実質は既成法典と同じことでその書き方または位置が違っただけのことである。

補論

法典調査会での穂積委員の本条の説明は以上に尽きる。『民法修正案（前三編）理由書』では，既成法典は原則として物の保存者を第一の順位に置き質権者を第二の順位に置くといえども，本条は，既に第330条において不動産賃貸人等の先取特権を第一の順位に置きたるをもって，本条においても亦もとより動産質権は先取特権に先立つものとなせり，とある。

第2章　先取特権

明治民法

第334条　先取特権ト動産質権ト競合スル場合ニ於テハ動産質権者ハ第330条ニ掲ケタル第一順位ノ先取特権者ト同一ノ権利ヲ有ス

仏語訳

Art. 334. En cas de concours d'un privilège et du droit de gage sur un même meuble, le créancier gagiste est assimilé, quant à ses droits, aux créanciers privilégiés du premier rang, mentionnés à l'article 330.

現行民法

（一般の先取特権の効力）

第335条　一般の先取特権者は，まず不動産以外の財産から弁済を受け，なお不足があるのでなければ，不動産から弁済を受けることができない。

　一般の先取特権者は，不動産については，まず特別担保の目的とされていないものから弁済を受けねばならない。

　一般の先取特権者は，前二項の規定に従って配当に加入することを怠ったときは，その配当加入をしたならば弁済を受けることができた額については，登記をした第三者に対してその先取特権を行使することができない。

　前三項の規定は，不動産以外の財産の代価に先立って不動産の代価を配当し，又は他の不動産の代価に先立って特別担保の目的である不動産の代価を配当する場合には，適用しない。

プロジェ

Art. 1148. Les privilèges généraux ne s'exercent sur les immeubles du débiteur que pour ce qui reste du aux créanciers privilégiés, après leur collocation sur les meubles.

第335条（一般の先取特権の効力）

Toutefois, si la distribution du prix des immeubles précède celle du prix des meubles, les créanciers peuvent se faire colloquer conditionnellement sur le prix des immeubles, sauf à ne toucher dans ladite collocation que ce qui restera impayé par le mobilier.

Les créanciers qui ont négligé de se présenter en temps utile à la distribution du prix du mobilier sont déchus de leur droit de préférence sur les immeubles dans la mesure de ce qu'ils auraient pu toucher sur le mobilier.

(旧民法草案)

第1648条　一般先取特権ハ先取特権アル各債権者カ動産ニ付キ配当順序中ニ入リタル後尚ホ其受ク可キモノノ為メニ非サレバ不動産ニ付キ之ヲ行フコトヲ得ス

然カレトモ若シ動産ノ代価ノ配当ニ先立タチテ不動産ノ代価ノ配当アルトキハ債権者ハ不動産ノ代価ニ付キ条件附ニテ自己ノ配当順序ヲ定メシムルコトヲ得但右ノ配当順序ニ於テハ動産ニテ弁済ヲ受ケサルモノノミヲ受ク

動産ノ代価配当ニ付キ有益ノ時期ニ出席スルコトヲ怠リタル債権者ハ動産ニテ自己ノ受クヘカリシモノノ限度ニ於テ不動産ニ付キ其優先権ヲ失フ

(債権担保編)

第143条　一般ノ先取特権ハ先取特権アル各債権者カ動産ニ付キ配当ヲ受ケ尚ホ不足アルニ非サレハ不動産ニ付キ之ヲ行フコトヲ得ス

然カレトモ動産代価ノ配当ニ先立タチ不動産代価ノ配当アルトキハ債権者ハ仮ニ条件附キニテ之ニ加入スルコトヲ得但後日動産代価ノ配当加入ニ於テ弁済ヲ得サル部分ニ非サレハ之ヲ受クルコトヲ得ス

動産代価ノ配当ニ有益ナル時期ニ加入スルコトヲ怠リタル債権者ハ動産ニ付キ受ク可カリシモノノ限度ニ於テ不動産ニ付キ其優先権ヲ失フ

(プロジェ注釈)

すでに，第1139条1項に述べたように，一般の先取特権は補足的に(subsidiairement)不動産に及ぶ，すなわち動産の不十分または欠如の場合

第2章　先取特権

に及ぶのである。本条の第1項は明らかにこのことを示したものである。

　第2項においては，配当順序は仮定のものであって，動産の売却代価にて全部の弁済に不足の場合において，債権者を保護するためのものである。

　第3項は，その債権者は不動産に関するすべての権利は失わないが，その動産について受けるべき金額に相当する権利を失うのである。

[調査会原案]

第334条　一般ノ先取特権者ハ先ツ動産ニ付キ弁済ヲ受ケ尚ホ不足アルニ非サレハ不動産ニ付テ弁済ヲ受クルコトヲ得ス

不動産ニ関シテハ先ツ特別ノ担保ノ目的物ニ非サル物ニ付キ弁済ヲ受クルコトヲ要ス

一般ノ先取特権者カ前2項ノ規定ニ従ヒ配当ニ加入スルコトヲ怠リタルトキハ其動産又ハ不動産ニ付キ受クヘカラサリシモノノ限度ニ於テ其先取特権ヲ失フ

[説明概要]

　本条は，担保編第143条の規定に修正を加えた次第である。

　第1項は，第143条の第1項に当たり，既成法典と同じ主義である。動産を先に一般の先取特権の弁済にあてる方が便利であろうと思う。

　それから，不動産の中でも，先取特権はその他の担保の目的物ではないものから充てていくということは，自然の順序と思う。

　第3項については，既成法典では，直ちに優先権を失うとしているが，配当加入を怠った先取特権者は，登記をなさぬ普通の債権者に対しては先取特権を存しておいてよい，というように改めた。

　(ここで，穂積委員は，第4項について説明する。特別の担保の目的物たる不動産の代価を先に配当する場合などは，前の順序によらず，不動産が先になってもよし，不動産の代価の配当に先に加入してもよろしい，ということが是非必要と思って，後から記入したのである，と述べているのだが，席上披露された本条の原案には，第四項は見当たらない。)

第335条（一般の先取特権の効力）

明治民法

第335条　一般ノ先取特権者ハ先ツ不動産以外ノ財産ニ付キ弁済ヲ受ケ尚ホ不足アルニ非サレハ不動産ニ付キ弁済受クルコトヲ得ス

不動産ニ付テハ先ツ特別担保ノ目的タラサルモノニ付キ弁済ヲ受クルコトヲ要ス

一般ノ先取特権者カ前2項ノ規定ニ従ヒテ配当ニ加入スルコトヲ怠リタルトキハ其配当加入ニ因リテ受クヘカリシモノノ限度ニ於テハ登記ヲ為シタル第三者ニ対シテ其先取特権ヲ行フコトヲ得ス

前3項ノ規定ハ不動産以外ノ財産ノ代価ニ先チテ不動産ノ代価ヲ配当シ又ハ他ノ不動産ノ代価ニ先チテ特別担保ノ目的タル不動産ノ代価ヲ配当スヘキ場合ニハ之ヲ適用セス

補論

ここに特別担保とは，不動産質権，抵当権，不動産先取特権をいう。

仏語訳

Art. 335. Les créanciers privilégiés généraux sont payés d'abord sur les biens autres que les immeubles et ne peuvent se faire payer sur ces derniers que lorsque les autre biens sont insuffisants.

En ce qui concerne les immeubles, le paiement droit être fait d'abord sur ceux qui ne sont pas affectés à une garantie spéciale.

Lorsque les créanciers privilégiés généraux ont négligé de produire à la répartition conformément aux dispositions des deux alinéas précédents, ils sont déchus du droit d'exercer leur privilège contre les tiers qui ont pris inscription, dans la mesure de ce qu'ils auraient obtenu dans ladite répartition.

Les dispositions des trios alinéas précédents cessent d'être applicable, lorsque le prix des immeubles doit être reparti avanr le prix des qutres biens ou lorsque le prix des immeubles affectés à une garantie spécial droit être réparti avant le prix des autres immeubles.

第 2 章　先取特権

> 現行民法
>
> （一般の先取特権の対抗力）
> 第336条　一般の先取特権は，不動産について登記をしなくても，特別担保を有しない債権者に対抗することができる。ただし，登記をした第三者に対しては，このかぎりでない。

プロジェ

Art. 1150. Les privilèges généraux sont dispensés d'inscription sur les immeubles pour être opposés aux autres créanciers, tant que les immeubles appartiennent au débiteur.

Art. 1196. Les privilèges généraux ne donnent le droit de suite sur les immeubles passés aux mains de tiers détenteurs que s'ils ont été inscrits avant la transcription du titre d'acquisition de ceux-ci.

旧民法草案

第1650条　不動産カ債権者ニ属スル間ハ一般先取特権ヲ他ノ債権者ニ対抗スル為メニ其不動産ニ付テノ記入ヲ免除セラル

第1696条　一般ノ先取特権ハ第三保有者ノ得取証書ノ登記前ニ記入セラレタルトキニ非サレハ其第三保有者ノ手裏ニ移転シタル不動産ニ付キ追及権ヲ与ヘス

債権担保編

第145条　一般ノ先取特権ハ不動産カ債務者ニ属スル間ハ他ノ債権者ニ対抗スル為メ其不動産ニ付テノ登記ヲ要セス

第190条　一般ノ先取特権ハ第三所持者ノ取得ノ登記前ニ之ヲ登記シタルトキニ非サレハ其第三所持者ニ移転シタル不動産ニツキ追及権ヲ与ヘス

プロジェ注釈

第1150条

第336条（一般の先取特権の対抗力）

　不動産にかかる特別の先取特権は，謄記（transcription）または登記（inscription）による公示の原理に服する。一般の先取特権は，不動産上の権利であるが，この条件には服さない。その理由は，先取特権は不動産については補足的に行われるのであるから，公示の方式に服するとすれば其費用を負担させるのは無益（inutile）のことだからである。また，（一般の）先取特権（の被担保債権）は，他の債権者がその成立を予見しまたその額の概算を知ることが可能な債権だからである。

第1196条

　動産につき不足した場合に補足的に不動産に及ぶにすぎない一般の先取特権は，優先権を行使するためには登記不要とすべきである。しかし，第三取得者との関係でこの立場を維持することは過当な保護となろう。ゆえに，一般の先取特権者は，第三取得者の登記前に不動産につき登記をした場合に限って，先取特権の追及権を認めた。

(調査会原案)

第335条　一般ノ先取特権ハ之ヲ以テ特別ノ担保ナキ債権者ニ対抗スル為メ不動産ニ付キ登記ヲ有セス

登記ヲ為シタル第三者ニ対シテハ其登記前ニ先取特権ノ登記ヲ為スコトヲ要ス

(説明概要)

　本条は，担保編第145条第190条を合わせてこれに少しく文字の修正を加えたものである。第145条が「他ノ債権者ニ対抗スル為メ」としているのでは少し範囲が広くなりすぎる。それゆえ「特別ノ担保ナキ債権者ニ対抗スル為メ」と狭く書いたのである。第2項，すなわち第190条に関する規定は実質上既成法典と変わらない。

(補論)

　法典調査会の議論では，本条は文章があまり感心できないというのがあった。どう直されたかは次の明治民法の規定と比較すれば明らかかであ

第2章　先取特権

る。

　明治民法には,「追及権」という語は出てこないが, ボワソナードが, 公示なき物上担保権の追及効を第三取得者保護との関係で把握していた点に留意すべきであろう。

(明治民法)

第336条　一般ノ先取特権ハ不動産ニ付キ登記ヲ為ササルモ之ヲ以テ特別担保ヲ有セサル債権者ニ対抗スルコトヲ妨ケス但登記ヲ為シタル第三者ニ対シテハ此限リニ非ス

(仏語訳)

Art. 336. Les privilèges généraux, même lorsqu' ils ne sont pas inscrits quant aux immeubles, sont opposables aux créanciers chirographaires. Il en est autrement à l'égard des tiers qui ont pris inscription.

(現行民法)

　　（不動産保存の先取特権の登記）
　第337条　不動産の保存の先取特権の効力を保存するためには, 保存行為が完了した後直ちに登記をしなければならない。

[補論]

　不動産の保存の先取特権は, 前にも述べたように明治民法になって認められたものである（現行民法第325条参照）。法典調査会でもその原案は示されていない。以下は, 明治民法の規定とその仏語訳を掲げる。

(明治民法)

第337条　不動産保存ノ先取特権ハ保存行為完了ノ後直チニ登記ヲ為スニ因リテ其効力ヲ保存ス

第338条（不動産工事の先取特権の登記）

(仏語訳)

Art. 337. Le privilège pour conservation d'immeubles conserve son effet par l'inscription prise immédiatement après l'accomplissement des actes de conservation.

(現行民法)

（不動産工事の先取特権の登記）
第338条　不動産の工事の先取特権の効力を保存するためには，工事を始める前にその費用の予算額を登記しなければならない。この場合において，工事の費用が予算額を超えるときは，先取特権は，その超過額については存在しない。
工事によって生じた不動産の増加額は，配当加入の時に，裁判所が選任した鑑定人に評価させなければならない。

補論

　本条は，旧民法債権担保編第175条，第183条に修正を加えたとされる。第175条については，すでに紹介した。第183条で本条に活かされたのは，その第1項のみで，工事請負人が先取特権を保存するには，工事を始めるまえに登記することを要する，という点である。
　ボワソナードは，プロジェ第1179条において，不動産工事請負人の先取特権は，裁判所が任命した鑑定人により作成される調書（procès-verbal）をもって保存しなければならず，その第一調書は工事を始める前に作成されることを要するとしていた。これが，旧民法債権担保編第183条1項に受け継がれたのであり，明治民法において，工事前に費用の予算額を登記しなければならないとされたことの遠因となっている。とはいえ，不動産工事の先取特権は，旧民法の規定と明治民法の規定とは大幅に相違しているので，以下は，法典調査会に提出された原案と趣旨説明のみを紹介しよう。

第2章　先取特権

[調査会原案]

第336条　不動産工事ノ先取特権ハ工事ヲ始ムル前ニ其費用ノ予算書ヲ登記スルニ因リテ之ヲ保存ス

工事ヨリ生シタル不動産ノ増加額ハ配当加入ノ時裁判所ノ選任シタル鑑定人ヲシテ之ヲ評価セシムルコトヲ要ス

同一ノ工事ニ付キ数人ノ債権者アルトキハ其一人ノ為シタル登記ハ他ノ債権者ノ先取特権ヲ保存スル効力ヲ有ス

前2項ノ規定ニ従ヒ保存シタル先取特権ハ一切ノ抵当権ニ先チテ之ヲ行フコトヲ得

[説明概要]

　調書を3通も作成しなければならない既成法典在り方は，実際にこのような事を請負人がするであろうかという点で疑問である。したがって，工事では着工前に予算書を作成するのが通例であり，かつ，増加額を後に評価する目安にもなるので，予算書を登記させることに改めた。

[補論]

　本条は，法典調査会ではかなり多くの議論がなされた。物上担保権なのにその目的物が存在しない前から債権を登記できるのか。大工，石屋，瓦屋それぞれが登記するのか。結局，「予算書」とあるのを「予算額」と改めるということで，原案が可決された。この議論のなかでは，工事着工後の登記でも（無効の登記とされる），その後に出現した債権者には先取特権を主張できるという考え方は採用できないかという議論はなされなかった。

　さらに言えば，今日，実際には，登記は共同申請であるため，建設・建築工事請負において事前に注文者の任意の登記申請協力が得難いということも，工事請負人の先取特権の保存を困難としている要因であって，請負人が工事費用を確保するためには，完成した目的物に留置権を行使する他はない。工事を始める前に登記を要するという本条は，ボワソナードの草案の欠陥を引き継いだものとも言えよう。

第339条（登記をした不動産保存又は不動産工事の先取特権）

> 明治民法

第338条　不動産工事ノ先取特権ハ工事ヲ始ムル前ニ其費用ノ予算額ヲ登記スルニ因リテ其効力ヲ保存ス但工事ノ費用カ予算額ヲ超ユルトキハ先取特権ハ其超過額ニ付テハ存在セス

工事ニ因リテ生シタル不動産ノ増加額ハ配当加入ノ時裁判所ニ於テ選任シタル鑑定人ヲシテ之ヲ評価セシムルコトヲ要ス

> 仏語訳

Art. 338. Le privilège pour travaux relatifs aux immeubles conserve son effet par l'inscription du montant du devis, prise avant le commencement des travaux. Lorsque les frais des travaux effectués excèdent les frais prévus, le privilège n'existe pas pour excédent.

La plus-value procurée à l'immeuble par les taravaux doit étre évaluée par des experts nommés par le tribunal au moment ou le créancier à la répartition.

> 現行民法
>
> （登記をした不動産保存又は不動産工事の先取特権）
> 第339条　前2条の規定に従って登記をした先取特権は，抵当権に先立って行使することができる。

> 補論

　明治民法は，不動産の先取特権として，保存，工事，売買の三種とした（第325条）。法典調査会に出された原案では，前条の次は，不動産売買の先取特権の規定であって，本条は登場していない。『民法修正案（前三編）の理由書』によれば，本条は，既成法典第135条第2項の規定に拠るものとしているので，以下に同条同項にかかるところのみ紹介する。

> プロジェ

Art. 1140. 2.al. Les créanciers privilégiés sur les immeubles priment les

第2章　先取特権

créanciers ayant hypothèque sur les mêmes immeubles, sauf les cas où la loi dispose autrement.

（旧民法草案）

第1640条第2項　不動産ニ付キ先取特権ヲ有スル債権者ハ其同一ノ不動産ニ付キ抵当権ヲ有スル債権者ニ先タツ但法律カ之ニ異ナリテ規定シタル場合ハ此限リニ非ス

（債権担保編）

第135条第2項　不動産ニ付キ先取特権ヲ有スル債権者ハ其同一ノ不動産ニ付キ抵当権ヲ有スル債権者ニ先タツ但法律ニ於テ特別ニ規定シタル場合ハ此限リニ非ス

（プロジェ注釈）

　不動産上の先取特権が同一不動産上の抵当権と競合するときは，先取特権が優先する。この法則は絶対のものとしてフランス民法も採用するところである。もっとも，法が例外を認めている場合は別である。

（明治民法）

第339条　前2条ノ規定ニ従ヒテ登記シタル先取特権ハ抵当権ニ先チテ之ヲ行フコトヲ得

（仏語訳）

Art. 339. Les privilèges inscrits conformément aux dispositions des deux articles précédents passent avant les hypothèque.

（現行民法）

　（不動産売買の先取特権の登記）
第340条　不動産の売買の先取特権の効力を保存するためには，売買

第340条（不動産売買の先取特権の登記）

契約と同時に，不動産の代価又はその利息の弁済がされていない旨を登記しなければならない。

補論

本条は，『民法修正案（前三編）の理由書』によれば，既成法典債権担保編第178条，第181条を修正したものとし，法典調査会での起草委員説明では，第178条以下第182条までの要求を含んでいるとしているが，直接の基礎となったのは，第178条1項のようであるので，以下では，同条同項のみを掲げる。

プロジェ

Art. 1184. al.1　Les privilège du vendeur et celui du co-échangiste, pour le prix de vente et pour la solute, se conservent par la transcription du titre translatif de propriété portant que le prix ou la solute est encore dû, en toute ou en partie.

旧民法草案

第1684条第1項　売却代価及ヒ補足額ノ為メノ売主及ヒ共同交換者ノ先取特権ハ代価又ハ補足額ノ全部又ハ一分ヲ未タ弁済セサル旨ヲ記シタル所有権移転証書ノ登記ニ依リテ保存セラル

債権担保編

第178条第1項　売買代価ノ為メノ売主ノ先取特権及ヒ補足額ノ為メノ交換者ノ先取特権ハ代価又ハ補足額ノ全部又ハ一分ヲ未タ弁済セサル旨ヲ記シタル所有権移転証書ニ依ル登記ヲ以テ之ヲ保存ス

プロジェ注釈

売買または差額支払金（soulte）付きの交換において，所有権移転の登記は，第三者に対抗するために必要であると同時に先取特権を公示する機能を営むが，その証書に売買代価又は差額支払金の全部又は一部が未払い

第 2 章　先取特権

であることを記載することを要する。これによって，第三取得者の債権者は，当該財産上に担保権を主張することができるが，同時にその財産には譲渡者の先取特権が付いたまま移転したものであることを知ることができる。

調査会原案

第336条　不動産売買ノ先取特権ハ未タ其代価又ハ利息ノ弁済アラサル旨ヲ附記シテ所有権移転ノ登記ヲ為スニ因リテ之ヲ保存ス

売買ノ登記ト共ニ代価又は利息ノ未済ナルコトヲ附記セサリシトキハ売主ハ何時ニテモ其附記登記ヲ為シテ其先取特権ヲ以テ附記前に登記ヲ為シタル第三者ニ対抗スルコトヲ得ス

補論

　本条については，法典調査会での穂積委員の説明よりも，『民法修正案（前三編）の理由書』の方が要を得ているので，以下はそちらを引用する。なお，本条原案第 2 項は削除説が出され，賛否同数となったが，箕作議長の賛成によって削除された。

　「本条ハ既成法典担保編第178条及ヒ第181条ヲ修正シタルモノナリト雖モ多クハ字句ノ修正ニ止マレリ即チ既成法典ハ代価ノ全部又ハ一分ノ弁済ナキ旨ヲ記シタル所有権移転証書ニ依リテ登記ヲ為スヘキコトヲ要スト雖モ本案ハ所有権移転ハ必ス登記セサルヘカラサルモノナレハ之ヲ登記スルニ当リ附随ノ登記トシテ代価又ハ利息ノ弁済ナキ旨ヲ附記スヘシト改メタリ」。

明治民法

第340条　不動産売買ノ先取特権ハ売買契約ト同時ニ未タ代価又ハ其利息ノ弁済アラサル旨ヲ登記スルニ因リテ其効力ヲ保存ス

補論

　売買契約と同時に，というのは，売買契約成立時にということであろう

第341条（抵当権に関する規程の準用）

が，代金支払いと登記とが引換履行とされるのが通常ではないか。してみれば，留置権または同時履行の抗弁権で買主は保護されるので，本条の実際的意義はあまりないといえよう。

仏語訳

Art. 340. Le privilège pour vente d'immeubles conserve son effet par une inscription prise au moment du contrat de vente, portant mention que le prix ou les intérêst n'ont pas encore été payés.

現行民法

（抵当権に関する規程の準用）
第341条　先取特権の効力については，この節に定めるもののほか，その性質に反しない限り，抵当権に関する規定を準用する。

補論

先取特権について，抵当権の規定を準用するもので，とくにプロジェや旧民法の規定をかかげてもあまり意味がない。その何条にあたるかのみを指示する。

プロジェでは第1194条および第1200条，旧民法草案では，第1694条および第1700条，旧民法債権担保編では，第188条および第194条がこれに当たる。

調査会原案

第339条　先取特権ノ効力ニ付テハ本節ニ定ムルモノノ外抵当権ニ関スル規定ヲ準用ス

明治民法

第341条　先取特権ノ効力ニ付テハ本節ニ定メタルモノノ外抵当権ニ関スル規定ヲ準用ス

第2章　先取特権

仏語訳

Art.341. En ce qui concerne l'effet des privilèges, les dispositions relatives aux hypothèques sont applicable par analogie, sans préjudice des dispositions de la présente section.

第3章 質　権

　旧民法（プロジェも）では，動産質と不動産質とで，章立てが別であった。明治民法では，いずれも質であって性質が異なるものではないという理由から，初めに共通する「総則」をおき，動産質と不動産質とは節に格下げし，また，旧民法のように，権利質は有体物を対象とする動産質の章に入れるわけにはいかないとして，別の節を設けた。

　法典調査会では，個別の条文審議に入る前に，富井起草委員が旧民法の諸規程をどのように整理したのかを説明したが，これにともなって，旧民法が流質契約の禁止を定めていたにもかかわらず（担保編第113条），これを削除したことについて質問があり議論がなされた。この問題については，現行民法第349条の箇所で触れることにする。

[現行民法]

（質権の内容）
第342条　質権者は，その債権の担保として債務者又は第三者から受け取った物を占有し，かつ，その物について他の債権者に先立って自己の債権の弁済を受ける権利を有する。

[補論]

　すでに述べたように，プロジェでは，質権の章は動産質から始まっており，本条に対応する規定は存在しない。本条は，質権の本質を示したもの（富井委員は，旧民法には定義的規定が多いと批判されていた故か，わざわざ定義ではなく本質を示したものという。）であると説明される。

第 3 章 質　権

> 調査会原案

第340条　質権者ハ其質権ノ担保トシテ債務者又ハ第三者ヨリ受ケタル物ヲ占有シ且其物ニ付キ他ノ債権者ニ先チテ自己ノ債権ノ弁済ヲ受クル権利ヲ有ス

> 補論

　法典調査会では，本条に関して，目的物の占有が質権の成立要件か第三者対抗要件かということが議論された。富井委員は，占有するということが質権の本質でここが抵当権とは異なるという説明を一方ではしているが，他方では未占有でも当事者間では存在するとも述べていて，若干混乱しているのではないかと思われる（現行民法第344条参照）。権利質の節にも総則が及ぶなら，本条で「物」を対象としているのはどうか，といった議論もなされるが，特に修正なく原案通り可決。

> 明治民法

第342条　質権者ハ其債権ノ担保トシテ債務者又ハ第三者ヨリ受取リタル物ヲ占有シ且其物ニ付キ他ノ債権者ニ先立チテ自己ノ債権ノ弁済ヲ受クル権利ヲ有ス

> 仏語訳

Art. 342. Le gagiste a le droit de posséder la chose qui lui a été remise par le débiteur ou par un tiers comme garantie de sa créance et de se faire payer sur cette chose par préférence aux autres créanciers.

> 補論

　もし，nantissement が gage と antichrèse の上位概念だと見るのが正しいとすれば，動産質と不動産質に適用される総則における「質権」という訳語に，"gage"（本条では，gagiste）をあてるのは正確なのだろうか。ちなみに，フランス民法典では，第2071条に，「nantissement とは，債務者が彼の債権者にその債務の担保のためにある物を引き渡す契約である」，と

第344条（質権の設定）

規定し，第2072条では，「動産の nantissement を gage，不動産の nantissement を antichrèse という」，と規定している。

> (現行民法)
> （質権の目的）
> 第343条　質権は，譲り渡すことができない物をその目的とすることができない。

(補論)
　本条は，法典調査会における原案には見られない。『民法修正案（前三編）の理由書』によれば，譲渡禁止の特約のある債権について，本条があることによって質入れをなし得ないということを明らかにするために設けられたようである。

(明治民法)
第343条　質権ハ譲渡スルコトヲ得サル物ヲ以テ其目的ト為スコトヲ得ス

(補論)
　この規定が設けられたことによって，差押えを禁じられた動産でも質入れ可能か，という問題が生じた。

(仏語訳)
Art. 343. Une chose inaliénable ne peut faire l'objet d'un droit de gage.

> (現行民法)
> （質権の設定）
> 第344条　質権の設定は，債権者にその目的物を引き渡すことによって，その効力を生ずる。

第3章 質　権

> プロジェ

Art. 1105. 1.al. Le droit de gage n'est opposable aux tiers qui ont traité avec le débiteur, au sujet du même objet, ou à ses autres créanciers, que s'il y a eu rédaction d'un acte ayant reçu date certain et portant expressément la désignation exacte de la créance en principal, et accessories s'il y a lieu, et celle des objets donnés en gage.

> 補論

　プロジェ第1105条は，第1項から第3項まであるが，明治民法によって同条は大幅に改正されたので，本稿では第1項のみを掲げる。以下，旧民法草案，旧民法債権担保編でも同じ。

> 旧民法草案

第1605条第1項　動産質権ハ確定ノ日附ヲ有シ且主タル債権並ニ従タル債権アレハ其債権及ヒ質ト為シタル物ヲ明ニ指定セル証書ヲ録製シタルニ非サレハ同一ノ物ニ付キ債務者ト約定シタル第三者又ハ他ノ債権者ニ之ヲ対抗スルコトヲ得ス

> 債権担保編

第100条第1項　動産質ハ債権及ヒ質物ヲ明カニ指定セル証書ヲ以テセルニ非サレハ之ヲ設定スルコトヲ得ス

> 補論

　プロジェ，旧民法草案の規定と旧民法の規定を対比させたとき，そこに違いがあることがわかる。すなわち，前者では証書の作成は，対抗要件であるのに対し，後者では質権の成立要件とされている。それはともかく，プロジェのコマンテールを簡単に見てみよう。

> プロジェ注釈

　本条は，第三者との関係で動産質権が有効であるには，証書の作成が必

第344条（質権の設定）

要であることを示した。この証書は，正確に被担保債権を指定しなければならないし，正確に動産質権の目的物を指定しなければならない。質権者が，質物の売却に際して不正の利益を得ないためである。そして，さらに，この証書には確定日附あることを要する。それなくしては，叙上の配慮が無に帰する虞があるからであり，特定の債権者と債務者とが共謀して不正な結果を導くことを防止するためである。

[調査会原案]
第341条　質権ハ債権者ニ其目的物ノ引渡ヲ為スニ因リテ之ヲ設定ス

[説明概要]
　既成法典では，動産質の質権の設定には確定日附ある証書をもってしなければならない，不動産質では，公正証書または私署証書をもって設定しなければならない（債権担保第119条）となっているが，このような主義はとらない。むしろ，質権の設定には目的物の引渡しが要件となり，この点が抵当権と異なるところとなる。引渡し後に占有を継続いなくとも質権はあるが，第三者に優先権を主張することはできない。この点では，既成法典と同様である。

[補論]
　尾崎三郎委員から，「質権ハ債権及ヒ質物ヲ明カニ指定セル証書ヲ以テシ且其物ノ引渡ヲ為スニ非サレハ之ヲ設定スルコトヲ得ス」という修正案が出されたが，起立少数で原案通り可決された。

[明治民法]
第344条　質権ノ設定ハ債権者ニ其目的物ノ引渡ヲ為スニ因リテ其効力ヲ生ス

[仏語訳]
Art. 344. La constitution du gage ne produit effet que par la tradition de la chose

第3章 質　権

au créancier.

> **現行民法**
>
> （質権設定者による代位占有の禁止）
> 第345条　質権者は，質権設定者に，自己に代わって質物の占有をさせることができない。

補論

本条は，プロジェ，旧民法債権担保編にはない規定であり，法典調査会の審議においても原案の提出はない。『民法修正案（前三編）の理由書』によれば，「本条ノ規定ハ質権ノ性質ヨリ当然生ス可シト雖モ本案ニ於テハ已ニ代理占有ヲ認メタルノミナラス第183条ノ規定アルカ為メ或ハ疑ノ生スルコトアランヲ恐レ特ニ之ヲ掲ケタリ」とある。

明治民法

第345条　質権者ハ質権設定者ヲシテ自己ニ代ハリテ質物ノ占有ヲ為サシムルコトヲ得ス

仏語訳

Art. 345. Le gagiste ne peut charger celui qui a constitué le gage de posséder, à sa place, la chose engagée.

> **現行民法**
>
> （質権の被担保権の範囲）
> 第346条　質権は，元本，利息，違約金，質権の実行の費用，質物の保存の費用及び債務の不履行又は質物の隠れた瑕疵によって生じた損害の賠償を担保する。ただし，設定行為に別段の定めがあるときは，この限りでない。

第346条（質権の被担保権の範囲）

プロジェ

Art. 1114. Si le créancier gagiste a fait des dépenses nécessaries pour l'entretien ou la conservation de la chose, le remboursement lui en est garanti par le gage, par préférence à sa créance elle-même.

Il en est de même de l'indemnité des dommages qu'il a pu éprouver par suite des vices non apparent de la chose.

Art. 1116. A défaut d'exécution par le débiteur, lorsque la dette gagée est devenue exigible, la vente du gage aux enchères publiques peut être provoquée par le créancier gagiste ou par tout autre créancier, et le créancier gagiste est payé, par préférence aux autres, de tout ce qui lui est dû, tant en capital, intérêst et frais qu à titre d'indemnité por les causes exprimées à l'article 1114.

旧民法草案

第1614条　若シ動産質債権者カ質物ノ保持又ハ保存ノ為メ必要ノ出費ヲ為シタルトキハ其弁償ハ右債権者ノ為メ自己ノ債権其モノニ先タチ動産質ヲ以テ担保セラル

質物ノ不表見ノ瑕疵ニ因リ債権者ノ受クルコト有ル可キ損害ノ賠償ニ付テモ亦同シ

第1646条　動産質ノ附キタル債務カ要求ス可キモノト為リタルトキハ債務者履行ヲ為ササルニ於テハ動産質債権者又ハ総テ其他ノ債権者ヨリ質物ノ公ノ競売ヲ求ムルコトヲ得動産質債権者ハ他ノ債権者ニ先タチ元本，利息及ヒ費用トシテ受ク可キモノト第1614条ニ明示シタル原由ニ付キ賠償ノ名義ニテ受ク可キモノトノ弁済ヲ受ク

債権担保編

第109条　質取債権者カ質物保存ノ為メ必要ノ出費ヲ為シタルトキハ債権ニ先タチ動産質ヲ以テ其出費ノ弁償ヲ担保ス

質物ノ隠レタル瑕疵ニ因リテ債権者ノ受ケタル損害ノ賠償ニ付テモ亦同シ

第111条　動産質ノ附キタル債務カ満期ト為リタルトキ債務者履行ヲ為ササルニ於テハ質取債権者又ハ其他ノ債権者ヨリ質物ノ競売ヲ求ムルコトヲ

第3章 質　権

得質取債権者ハ他ノ債権者ニ先タチ元利，費用及ヒ第百九条ニ掲ケタル償金ノ弁済ヲ受ク

［プロジェ注釈］

　動産質権者の質物の保持（détention）は，その物の保存（l'entretien et la conservation）のために彼に出費をさせる場合がしばしばある。また，質物の隠れた瑕疵によって彼に損害を負わせることがある。これらは，主たる債務に付け加えられる債務の原因となるものである。

［補論］

　上に掲げたのは，プロジェ第1114条のコマンテールに記されているところである。同第1116条のコメントでは，競売の場合の優先弁済を受けられる範囲として，元本，利息，費用が認められているが，その理由については説明はない。利息，費用は元本である主たる債務に対して従たる債務であるから，被担保債権に入ることは言うまでもないということであろう（プロジェ第1115条1項参照）。

［調査会原案］

第342条　質権ハ設定行為ニ別段ノ定ナキトキハ元本，利息，違約金，債務弁済ノ請求費，質権実行ノ費用，質物ノ保存費及ヒ債務ノ不履行又ハ質物ノ隠レタル瑕疵ヨリ生シタル損害ノ賠償ヲ担保ス

［説明概要］

　本条は，担保編第109条及び第111条に当たる。これらは動産質の規定だが，不動産質でも変わりはない。それゆえ既成法典と大した違いはないが，2，3付け加えたものがある。違約金，債務弁済の請求費，質権実行の費用，債務の不履行によって生じた損害の4つである。既成法典の精神もこれらを含むものと思うが，書いてないと反対の解釈になる。それゆえこれらを明文化したのである。

第347条（質物の留置）

[補論]

　違約金は債務不履行より生じた損害の賠償の中にはいるのではないか，債務弁済の請求費も同様ではないか，などが議論されたうえ，富井委員が説明した既成法典にない4つのもののうち債務弁済の請求費だけを削るという案が賛成多数となる。また，「質物ノ保存費」を「質物保存ノ費用」とすることになった。

[明治民法]

第346条　質権ハ元本，利息，違約金，質権実行ノ費用，質権保存ノ費用及ヒ債務ノ不履行又ハ質物ノ隠レタル瑕疵ニ因リテ生シタル損害ノ賠償ヲ担保ス但設定行為ニ別段ノ定メアルトキハ此限ニ在ラス

[仏語訳]

Art. 346. Le droit de gage garantit le capital, les intérêts, le montant de la clause pénale, les frais de réalization du gage ou de conservation de la chose engagée et les dommages-intérêts des pour inexécution de l'obligation ou pour vices cachés de la chose, le tout à moins de disposition particulières de l'acte constitutif.

[現行民法]

　（質物の留置）

第347条　質権者は，前条に規定する債権の弁済を受けるまでは，質物を留置することができる。ただし，この権利は，自己に対して優先権を有する債権者に対抗することができない。

[補論]

　『民法修正案（前三編）の理由書』によれば次のように書かれている（カタカナをひらがなにし、読み易い文章とした）。

　本条（明治民法第347条）は質権者が留置権を有することを明らかにしたものであって，これによって，債権担保編第106条（プロジェ第1111条，民

第3章 質　権

法草案第1611条），第108条（プロジェ第1113条，民法草案第1613条），第128条第１項（プロジェ第1133条第１項，民法草案第1633条第１項），第130条（プロジェ第1135条，民法草案第1635条）の一部を削除することができる。また，既成法典との相違は，動産質，不動産質を問わず，債権の期限の到来を問わず，たんに質物の差押え及び競売を求める債権者が優先権を有するか否かによって区別した。フランス法の学者は，留置権者はいかなる債権者に対しても物を留置することを得るとしているが，このように留置権の効力を強大にすることは当を得たものではない。質権者に優先する債権者に対しては質物を留置することができないとすべきである。さらに，期限未到来の間に質権者よりも優先する債権者が競売してきた場合には，質権者のためにその代金の一部を供託させるべきであり，債権担保編第129条に定めたように，留置権をなお継続するものとすることは極めて不当である。

（プロジェ）

Art. 1115. Le créancier gagiste peut retenir la possession du gage, à l'encontre du débiteur et de ses cessionnaires, jusqu'a parfait payment de la dette gagée, en principal et accessories, ainsi que pour les sommes à lui dues d'après l'article precedent.

　Tant que sa créance n'est pas échue, il peut s'oppose à la saisie et à la vente du gage aux enchères par les autres créanciers du débiteur.

Art. 1133. Le créancier peut retenir la possession du fonds ou du droit soumis à son nantissement, jusqu'a parfait payment de ce qui lui est dû, en principal et accessories.

　Il ne peut cependant s'opposer à la vente, soit à l'amiable, soit aux enchères, provoquée par le débiteur ou par ses autres créanciers, avant ou après l'échéance de sa créance.

　Il peut aussi provoquer lui-même la vente; le tout avec les effets différents indiqués ci-après.

第347条（質物の留置）

[旧民法草案]

第1615条　動産質債権者ハ動産質ノ附キタル債務ノ主タルモノ並ヒニ従タルモノ及ヒ前条ニ従ヒ受ク可キ金額ノ皆済ニ至ルマテ債務者及ヒ債務者ヨリ譲受ケタル者ニ対シ質物ノ占有ヲ留置スルコトヲ得

債権者ハ其債権ノ満期ニ至ラサル間ハ債務者ノ他ノ債権者ヨリ為ス質物ノ差押及ヒ其競売ニ対抗スルコトヲ得

第1633条　債権者ハ主タリ及ヒ従タル債務ノ皆済ヲ受クルマテ質ト為サレタル不動産又ハ権利ノ占有ヲ留置スルコトヲ得

然カレトモ不動産質権者ハ債務ノ満期前又満期後ニ熟義ヲ以テスルト競売ヲ以テスルトヲ問ハス債務者又ハ他ノ債権者ヨリ求メラレタル売却ニ故障ヲ申立ツルコトヲ得ス

又其債権者ハ自ラ売却ヲ申立ツルコトヲ得右ハ下ニ指示シタル異別ノ効力ヲ有ス

[債権担保編]

第110条　質取債権者ハ動産質ノ附キタル主従ノ債務及ヒ前条ノ償金ノ皆済ニ至ルマテ債務者及ヒ其譲受人ニ対シテ質物ノ占有ヲ留置スルコトヲ得

債権者ハ其債権ノ満期ニ至ラサル間ハ債務者ノ他ノ債権者ヨリ為ス質物ノ差押及ヒ其競売ヲ拒ムコトヲ得

第128条　債権者ハ債務ノ皆済ニ至ルマテ質ニ取リタル不動産ノ占有ヲ留置スルコトヲ得

然カレトモ質取債権者ハ債務ノ満期前又ハ満期後ニ債務者又ハ他ノ債権者ヨリ求メタル売却ニ故障ヲ申立ツルコトヲ得ス

又質取債権者ハ満期後自ラ売却ヲ申立ツルコトヲ得

右ハ下ニ指示シタル別異ノ効力ヲ有ス

[補論]

　質権者は，質物につき留置権を有することはいうまでもない。後に見るように，明治民法の起草者によって，債権担保編の上記規定に変更を加えられたのは，特に第110条2項についてである。ボワソナードが，動産質

について，被担保債権の弁済期が到来するまでは，質権者は他の債権者のする質物への差押えおよび競売に対抗することができるとした理由について，彼は，留置権者は，目的物の譲渡または他の債権者からする差押え及び競売による売却を妨げることはできないが（プロジェ第1099条参照），質権者にとっては，被担保債権の弁済期到来前は，目的物に変更（modifier）がないことが利益となるから，第1115条2項を設けたのである，としている。しかし，この説明は理解に苦しむ。というのは，差押えや競売を妨げることはできない留置権においても，目的物の取得者は，留置権者に全額弁済をしなければ引渡しを受けられないとしているのだから（プロジェ第1099条2項），留置権者は被担保債権については保護されるからである。もっとも，留置権と質権では，被担保債権の範囲が異なるから，その点を配慮したのであろうか。あるいは，弁済期前に競売されることになると，質権者は質物の値下がりによる不利を受ける虞があるという点の配慮によるものであろうか。

(調査会原案)

第343条　質権者ハ前条ニ掲ケタル債権ノ弁済ヲ受クルマテハ質物ヲ留置スルコトヲ得但其債権ノ弁済期ニ在ルト否トヲ問ハス自己ニ対シテ優先権ヲ有スル債権者ノ為メニスル質物ノ差押，仮差押，仮処分及ヒ競売ヲ拒ムコトヲ得ス
第296条乃至第299条ノ規定ハ質権ニモ亦之ヲ準用ス

(説明概要)

　本条第1項の但し書きが，既成法典とは異なるところである。既成法典によれば，質権者はその債権が弁済期に至った後でなければ，どんな債権者が差押えをし又は競売を請求しても拒むことはできない，これは，明らかに書いてないが，担保編第110条2項，第128条2項を読めばその精神であることは一点の疑いがない。また，動産質と不動産質との間に区別をたてて，動産質の場合であれば他の債権者が差押え及び競売を拒むことができるが，不動産質権者は拒むことができないとなっている。我々は，いか

第347条（質物の留置）

に考えても動産質と不動産質との間にその区別をする理由をどうしても発見することはできない。本案においては，別に区別をたてず，質権の目的物が動産であろうが不動産であろうが，その債権が弁済期であろうがあるまいが区別をせず，質権者に対して優先権を持っている者であるか持っていない者であるかによって差を生じせしめた。

　これまでフランスをはじめとして広く行われている説によれば，留置権をもっている者はどんな債権者に対してもその留置権を行うことができる。代金配当の場合には，優先権の問題になってしまうから留置権の問題は潰してしまうけれども，代金配当前においては，己に対して優先権を持っている債権者に向かっても弁済を受けない間は占有を離さないということが言えるという説が一般に行われていると解している。留置権についてこのような扱いをすることに疑問があるが，質物を競売して代金を配当するに当たって，己に勝つという者に向かって弁済を受けるまでは離さないということはおかしい。そこで，己に対して優先権を持つという者には差押え・競売を拒むことはできぬ，優先権を有しない者に対しては拒む権利を与えるということにした。また，優先権を持つ者が満期前競売を請求してきたときは，質権者はこれを拒めないが，その代価はどうするかといえば，期限がくるまでは供託するとすればよい。

　本条については，結局梅委員から修正案がだされ，本条但書きは，「但此権利ハ之ヲ以テ自己ニ対シ優先権ヲ有スル債権者ニ対抗スルコトヲ得ス」と改められる。

補論

　これほど明治民法の起草者の頭を悩ました本条だが，質権者に対して優先権を有する債権者とは，具体的には，①質物につき保存の先取特権を有する者，②先順位の質権者，③先順位の抵当権者が挙げられるが，①を除き，先順位の抵当権者や質権者が存在する場合，後順位の質権を設定しようとする者が現実に現れるかが疑問であり，特別法による優先権を有する債権者を除き，民法上では，実際にはあまり例のない場合といえようか。むしろ，一般論として，競売の場合の質権の処遇は，実体法たる民法の次

第3章 質　権

元のみならず，執行法の制度設計（消除主義か引受主義か）にも絡む問題である。

　なお，強制執行法では，不動産上に存する先取特権，使用及び収益をしない定めのある質権並びに抵当権については消除主義，不動産上に存する留置権並びに使用及び収益をしない旨の定めのない質権については引受主義が採られている（同法第59条）。

明治民法

第347条　質権者ハ前条ニ掲ケタル債権ノ弁済ヲ受クルマテハ質物ヲ留置スルコトヲ得但此権利ハ之ヲ以テ自己ニ対シ優先権ヲ有スル債権者ニ対抗スルコトヲ得ス

仏語訳

Art. 347. Le créancier gagiste peut retunir la chose engagée jusqu' au paiement des créances des mentionnées à l'article précédent, Toutefois, ce droit n'est pas opposable aux créanciers qui lui sont préferés.

現行民法

（転質）

第348条　質権者は，その権利の存続期間内において，自己の責任で，質物について，転質をすることができる。この場合において，転質をしたことによって生じた損失については，不可抗力によるものであっても，その責任を負う。

プロジェ

Art. 1112. Il peut donner lui-même la chose en gage à un de ses propres créanciers, mais sous sa responsabilité, même au sujet des cas fortuits ou de force majeure qui ne se seraient pas produits autrement.

Art. 1129.2.al. Il peut aussi céder son nantissement, mais seulement pour la

第348条（転質）

durée de son droit et sous sa responsabilité, comme il est dit à l'article 1112, pour le gage.

旧民法草案

第1612条　動産質債権者ハ自己ノ責任ヲ以テ質物ヲ自己ノ債権者ノ一人ニ自ラ質ト為スコトヲ得但自己ノ債権者ニ質ト為ササレハ生セサル可キ意外又ハ不可抗力ノ場合ニ付イテモ亦其責ニ任ス

第1629条 2 項　又不動産質権者ハ其不動産又ハ権利ヲ自己ノ継続期間ニ限リ動産質ニ付キ第1612条ニ記載シタル如ク自己ノ責任ヲ以テ其不動産ヲ譲渡スルコトヲ得

債権担保編

第107条　質取債権者ハ自己ノ責任ヲ以テ質物ヲ自己ノ債権者ニ転質ト為スコトヲ得但此場合ニ於テハ転質ヲ為ササレハ生セサル可キ意外又ハ不可抗ノ危険ニ付テモ其責ニ任ス

プロジェ注釈

　ガージュを第三者に賃貸することができない質権者もこれを自分の債権者に転質（sous-gage. sub pignus）することができる。転質権者も質物を賃貸することができないし、かつ、これに加えて、原質権者の責任は加重されているので、質権設定者はこれを容認する（souffrir）ことができる。以上はプロジェ第1112条のコメントによる。

補論

　上に「ガージュ」としたが、ボワソナードは、gage という語には、フランス法上、2つの意味があって、その1つは、債権者に担保として交付した物をいい、また、2つには、物を特別に弁済に充当する契約をいうとしている（第1101条のコメントによる）。ここでは、前者の意味に用いられている。

第3章 質　権

調査会原案

第344条　質権者ハ其権利ノ存続期間内ニ於テ自己ノ責任ヲ以テ質物ヲ転質ト為スコトヲ得此場合ニ於テハ転質ヲ為ササレハ生セサルヘキ不可抗力ニ因ル損失ニ付テモ亦其責ニ任ス

説明概要

本条は，担保編第107条及び第124条第2項の通り，少しも実質を変えたのではないから，別に説明しない。このことを明言しなければならないのは，留置権に関する第297条第2項（明治民法・現行民法第298条2項）の例外になるからである。

補論

旧民法にあった「意外」と「不可抗力」のうち，「意外」が抜けた理由については特に説明はない。cas fortuit と force majeure とは，フランスの判例学説では区別されていないからであろうか。

明治民法

第348条　質権者ハ其権利ノ存続期間内ニ於テ自己ノ責任ヲ以テ質物ヲ転質ト為スコトヲ得此場合ニ於テハ転質ヲ為ササレハ生セサルヘキ不可抗力ニ因ル損失ニ付テモ其責ニ任ス

仏語訳

Art. 348. Le gagiste peut sous-engager la chose, sous sa responsabilité et sans excéder la durée de son propre droit. Dans ce cas, il est responsible, même au cas de force majeure, des domamages qui ne se seraient pas produits, s'il n'eût sous-engagé.

第349条(契約による質物の処分の禁止)

> 現行民法
>
> (契約による質物の処分の禁止)
> 第349条 質権設定者は,設定行為又は債務の弁済期前の契約において,質権者に弁済として質物の所有権を取得させ,その他法律に定める方法によらないで質物を処分させることを約することができない。

プロジェ

Art. 1118. Est nulle de droit toute clause du contrat de gage ou toute convention antérieure à l'exigibilité de la dette qui autriserait le créancier a gàrder la le gage en payement, pour tout ou partie de sa créance, sans estimation judiciaire.

Peuvent être déclarées nulles les ventes à réméré faites par un débiteur à son créancier, soit avec ou sans lésion, soit avec ou sans location au débiteur, ou toutes autres conventions faites en vue d'éluder la présente prohibition.

Les nullités édictées par le présent article ne peuvent être invoquées par le créancier gagiste, mais seulement par le débiteur ou ses ayant-cause.

旧民法草案

第1618条　総テ動産質契約ノ約款又ハ債務要求期前ノ合意ニシテ債権者ニ其債権ノ全部又ハ一分ニ付キ裁判上ノ評価ナクシテ弁済ノ為メ質物ヲ保存スルコトヲ許スモノハ当然無効タリ

債務者カ或ハ折損ヲ以テハ折損ナク或ハ賃借シ又ハ賃借セスシテ債権者ニ為シタル買戻約定附ノ売却又ハ其他総テ本条ノ禁止ヲ犯ス為メ為シタル合意ハ之ヲ無効ト宣告スルコトヲ得

本条ニ定メタル無効ハ債権者ヨリ之ヲ援唱スルコトヲ得スシテ債務者又ハ其承継人ノミ之ヲ援唱スルコトヲ得

債権担保編

第113条　総テ動産質契約ノ約款又ハ債務満期前ノ合意ニシテ債権者ニ其債権ノ全部又ハ一分ニ付キ弁済ノ為メ裁判上ノ評価ナクシテ流質ヲ許スモ

第 3 章　質　　権

ノハ当然無効タリ

本条ノ禁止ヲ犯ス為メ債務者カ債権者ニ為シタル受戻約款附ノ売買其他ノ合意ハ之ヲ無効ト宣告スルコトヲ得

本条ニ定メタル無効ハ質取債権者ヨリ之ヲ援用スルコトヲ得スシテ債務者又ハ其承継人ノミ之ヲ援用スルコトヲ得

プロジェ注釈

　lex commisoria として知られた流質契約（pacte commissoire）は，ローマ以来禁止されていた。フランスの民法典は，古法以後はずっとその禁止を繰り返してきた。日本では，この有害な約定が，慣行として存在したしまた実際にも常に行われていたので，草案においてこれを禁止せざるを得ないのである。流質契約の禁止が必要なのは質契約の成立時であるが，弁済期前に為された約定による場合も，債務者の不利益は同じであるから，弁済期前においては，裁判所の評価なくしては禁じられるとした。

　しかし，一旦弁済期が到来すれば，もはや禁止はなく，債務者は何時でも代物弁済をすることが許される。

補論

　明治民法の起草者は，プロジェ及び旧民法で禁じられた流質契約を有効と見，これについての規定は法典調査会では特に用意されていなかった。流質契約を禁止しないということは，次に引用する法典調査会に示された第345条の富井委員の説明に表れている。

　「一般の規則としては，流質を夫れ迄に射幸的なものと見ることは果して至当でありましょうか。私は大に疑う。流質の約束と云うものは，当事者の意思は債権者の弁済を受けないときは夫れを競売するのであるが，然うすると非常に手数が掛る費用が掛るというような理由があって約束をするのであろうと思う。」

　また，質権の総則についての説明においても，削除した債権担保編の諸規定を挙げる中で，同第113条に言及して，「第113条の規定は流質の契約を禁じたもので，質権設定行為又は債務満期前に契約を以て債務者が其債

第349条（契約による質物の処分の禁止）

務を弁済しないときは，質物の所有権は当然質権者に移ると云うことを約束しても，其約束は無効であると云う規定である。‥‥併し我々共の考えでは，此契約と云うものは左迄有害のものでないと思う。流質と云うものは従来我国に於ても行われて居ることで，格別危険なものとも見て居らぬ様に思う。或はかかる禁止法を設けて置けば却て金融の円滑を妨げて債務者の不利益に帰するかも知れぬ。」と述べている。

そして，法典調査会に第345条として示された案は，質物が毀損しまたは著しく価額を減じる虞れあるにいたった場合に，質権者に代担保請求を認めるという，質権者保護の規定であった。

本条（法典調査会提出の第345条）については，流質契約の有効性と絡んで議論が沸騰し，結局，最終的には賛成多数で削除されることなった。したがって，明治民法には，本条は存在しない。

明治民法第349条が，流質契約の禁止を定めているのは，法典調査会の如上の議論を承けて，後に設けられたものといえる。以下では，明治民法の規定とその仏語訳を掲げる。

なお，『民法修正案（前三編）の理由書』の第349条は，「既成法典ニ於テハ本条ニ該当スル規定ナシ」としているが，そこにいう第349条が明治民法のどの条文を指しているのか不明である。

（明治民法）

第349条　質権設定者ハ設定行為又ハ債務ノ弁済期前ノ契約ヲ以テ質権者ニ弁済トシテ質物ノ所有権ヲ取得セシメ其他法律ニ定メタル方法ニ依ラスシテ質物ヲ処分セシムルコトヲ約スルコトヲ得ス

（仏語訳）

Art. 349. Celui qui a constitué le gage ne peut, soit par l'acte constitutif, soit par une convention antérieure à l'exigibilité de la dette, convenir que le gagiste aura, à titre de paiement, la propriété de la chose engagée, ni lui permittre d'en disposer autrement que par les moyens déterminés par la loi.

第3章 質　権

> **現行民法**
> （留置権及び先取特権の規定の準用）
> 第350条　第296条から第300条まで及び第304条の規定は，質権について準用する。

補論

　既に述べたが，ボワソナードによって留置権の性質を明らかにする一般的規定が置かれ，旧民法，明治民法ともそれを承継したが，旧民法の留置権規定と明治民法のそれとは，個別の規定間には内容に相違がある。また，民法上の順序も，旧民法では先取特権の前に質権が置かれたので，既に規定された条文を後に準用するという場合には，その元となったプロジェの規定や旧民法の規定を尋ねてもあまり意味がない。以下では，法典調査会に示された本条の原案から記述することとする。

調査会原案

第346条　第304条及ヒ第305条ノ規定ハ質権ニモ亦之ヲ適用ス

説明概要

　第304条は，先取特権の物上代位（富井委員はこの用語を用いておらず，法典調査会で可決された第304条の原案を読みあげている）で，これは既成法典にはないが，質権者にも適用して至当なものであろう。第305条は，先取特権の不可分に関する規定で，担保編の第105条及び第123条にあり，この点では既成法典を少しも改めたものではない。

補論

　上に述べたのは富井委員が説明したところそのままの概要だが，旧民法の質権には物上代位の規定がないが，これは質権にも適用されるべきだから，先取特権に関する本条の規定をおいたというのである。不可分性に関する債権担保編の規定は，正確には，第105条2項である。

第351条（物上保証人の求償権）

　審議において，本条から第304条を削除する意見がだされたが，賛成少数で原案通り可決された。
　法典調査会では，このように，物上代位性と不可分性のみが採り上げられたが，明治民法では，現行民法と同じく，留置権の第296条から第300条までが準用されることになった。

(明治民法)

第350条　第296条乃至第300条及ヒ第304条ノ規定ハ質権ニ之ヲ準用ス

(仏語訳)

Art. 350. Les dispositions des articles 296 à 300 et de l'article 304 sont applicable par analogie au droit de gage.

(現行民法)
　（物上保証人の求償権）
第351条　他人の債務を担保するため質権を設定した者は，その債務を弁済し，又は質権の実行によって質物の所有権を失ったときは，保証債務に関する規定に従い，債務者に対して求償権を有する。

(プロジェ)

Art. 1102. 2. al. Dans l'un et autre cas, le tiers qui a fourni le gage a son recours contre le débiteur une caution, conformément aux articles 1030 et suivants.
Art. 1122. Le nantissement immobilier peut être constitué par tiers le débiteur et il produit entre celui-ci et le constituant les effets déterminés par l'article 1102 pour le gage constitué de la même manière.

(旧民法草案)

第1602条第2項　右孰レノ場合ニ於テモ動産質ヲ供シタル第三者ハ第1530条及ヒ第1531条ニ従ヒ保証人ノ如ク債務者ニ対シテ求償権ヲ有ス

第3章 質　権

第1622条　不動産質ハ債務者ノ為メ第三者ヨリ之ヲ設定スルコトヲ得其不動産質ハ債務者ト設定者トノ間ニ於テハ同一ノ方法ニテ設定セラレタル動産質ノ為メ第1602条ニ定メタル効力ヲ有ス

[債権担保編]

第98条　動産質契約ハ債務者ノ委任ヲ受ケ又ハ好意ニテ債務者ノ為メ担保ヲ供スル第三者ト債権者トノ間ニモ亦之ヲ為スコトヲ得
孰レノ場合ニ於テモ動産質ヲ供シタル第三者ハ第30条及ヒ第31条ニ従ヒ保証人ノ如ク債務者ニ対シテ求償権ヲ有ス
第117条　不動産質ハ債務者ノ為メ第三者之ヲ設定スルコトヲ得其不動産質ハ債務者ト設定者トノ間ニ於テハ動産質ノ為メ第98条ニ定メタル効力ヲ有ス

[プロジェ注釈]

　保証契約（cautionnement）によって他人の債務の担保することができるのであるから，他人のために物上担保を設定できるのは勿論である。この場合，委任を受けてする場合と好意でする（事務管理 gérante d'affaire としてする）こともできる。この二つの原因の区別は，求償において，物的保証人についても，人的保証人についてと同じく差違をもたらすので，保証に関する第1530条と以下の条文をここに引用した（renvoyer）。（第1102条の注釈から）

[調査会原案]

第348条　他人ノ債務ヲ担保スル為メ質権ヲ設定シタル者カ債権者ニ弁済シ又ハ質権ノ実行ニ因リテ質物ノ所有権ヲ失ヒタルトキハ保証債務ニ関スル規定ニ従ヒ債務者ニ対シテ求償権ヲ有ス

[説明概要]

　本条は，担保編第98条及び第117条にただ一つの修正を加えた。担保編第98条には，保証に関する条文が二つだけ引いてある。第30条と第31条で

第351条（物上保証人の求債権）

ある。この2カ条ではどうしても足りない。次の第32条，第33条の規定などはどうしても当て嵌まらなければならない。そこで，本案では，保証債務に関する規定がどういう風になるかまだわからないので，「保証債務ニ関スル規定ニ従ヒ」云々とした。

[補論]
　本条の審議において，直接には本条と関係のない流質契約を禁止するかしないかということが蒸し返され，長々と議論された。高木豊三委員から出されたのは，既成法典第113条では，これを裏返すと裁判上の評価さえ受ければ，流質をとくに禁ずるものではないようだから，「質権ノ設定行為又ハ債務満期前ノ好意ヲ以テ為シタル流質ノ約款ハ無効トス」との条文を本条の前に設けたいというものである。この高木案は，賛成少数で通らなかったが，起草委員達が流質契約を禁ずる必要はないとして，旧民法とは異なった「主義」を採ったことには委員のなかにかなりの反対意見があった。明治民法第349条が設けられたのは法典調査会の雰囲気を起草委員達が考慮したものであろうか，或いはローマ法以来の伝統に従うことにしたのであろうか。
　本条そのものについては，法定代位との関係を質問した者もあるが，保証債務の規定および法定代位の規定がこの段階ではどのようになるか未定であるということで，原案通り可決。

[明治民法]
第351条　他人ノ債務ヲ担保スル為メ質権ヲ設定シタル者カ其債務ヲ弁済シ又ハ質権ノ実行ニ因リテ質物ノ所有権ヲ失ヒタルトキハ保証債務ニ関スル規定ニ従ヒ債務者ニ対シテ求償権ヲ有ス

[仏語訳]
Art. 351. Lorsque celui qui a constitué le gage pour garantir la dette d'autrui a payé cette dette ou a perdu la propriété de la chose engagée par suit de la réalisation du gage, il peut recourir contre le débiteur conformément aux

149

第3章　質　　権

dispositions relatives aux obligations de la caution.

（現行民法）

（動産質の対抗要件）
第352条　動産質権者は，継続して質物を占有しなければ，その質権をもって第三者に対抗することができない。

（プロジェ）

Art. 1107. Le gage n'est également opposable aux tiers et aux autres créanciers que si le créancier gagiste a été mis et est resté en possession réelle et continue des objets corporels affectés au nantissement.

　Le dépôt peut toutefois être remis aux mains d'un tiers choisi par les parties ou même par le créancier sous sa responsabilité.

　La présente disposition s'applique aux titres de créances au porteur.

（旧民法草案）
第1607条　動産質ハ動産質債権者カ質ト為サレタル有体物ノ現実ニシテ且継続ノ占有ヲ得且之ヲ保存シタルトキニ非サレハ之ヲ以テ第三者ニモ他ノ債権者ニモ対抗スルコトヲ得ス
然レトモ質物ハ当事者双方ノ選定シ又ハ債権者カ自己ノ責任ヲ以テ選定シタル第三者ノ手裏ニ之ヲ寄託スルコトヲ得
此条例ハ所持人式債権証書ニ之ヲ適用ス

（債権担保編）
第102条　動産質ハ質取債権者カ有体ナル質物ヲ現実ニ且継続シテ占有スルニ非サレハ之ヲ以テ第三者ニモ他ノ債権者ニモ対抗スルコトヲ得ス
然レトモ質物ハ当事者双方カ選定シ又ハ債権者カ自己ノ責任ヲ以テ選定シタル第三者ノ手ニ之ヲ寄託スルコトヲ得
此規定ハ債権ノ無記名証券ニモ之ヲ適用ス

第352条（動産質の対抗要件）

> プロジェ注釈

　第三者に対して動産質が有効である最も重要な条件は，債権者の手中にその物の現実の占有を移転することである。引渡しこそが債権者（質権者）とって有効なのであって，質権者は，債務者（質権設定者）によってなされた目的物の譲渡につきその無効を主張することができるし，質物の価格を自己に帰属させて他の債権者に対して優先的利益を主張することができる。

　質物は動産質権者に現実に引渡されるので，質権設定者が質物を譲渡した場合にも，目的物を買主や受贈者に引き渡すことができない。ゆえに買主や受贈者は動産質権者に対して，「動産に関しては，占有は権原（titre）に値する"en fait de meubles la possession vaut titre"」（フランス民法第2279条）という法格言を引き合いに出すことはできない。反対に，動産物権（droit réel mobilier）と現実の占有とを併有する動産質権者は，これら取得者に勝るのである。

　動産質権者の占有は動産質の当初の条件のみならずその保存の条件でもある。動産質は，「現実の占有（possession réelle）とその継続のなかに在る」ことを要する。占有は，現実のもの（réelle ou effective）でなければならない。占有改定（constitut possessoire）によって債務者に預けることは許されない。

> 補論

　動産質の個別の規定の審議に入る前に，富井委員から，動産質も質権の一種だから一章を設けずに一つの節としたこと，その前に総則の節を設けたので，旧民法の動産質の規定は多くが総則に入ったこと，削除したのは，能力に関する第99条であること，等が述べられる。

> 調査会原案

第349条　動産質権者ハ継続シテ質物ヲ占有スルニ非サレハ其質権ヲ以テ第三者ニ対抗スルコトヲ得ス但第201条ノ規定ニ従ヒ占有回収ノ訴ヲ提起スルコトヲ妨ケス

第3章 質　権

|説明概要|

　本文の規定は担保編第102条1項の通りであり，これはどこの国の法律にもある規定であるから別に説明の必要はあるまい。ただ，「現実ニ且継続シテ」とある「現実ニ」を削除した。第三者に対して代理占有を認めないようにとられるからであり，必要がないと思ったからである。

　但書きをおいたのが既成法典と違う点だが，質権者が占有を奪われた場合にこれを回復する道がなくてはならない。既成法典には何の規定もない。フランス民法にもない。例えば，スペイン民法には，所有者と同一の権利を以てその占有を回復することができるとしてある。ドイツ民法草案でも同趣旨である。

|補論|

　審議のなかで，箕作委員から，すでに第204条には，「占有権ハ占有者カ占有ノ意思ヲ放棄シ又ハ占有物ノ所持ヲ失フニ因リテ消滅ス但占有者カ占有回収ノ訴ヲ提起シタルトキハ此限ニ在ラス」とあるから，本条但書は不要なのではないか，との指摘があり，梅委員が，本条ではとくに継続しての占有を要するとしているから，第204条が適用されるかどうかの疑問が生じるので，但書をおいたという説明がなされたが，但書削除説が賛成多数となった。

　ここでの第204条とは，明治民法では第203条である。その但書は，占有が継続的か否かにかかわらず「占有物ノ所持ヲ失フ」ことによる占有権の消滅の例外であるから，梅委員の説明は説得力がなかったが，起草委員がこの但書を置きたかったのは，外国法では所有者と同一の権利を以てその占有を回復することができるとの規定するものがあり，質物の占有を奪われた場合には，何らかの救済策を質権者に認めるのが妥当であるが，所有者の権利と同一であるとまでして認めるのは質権者に有利となりすぎるので，占有を奪われた時から1年以内に提訴しなければならない占有回収の訴を質権者に認めるのが，最も中庸を得ているからここに規定したのだ，ということであろうが，第203条が存在することとの関係で，先述のように規定の必要性については，なお疑問が残る。

第353条（質物の占有の回復）

この但書は，明治民法においては，第353条として復活する。

> (明治民法)
> 第352条　動産質権者ハ継続シテ質物ヲ占有スルニ非サレハ其質権ヲ以テ第三者ニ対抗スルコトヲ得ス

> (仏語訳)
> Art. 352. Celui qui a un droit de gage sur un meuble ne peut opposer son droit aux tiers que s'il a la possession continue de la chose engagée.

> (現行民法)
> （質物の占有の回復）
> 第353条　動産質権者は，質物の占有を奪われたときは，占有回収の訴によってのみ，その質物を回復することができる。

(補論)
　本条は，先述のように，法典調査会では削除された第352条の但書が復活したものである。同条の富井委員の説明のようにフランス民法にはなく，プロジェにも，旧民法にも存在しない。第352条但書の趣旨説明についてはすでに紹介した。
　『修正民法（前三編）の理由書』では，「既成法典ハ質権者カ質物ノ占有ヲ奪ハレタル場合ニ之ヲ回復ス可キ方法ヲ規定セス今之ヲ瑞西債務法ニ例ヲ見ルニ質物ノ占有ヲ奪ハレタル質権者ハ所有者ト同一ノ権利ヲ以テ占有ヲ回復スルコトヲ得ヘシトアリ独逸民法草案モ亦タ殆ト同一ノ主義ヲ採レリ然レトモ若シ此主義ニ依ルトキハ質権者ヲ保護スルコト厚キニ過キタルノ恐レアルヲ以テ本案ノ如キ規定ヲ設ケ以テ適当ノ範囲内ニ於テ之ヲ保護スルコトトナセリ」とされている。
　ここに独逸民法草案がでてくるが，明治民法が占有訴権を第197条以下においたのは，必ずしもドイツ民法に倣ったのではない。というのは，旧

第3章 質　権

民法財産編第199条は、占有保持訴権・占有回収訴権を定めており、明治民法第200条の占有回収の訴は、財産編第204条を修正したとされているので、系譜としてはフランス法の action possessoire に繋がるからである。

（明治民法）

第353条　動産質権者カ質物ノ占有ヲ奪ハレタルトキハ占有回収ノ訴ニ依リテノミ其質物ヲ回復スルコトヲ得

（仏語訳）

Art. 353. Lorsque celui qui a un droit de gage sur un meuble a été dépossedé de la chose engagée, il ne peut la revendiquer qu'au moyen de l'action en reintégrande.

（現行民法）

（動産質権の実行）
第354条　動産質権者は、その債権の弁済を受けないときは、正当な理由がある場合に限り、鑑定人の評価に従い質物をもって直ちに弁済に充てることを裁判所に請求することができる。この場合において、動産質権者は、あらかじめ、その請求をする旨を債務者に通知しなければならない。

（プロジェ）

Art. 1117. Si la vente aux enchères n'est pas provoquée par les autres créanciers, ou si elle ne peut se réaliser, le créancier gagiste peut, à défaut d'accord avec le débiteur, demander au tribunal, par requête communiquée à celui-ci, que le gage lui soit attribué en payement, jusqu'à concurrence de sa valeur estimée par experts.

En cas d'excédant de valeur de la chose sur la dette gagée, le créancier en droit le remboursement au débiteur.

第354条（動産質権の実行）

(旧民法草案)

第1617条　若シ他ノ債権者ヨリ競売ヲ求メス又ハ競売ヲ実行スルコトヲ得サルトキハ動産質債権者カ債務者ト一致セサルニ於テハ其債権者ハ質物カ鑑定人ノ評価シタル価額ニ満ルマテ弁済ノ為メ付与セラル可キコトヲ債務者ニ送付シタル請願書ヲ以テ裁判所ニ請求スルコトヲ得

　質物ノ価額カ動産質債務ヲ超ユル場合ニ於テハ債権者ハ債務者ニ其超衰額ヲ弁償スルコトヲ要ス

(債権担保編)

第112条　他ノ債権者ヨリ競売ヲ求メス又ハ之ヲ実行スルコトヲ得サルトキハ質取債権者ハ質物ヲ己レノ有ト為サントスルコトニ付キ債務者ト一致セサルニ於テハ鑑定人ノ評価シタル価額ニ達スルマテ質物ヲ弁済ニ充ツ可キコトヲ裁判所ニ請求スルコトヲ得但其請求書ヲ債務者ニ予メ提示スルコトヲ要ス

　質物ノ価額カ債務ヲ超ユル場合ニ於テハ質取債権者ハ債務者ニ其超過額ヲ弁償スルコトヲ要ス

(プロジェ注釈)

　本条は，動産質権者が競売による売却の好機の逢わず，他の債権者も競売によって弁済をうけられる額が僅少なことをもって，いずれからも弁済期に質物の売却を求めなかった場合を想定したものである。この場合において，弁済のために質物を質権者が手中にすることに質権者と債務者の間で意見が一致することもあるであろうが，それがない場合"á defaut de cet accord"，鑑定人の評価した価額に満つるまで質物が弁済に供されることについて，裁判所に申請書（requête）を提出することを認めたのである（債務者が不服の申立（contredite）がなせるように，債務者に通知することを要する）。

(調査会原案)

第351条　動産質権者カ其質権ノ弁済ヲ受ケサルトキハ正当ノ理由アル場

第3章 質　権

合ニ限リ鑑定人ノ評価ニ従ヒ質物ヲ以テ弁済ニ充ツルコトヲ裁判所ニ請求スルコトヲ得但予メ債務者ニ其請求ヲ通知スルコトヲ要ス

説明概要

　本条は，担保編第112条に当たる。質物の換価は競売によるのが原則だが，本条はその例外であって，ある場合には競売をすることが甚だ不便と思って置いた規定である。原文には「他ノ債権者ヨリ競売ヲ求メス」とあるが，これは無用であるのみならず前に議決になった第343条では，債権者に依っては競売を求めても質権者は拒むことができるとある。また，「又ハ之ヲ実行スルコトヲ得サルトキ」も削った。訳は少しく狭すぎる。草案の註釈に依れば，競売に対して買主がない或いは相当な代価で買おうという者がないという場合を想定したということだが，そういう場合に限らない。もっと広くしたら宜しかろう。時計1つ本1冊でもぜひ競売を試みなければならぬということは，いかにも大層なことで甚だ不便であろうと思う。それゆえに，正当な理由がある場合に限りと書いて裁判所の鑑定に任せたらよかろうという，その点だけを改めた。原文の第2項はいわずとも分かったことと思ったから削った。

補論

　法典調査会では，起草者達は流質契約を禁止しないということで，明治民法第349条に当たる規定は用意しなかったため，調査会では削除された別の内容の規定を審議する箇所でその是非が議論されたことはすでに述べた。そこで，本条は流質許容との関係はどうなるかとの質問が箕作委員からなされる。これに対する富井委員の説明は，流質を許すのだから本条も許されるというものである。本来自由に流質を許すなら本条は要らないはずである。本条は，明治民法第149条で流質を禁止したことによって，その例外として活きることとなった。

明治民法

第354条　動産質権者カ其債権ノ弁済ヲ受ケサルトキハ正当ノ理由アル場

第355条（動産質権の順位）

合ニ限リ鑑定人ノ評価ニ従ヒ質物ヲ以テ直チニ弁済ニ充ツルコトヲ裁判所ニ請求スルコトヲ得此場合ニ於テハ質権者ハ予メ債務者ニ其請求ヲ通知スルコトヲ要ス

仏語訳

Art. 354. Lorsque celui qui a un droit de gage sur un meuble n'a pas été payé, il peut, en cas seulement de motif légitimes, demander au tribunal à ce que la chose engagée lui soit attribuée directement en paiement, à dire d'experts. Dans ce cas, le gagiste est tenu de notifier par avance sa demande au débiteur.

現行民法

（動産質権の順位）
第355条　同一の動産について数個の質権が設定されたときは，その質権の順位は，設定の前後による。

補論

本条に対応する規定は，プロジェにも旧民法にもない。『修正民法（前三編）の理由書』によれば，ドイツ民法草案に倣ったものとされる。

調査会原案

第352条　数個ノ債権ヲ担保スル為メ同一ノ動産ニ付キ質権ヲ設定シタルトキハ其質権ノ順位ハ設定ノ前後ニ依ル

説明概要

　質権は抵当権と同じく数個の債権を担保するために同じ物の上に設定することができる。抵当と違うところは質権の方は占有ということが必要であるから，代理占有に依ってでなければできないというだけである。出来ると仮定してその場合の質権の順位はどうなるかというのを決めるのが本条の趣意である。

第3章 質　権

> (明治民法)
>
> 第355条　数個ノ債権ヲ担保スル為メ同一ノ動産ニ付キ質権ヲ設定シタルトキハ其質権ノ順位ハ設定ノ前後ニ依ル

> (仏語訳)
>
> Art. 355. Lorsque plusieurs gages ont été constitués sur un même meuble pour garantir plusieurs créances, leur rang se détermine d'aprés la date respective de leur constitution.

> (現行民法)
>
> （不動産質権者による使用及び収益）
> 第356条　不動産質権者は，質権の目的である不動産の用法に従い，その使用及び収益をすることができる。

(補論)

　旧民法上の不動産質と明治民法の不動産質との相違について特に顕著な点は，旧民法では契約による不動産質の設定は，公正証書または私署証書をもってしなければならないとしたのに対して，明治民法では引渡しで足りるとしたことであろう。明治民法は，動産・不動産とも目的物の引渡しを成立要件としたことは周知の通りである。

　"Nantissement Immobilier" の章の冒頭コマンテールで，ボワソナードは次のように述べている。

　この章は，フランス民法の "Antichrèse" の章を想起させるであろうが，両者の間には相違がある。antichrèse という語はギリシャ語に由来し，正しくは "contre-usage" という意味である。すなわち，債務者が債権者より与えられた物を収益するのに対して，債権者は債務者よりアンチクレーズに供された不動産の使用・収益をなせるというものである。アンチクレーズの債権者は，目的不動産の果実については他の債権者に優先権を有するが，不動産その物については優先権を有しない（フランス民法のアン

158

第356条（不動産質権者による使用及び収益）

チクレーズがそうである）。

　アンチクレーズは，抵当権とは次の点で差異を有する。①抵当権者は，抵当目的物を占有しない，その占有は債務者に止まる，②抵当権者は目的物の果実につき優先権を有しない，③抵当権者は目的不動産の売却においては，その不動産の価額について優先権を有する。

　アンチクレーズはフランスにおいては殆ど用いられない。日本においては，抵当権はこれまでは明確な必要性をもって組織化されてこなかったので，単なる合意で形成される担保よりも，不動産の現実の占有をもってするものに，より親しみやすい担保を見出すであろう。また，占有を移転する質権と目的物の価額に優先権を有する抵当権の2つの権利を合併したものが，同じく債権者にとって利益となろう。プロジェに定めるのは，抵当権と結合したアンチクレーズであり，それゆえ"nanntissement immobilier"との名称を用いる。

　以上でわかるように，ボワソナードが構想したのは，フランス民法のアンチクレーズとは異なった，売却においてその代価に質権者が優先権を有する不動産質権なのである。

　法典調査会では，後述のように本条に直接に対応する旧民法の規定はないとされているが，次に掲げる不動産質についてのプロジェ第1121条及び第1131条1項，旧民法債権担保編第116条及び第124条1項を挙げておく。

◖プロジェ◗

Art. 1121. Le nantissement immobilier donne au créancier nanti le droit de percevoir avant l'échéance de la dette les fruits et revenus d'un immeunble, par preferénce à tous autres créanciers.

　A l'échéance, le créancier exerce les droits d'un créancier hypothecaire.

　L'écheance ne peut etre retardée de plus de trente ans, en cas d'excédant, elle est de droit réduite à ce terme.

　Elle ne peut être prorongée au-delà du même terme.

　Art. 1131. 1 al. Si le nantissement porte sur des biens unbains, le créancier,

第3章 質　　権

soit qu'il les occupe, qu'il les donne à loyer, ou non, doit en imputer la valeur locative sur les intérêts de sa créance et subsidairement sur les capital, s'il y a excédant, ou pour le tout, si sa créance ne porte pas d'intérêta.

▶旧民法草案

第1621条　不動産質契約ハ不動産質債権者ニ他ノ総債権者ヨリ先ニ不動産ノ果実及ヒ入額ヲ債務ノ期限前ニ収取スルノ権利ヲ付与ス但不動産質権者ハ其果実及ヒ入額ヲ債権ノ利息ニ充当シ超過額アルトキハ付随ニテ之ヲ元本ニ充当シ又債権カ利息ヲ生セサルトキハ其果実及ヒ入額ノ全部ヲ元本ニ充当スルコトヲ要ス

期限ニ至レハ債権者抵当権アル債権者ノ権利ヲ行フ

其期限ハ30年ヨリ多ク遅延スルコトヲ得ス之ニ過クル場合ニ於テハ当然30年ニ減縮ス

其期限ハ之ヲ伸暢スルコトヲ得ス

第1631条1項　不動産カ市府ノ財産ニ存スルトキハ債権者ハ自ラ其財産ヲ領スルト之ヲ賃貸スルト否トヲ問ハス其借賃ヲ自己ノ債権ノ利息ニ又超過額アレハ附随ニテ又ハ債権カ利息ヲ生セサルトキハ全部ニテ元本ニ充当ス可シ

▶債権担保編

第116条　不動産質契約ハ不動産質債権者ニ他ノ総債権者ヨリ先ニ其不動産ノ果実及ヒ入額ヲ収取スル権利ヲ付与ス

債務ノ満期ニ至レハ債権者ハ抵当権アル債権者ノ権利ヲ行フ

此期限ハ30ヶ年ヲ超過スルコトヲ得ス之ヲ超ユルトキハ当然30ヶ年ニ減縮ス

此期限ハ縦令之ヲ延フルモ前後通算シテ30ヶ年ヲ超過スルコトヲ得ス

第124条1項　質取債権者ハ質ニ取リタル不動産ヲ財産編第119条乃至第122条ニ規定シタル制限ニ従ヒ且質契約ノ期間ニ限リ賃貸スルコトヲ得但反対ノ合意アルトキハ此限ニ在ラス

第356条（不動産質権者による使用及び収益）

[プロジェ注釈]

　第1121条は，この物上担保に2つの権利を認めたことを示す。第一は，債務の満期前には総ての他の債権者に優先して不動産につきその果実と収益（revenus）をする権利，第二は，満期が到来したときは抵当権者の権利，すなわち，無担保の債権者に優先して自己の順位において弁済を受ける権利であり，且第三者に対して，抵当権の効力と同じく追及をする権利である。

　不動産質の存続期間を30年としたのは，多数の不動産が無期限に流通の外に置かれるときは，経済上に多大の害を及ぼすからである。

[補論]

　上にその1項のみを引用したプロジェ第1131条は，1項で bien unbains（旧民法草案では「市府ノ財産」）上の不動産質，2項で biens ruraux（旧民法草案では「田舎ノ財産」）上の不動産質について定めており，その註釈では，本条においては，この両者についての扱いを区別したということに重点がおかれている（後出現民法第358条の項参照）。いうまでもなく，明治民法では，この両者についての区別は廃されたが，後に紹介するように，旧民法では，質権者が目的不動産を自ら使用収益できることの規定がない，と起草委員は説明している。たしかに，旧民法では，その点の明瞭な規定はないが，プロジェ，旧民法草案には，不動産質権者は「自ラ其財産ヲ領スル」ことができるとされているので，参考までに掲げておくことにした。

[調査会原案]

第353条　不動産質権者ハ其権利ノ存続期間内ニ於テ其不動産ノ用方ニ従ヒ使用又ハ収益ヲ為スコトヲ得

[説明概要]

　本条は，既成法典と実質は変わっておらぬと思う。担保編第116条第1項には，不動産質権者は果実については優先権を有するということが書いてある。第124条の第1項には，賃貸することを得とあるけれども自ら使

第3章 質　権

用することを得とは言っていないが，無論それを認めているのであろうと思う。第126条の書き方などを見ると，無論認めていると思う。して見れば，競売前に不動産質権者の有するところの権利を仮定してここに規定することは便利であろうと思って置いたのである。もっとも，唯それだけのことならば格別必要がないのであるが，不動産質権者を留置権者と見ればこれは大変な変則になる。第343条（明治民法第347条）によれば，質権者は目的物を留置することができるが，留置権者は使用することもできない賃貸することもできないというのが本則になっている。それに対する例外であるから明文が必要と思う。

明治民法

第356条　不動産質権者ハ質権ノ目的タル不動産ノ用方ニ従ヒ其使用及ヒ収益ヲ為スコトヲ得

仏語訳

Art. 356. Celui qui a un droit de gage sur un immeuble peut user et jouir de l'immeuble engagé, suivant sa destination.

補論

　ボワソナードのプロジェにおいては，"nantissement immobilier" とされていたのが，仏語訳では，"gage sur un immeuble" となっていることの理由は不明である。あるいは，ボワソナードのnantissementの概念がフランス法のそれとは異なることによるものであろうか。

現行民法

　（不動産質権者による管理の費用等の負担）
第357条　不動産質権者は，管理の費用を支払い，その他不動産に関する負担を負う。

第357条（不動産質権者による管理の費用等の負担）

プロジェ

Art. 1130. Il est tenu d'acquitter les contributions et les autres charges annuelles des revenus.

　Il est également obligé, sous peine de dommages-intérêts, de faire les réparations d'entretien et les grosses réparations nécessaires et urgentes, sauf le remboursement immédiat de ces dernières.

旧民法草案

第1630条　不動産質債権者ハ租税及ヒ入額ノ其他ノ毎年ノ負担ヲ弁償スルノ責ニ任ス

不動産質債権者ハ亦保持ノ修繕及ヒ必要ニシテ且急迫ナル大修繕ヲ為スノ責ニ任ス但シ必要ニシテ且急迫ナル大修繕ノ費用ハ之ヲ償還ス

債権担保編

第125条　質取債権者ハ租税其他毎年ノ公課ヲ負担ス

質取債権者ハ小修繕及ヒ必要且急迫ナル大修繕ヲ為ス責ニ任ス若シ此ニ違フトキハ損害賠償ヲ負担ス但此大修繕ノ費用ハ債務者之ヲ償還ス

調査会原案

第354条　不動産質債権者カ自ラ不動産ヲ使用スル場合ニ於テハ其不動産ノ負担及管理ノ費用ヲ払フコトヲ要ス

前項ノ場合ニ於テ質権者ハ其債権ノ利息ヲ請求スルコトヲ得ス

説明概要

　不動産質権者は，不動産の占有の利益を受ける代わりに負担及び費用を払わなければならないとしたものである。本条は，不動産質権者にとって少し酷に過ぎるかもしれないが，本条とは異なる契約をするのは差し支えない。

第3章 質　権

> [補論]

　本条は，最終的には原案のまま可決されたが，議論のなかで横田委員から，「不動産質権者ハ其不動産ノ負担及ヒ管理ノ費用ヲ払フコトヲ要ス」として「自ラ不動産ヲ使用スル場合ニ於テ」を取るという提案があった。明治民法の成案は，そうなっているが，これは後日起草委員の方から修正案が提出され本条についてこれを2ヵ条に分け，その一つが明治民法第357条の原案となった「不動産質権者ハ其不動産ノ負担及ヒ管理ノ費用ヲ払フコトヲ要ス」に改め，その一つが明治民法第358条の原案となった「不動産質権者ハ其債権ノ利息ヲ請求スルコトヲ得ス」としたためである（次条の「補論」も参照）。

　なお，『民法修正案（前三編）の理由書』では，本条について，債権担保編第125条に些少の修正を施したものに外ならない，また，同条では，質権者は不動産について大修繕の義務を負うとしているが，これは質権者の負担が重くなりすぎるので本条の如く改めた，と記述されている。

> [明治民法]

第357条　不動産質権者ハ管理ノ費用ヲ払ヒ其他不動産ノ負担ニ任ス

> [仏語訳]

Art. 357. Celui qui a un droit de gage sur un immeuble est tenu de payer les frais d'administration et de supporter les autres charges afférent à l'immeuble.

第358条（不動産質権者による利息の請求の禁止）

> (現行民法)
> （不動産質権者による利息の請求の禁止）
> 第358条　不動産質権者は，その債権の利息を請求することができない。

(補論)

　本条に直接対応する規定は，プロジェにも旧民法債権担保編にもない。法典調査会では，以下に紹介する債権担保編第126条に当たる規定が原案（第355条）として提出されているが，審議の結果，第354条（これは，『民法議事速記録』では見ることができない），第355条，第356条（これも，『議事速記録』では見ることができない）の3ヶ条を併せて，起草委員に修正を託することになった。

　そして，明治民法の成案では，債権担保編第126条に当たるものは見出せないが，調査会に原案が提出された前出原案第355条について記しておこう。『民法修正案（前三編）の理由書』の第357条（規定の本文は，同書からは不明）において，本条は債権担保編第126条に当たるものとす。同条の規定はすこぶる煩わしきを以て，不動産の使用及び収益に基づく利得はすべて利息と相殺するものとなしたり，と書かれている。

(プロジェ)

Art. 1131. Si le nantissement porte sur des biens urbains, le créancier, soit qu'il les occupe, qu'il les donne à loyer, ou non, doit en imputer la valeur locative sur les intérêts de sa créance et subsidiairement sur le capital, s'il y a excédant, ou pour le tout, si sa créance ne porte pas d'intérêts.

　Si le nantissement porte sur des biens ruraux, il n'est pas fait entre les parties de compte de fruits ni d'intérêts, lesquels sont considérés comme destinés à se compenser à forfait, s'il n'y a convention contraire et s'il n'y a pas fraude manifeste à l'égard des autres créanciers ou des limites légales de l'intérêt.

　L'imputation de la valeur locative sur les intérêts et celle des fruits, lorsqu'il y

第3章　質　権

a lieu, se fait de la valeur nette, déduction faite des charges annuelles, frais d'entretien, de gérance et de culture.

[旧民法草案]

第1631条　不動産カ市府ノ財産ニ存スルトキハ債権者ハ自ラ其財産ヲ領スルト之ヲ賃貸スルトヲ問ハス其借賃ヲ自己ノ債権ノ利息ニ又超過額アレハ付随ニテ又ハ債権カ利息ヲ生セサルトキハ全部ニテ元本ニ充当ス可シ

若シ不動産質カ田舎ノ財産ニ存スルトキハ当事者ノ間ニ於テ果実ノ計算ヲモ又利息ノ計算ヲモ為サス其果実及ヒ利息請負ニテ相殺ニ供セラレタリト看做サル但反対ノ合意アリ且他ノ債権者又ハ利息ノ法律上ノ制限ニ対シ顕著ナル詐欺アルトキハ此限リニ在ラス

利息ニ付テノ賃借価額ト果実アルトキ其果実ノ価額トノ充当ハ毎年ノ負担, 保持及ヒ栽培ノ費用ヲ減除シタル純益価額ニ付テ之ヲ為スモノトス

[債権担保編]

第126条　建物, 宅地ノ質ニ付テハ債権者ハ自ラ之ヲ領スルト之ヲ賃貸スルトヲ問ハス其賃貸ヲ自己ノ債権ノ利息ニ充当シ猶ホ超過額アルトキ又ハ債権カ無利息ナルトキハ元本ニ充当ス

田畑山林ノ質ニ付テハ当事者ノ間ニ於テ果実ト利息トハ計算セスシテ相殺シタリト看做ス但反対ノ合意アルトキ又他ノ債権者ニ対シ又ハ利息ノ法律上ノ制限ニ付キ顕著ナル詐害アルトキハ此限リニ在ラス

貸賃又ハ果実ヲ利息ニ充当スルニハ毎年ノ公課及ヒ保持, 管理, 栽培ノ費用ヲ控除シタル純益価額ニ付キ之ヲ為ス

[プロジェ注釈]

　都市の不動産と田園の不動産で差を設けたのは，建物を主とすると土地を主とするかで区別するためである。都市の財産の場合には，その収益は常に計算可能であり，債務の利息についてもそうであるから，これを一括して相殺をすることを禁じ利息に充当するものとした。他方，田園の財産の場合には，その収益を計算することが困難であるため，法律上相殺の効

第359条（設定行為に別段の定めがある場合等）

力が生じるものとした。

調査会原案

第355条　不動産ニ果実ヲ生スル場合ニ於テハ質権者ハ其果実ヨリ不動産ノ負担及ヒ管理ノ費用ヲ控除シ其残額ヲ以テ第296条ノ規定ニ従ヒ債権ノ弁済ニ充当スルコトヲ得

田畑山林ノ質ニ付テハ果実ト利息トハ計算セスシテ相殺シタルモノト推定ス

説明概要

本条は，担保編第126条を少しも改めていないから，別に説明はしない。

補論

すでに述べたように，本条は起草委員に修正を託され，その結果は，次のような規定となった。明治民法草案では，アンチクレーズの性質を取りこんで質権者は利息を請求できない（contre-usage 的に相殺処理をする）とされたのではないかと推測する。

明治民法

第358条　不動産質権者ハ其債権ノ利息ヲ請求スルコトヲ得ス

仏語訳

Art. 358. Celui qui a un droit de gage sur un immeuble ne peut demander les intérêts de sa créance.

現行民法

（設定行為に別段の定めがある場合等）

第359条　前3条の規定は，設定行為に別段の定めがあるとき，又は担保不動産収益執行（民事執行法（昭和54年法律第4号）第180条第2号

第3章 質　権

> に規定する担保不動産収益執行をいう。以下同じ。）の開始があったときは，適用しない。

補論

第356条，第357条，第358条が，いずれも任意規定であることを明らかにしたもので，法典調査会では，左記の各条の説明においてそのような趣旨に言及された部分もあり，それを改めて明文としたものであろう。第356条に関しては，民事執行法第59条1項で，「使用及び収益をしない旨の定めのある質権」は，売却において消除されると規定する。

明治民法

第359条　前3条ノ規定ハ設定行為ニ別段ノ定アルトキハ之ヲ適用セス

仏語訳

Art. 359. Les dispositions des trois articles précédents cessent d'être applicable en cas de dispositions particulières de l'acte constitutif.

現行民法

（不動産質権の存続期間）
第360条　不動産質権の存続期間は，10年を超えることができない。設定行為でこれより長い期間を定めたときであっても，その期間は，10年とする。

補論

第1121条の3・4項として，現行民法第356条の箇所で引用した。旧民法債権担保編では，第116条3・4項に当たる。

第360条（不動産質権の存続期間）

調査会原案

第358条　不動産質ノ存続期間ハ10年ヲ超ユルコトヲ得ス若シ之ヨリ長キ期間ヲ以テ不動産質ヲ設定シタルトキハ其期間ハ之ヲ10年ニ短縮ス
不動産質ノ設定ハ之ヲ更新スルコトヲ得但其期間ハ更新ノ時ヨリ10年ヲ超ユルコトヲ得ス

説明概要

　担保編第116条3項によれば，不動産質の期間は30年を超えることを得ずと定めてある。草案の説明を読んでみると，これは日本の現行法によったもので，日本固有のものであるから，なるべく日本の慣習によるのがよい，とあるが，この説明は誤っている。現行法，すなわち，明治7年の地所質入書入規則によると3年である。草案は，零を1つ誤って3年を30年と誤解したようである。3年はいかにも短いが30年はいかにも長いようである。不動産質というものは，財産の改良，融通等を妨げる弊害があるもので，制度が発達するに従っておいおい衰えていくものであろうと思う。
　すこし調べてみたところ，民事慣例類集などには多くの地方で10年という慣習がある。そこでこの位が適当であろうと思った。

明治民法

第360条　不動産質ノ存続期間ハ10年ヲ超ユルコトヲ得ス若シ之ヨリ長キ期間ヲ以テ不動産質ヲ設定シタルトキハ其期間ハ之ヲ10年ニ短縮ス
不動産質ノ設定ハ之ヲ更新スルコトヲ得但其期間ハ更新ノ時ヨリ10年ヲ超ユルコトヲ得ス

仏語訳

Art. 360. La durée du droit de gage sur les immeubles ne peut excéder dix ans. Lorsqu'il est constitué pour une période plus longue, sa durée sera réduite à dix ans.

　La constitution du de droit de gage sur les immeubles peut etre renouvelée. Toutefois, la durée qui en résulte ne peut excéder dix ans à dater du

第3章 質　権

renouvellement.

> (現行民法)
> （抵当権の規定の準用）
> 第361条　不動産質権については，この節に定めるもののほか，その性質に反しない限り，次章（抵当権）の規定を準用する。

補論

　旧民法にはこの規定に対応する規定はない。しかし，わが国の不動産質権は，ボワソナードによって質権と抵当権の性質を併せ持ったものとして構想された。旧民法においても，債権担保編第三章不動産質の各所に，不動産質が抵当権と同様の性質を有することを示す規定が散在する。そのいくつかを掲げておこう。

　　第116条2項　債務ノ満期ニ至レハ債権者ハ抵当権アル債権者ノ権利ヲ行フ
　　第118条1項　不動産質ハ第197条及ヒ第198条ニ従ヒ抵当ト為スコトヲ得ヘキ財産ノ上ニ非サレハ之ヲ設定スルコトヲ得ス
　　第119条2項　又不動産質ハ第212条ニ従ヒ遺言上ノ抵当ノ許ササル場合ニ於テハ遺言ヲ以テ之ヲ設定スルコトヲ得ス

　その他，119条2項が，不動産質の第三者対抗要件が登記であることを規定する次の第3項において，「右ノ登記ハ抵当ノ順位ヲ保存スル為メ抵当ノ登記ニ同シキ効力ヲ有ス」とし，第128条2項は，「又質取債権者ハ満期後自ラ売却ヲ申立ツルコトヲ得」とする。

　さらに，第129条1項が，「他ノ債権者ヨリ求メタル売却ノ場合ニ於テハ質取債権者ハ其順位ニ於テ其抵当権ヲ行ヒ」とあるのも，そうである。

(明治民法)
第361条　不動産質ニハ本節ノ規定ノ外次章ノ規定ヲ準用ス

第362条（権利質の目的等）

(仏語訳)

Art. 361. A moins de dispositions contraires de la présente section, les dispositions du chapter suivant sont appricables par analogie au droit de gage sur les immeubles.

(現行民法)

（権利質の目的等）
第362条　質権は，財産権をその目的とすることができる。
　前項の質権については，この節に定めるもののほか，その性質に反しない限り，前3節（総則，動産質及び不動産質）の規定を準用する。

(補論)

旧民法においても，債権が質権の対象となることは認められていた。それが，動産質の章にある債権担保編第103条である（同条については，後に引用する）。明治民法は，債権に限らず権利質として対象を拡大したので，本条に対応する旧民法の規定はない。

ボワソナードが債権質を動産質の箇所に入れたのは，フランスでは，諸権利を無体動産として扱っていることによる。

(調査会原案)

第359条　質権ハ権利ノ上ニモ之ヲ設定スルコトヲ得
前項ノ権利ニ付テハ本節ノ規定ノ外第1節ノ規定ヲ準用ス

(説明概要)

富井委員は，本条については，とくに説明することはないと述べたにとどまる。議論の過程で，第2項の「第1節」を「前3節」と改めることが決まる。

第3章 質　権

(明治民法)

第362条　質権ハ財産権ヲ以テ其目的ト為スコトヲ得
　前項ノ質権ニハ本節ノ規定ノ外前3節ノ規定ヲ準用ス

(仏語訳)

Art. 362. Le droit de gage peut avoir pour objet un droit patrimonial.

　A moins de dispositions contraires de la présente section, les dispositions des trois sections précédentes sont appricables par analogie au droit de gage prévu à l'alinéa précédent.

[補論]

　フランス民法では，gage sur le meuble incorporel（無体動産質）という語が用いられているが，この仏語訳では，gage sur le droit という語が用いられている。

(現行民法)

　　（債権質の設定）
第363条　債権であってこれを譲り渡すにはその証書を交付することを要するものを質権の目的とするときは，質権の設定は，その証書を交付することによって，その効力を生ずる。

[補論]

　本条は，平成15年に全部改正がなされている。

(プロジェ)

Art. 1108. Si le gage consiste dans une créance nominative, le créancier gagiste doit être mis en possession du titre authentique ou privé qui la constate.

　Il faut, en outre, que la constitution du gage soit notifiée au tier débiteur, dans la forme ordinaire des notifications de transports-cessions, ou que celui-ci

第363条（債権質の設定）

intervienne volontairement à l'acte de transfert en garantie.

L'article 367 est applicable audit transfert pour le surplus de ses disposition.

Le tout, sauf ce qui est dit au Code de Commerce, au sujet des marchandises et des effets négociables par endossement donnés en nantissement.

[旧民法草案]

第1608条　若シ質物カ記名債権タルトキハ動産質権者ハ其債権ヲ証明スル公正証書又ハ私ノ証書ヲ占有スルコトヲ要ス

其他動産質ノ設定ハ転譲ヲ告知スル通常ノ方式ヲ以テ第三債務者ニ之ヲ告知シ又ハ其第三債務者カ任意ニテ担保移転シ所為ニ参加スルコトヲ要ス

第867条の条例中ニテ前2項以外ノモノハ右ノ移転ニ之ヲ適用ス

右ハ総テ裏書ヲ以テ取引ス可キ商ヒ証券事項ニ関シ商法ニ記載シタルモノノ妨ケト為ラス

[債権担保編]

第103条　質物カ債権ノ記名証券ナルトキハ質取債権者ハ其証券ヲ占有スルコトヲ要ス

此他記名証券ノ質ノ設定ニ付テハ債権ノ譲渡ヲ告知スル通常ノ方式ヲ以テ第三債務者ニ其設定ヲ告知シ又ハ其第三債務者カ任意ニテ之ニ参加スルコトヲ要ス

又財産編第347条ノ規定ハ右ノ場合ニ之ヲ適用ス

右ハ総テ裏書ヲ以テ取引ス可キ商証券又ハ商品ノ質ニ関シ商法ニ記載シタルモノヲ妨ケス

[プロジェ注釈]

　ここでは，債権が質の対象である場合の特別の公示について定める。記名債権においては，債権は，公署証書又は私書証書の占有に付着するのではなく無体物として存在するが，債務者は，証書を質権者に引き渡さなければならない。加えて，債務者または質権者より，債権が質入れされた旨を第三債務者に通知することを要する。原債権者にする弁済および譲渡若

第3章 質　権

しくは再度の質入れが有効になされないようにするためである。第三債務者が質権の設定行為に参加する代わりにこの通知がなされる。この二つの形式は，同じく法律が債権の譲渡のために定めた形式を想起させるであろう。従って，第306条を参照することとした。

（調査会原案）

第360条　質権ノ目的タル債権ノ証券アルトキハ質権ハ其証券ノ交付ヲ為スニ因リテ之ヲ設定ス

（説明概要）

　本条は，債権担保編第103条第1項にあたる。既成法典においては，証券の交付を質権の成立要件よりも第三者に対抗する要件と見ているように解されるが，動産不動産について物の引渡しを必要とした以上は，債権の質についても，少なくとも証券のある場合は，その証券の交付をなすによって設定するとした方が質権の性質にも適い有体物の質に関する規定とも権衡がとれると思って本条の規定をおいた。

（補論）

　証券がない場合には，双方の合意により質権が成立するのか，その場合の対抗要件はどうするのか，証券があるのにこれを交付しなかったらどうなるかなど，議論はいろいろとなされるが結局原案のまま可決となる。

（明治民法）

第363条　債権ヲ以テ質権ノ目的ト為ス場合ニ於テハ其債権ノ証書アルトキハ質権ノ設定ハ其証書ノ交付ヲ為スニ因リテ其効力ヲ生ス

（仏語訳）

Art. 363. Si, dans le cas où le droit de gage a pour objet une créance, il existe un titre constatant cette créance, la constitution du gage s'opère par la remise qui en est faite.

第364条（指名債権を目的とする質権の対抗要件）

> 【現行民法】
> （指名債権を目的とする質権の対抗要件）
> 第364条　指名債権を質権の目的としたときは、第467条の規定に従い、第三債務者に質権の設定を通知し、又は第三債務者がこれを承諾しなければ、これをもって第三債務者その他の第三者に対抗することができない。

【補論】
　本条は、平成17年に改正がなされている。明治民法第364条は、旧民法債権担保編第103条2項、プロジェ第1108条2項に修正を加えたものであり、その両者については、前条を見られたい。

【調査会原案】
第361条　記名債権ヲ以テ質権ノ目的トシタルトキハ債権譲渡ニ関スル規定ニ従ヒ第三債務者ニ其設定ヲ通知シ又ハ第三債務者カ之ヲ承諾スルニ非サレハ質権者ハ其質権ヲ以テ第三債務者其他ノ第三者ニ対抗スルコトヲ得ス

【説明概要】
　本条は、債権担保編第103条第2項の通りである。「記名債権」とあるのはいかにも言葉がよくわからないから、「指名債権」と改めた。

【補論】
　本条に関する議論のなかでは、債権譲渡の対抗要件についても言及があるのが当然である。このことについての、富井委員の説明の要旨を記しておく。
　本条は、第三者に対する債権譲渡及び質権設定の公示方法である。この方法は実に不十分なものであると思う。動産についての引渡し、不動産についての登記というものほど確かなものではない。債権を譲り受けようと

第3章 質　権

する或いは質に取るという場合に第三債務者に問い合わせに行く，それよりほかに仕方がない。そのときに正直に事実をいえばよいがそうでなければ仕方がない。まことに不完全な公示方法だと思っているが，これに勝る確実な方法が見つからない。これでないよりははるかに勝る。というのは，第三債務者がかならず嘘をつくとは限らない。真実の事を言う方が多いであろう。そういう場合には大いに役に立つ。

　第三債務者の承諾書を取ればよいという御意見だが，自分の権利を譲渡するのに必ず第三債務者の承諾がいるというのは不便であるし，承諾してくれるとも限らない。それゆえ，承諾してくれればそれに越したことはないが，承諾しないときは合意を待たずして通知をすればそれで効力を生ずるということにするより仕方ない。既成法典を採用したのである。

（明治民法）

第364条　指名債権ヲ以テ質権ノ目的ト為シタルトキハ第四百六十七条ノ規定ニ従ヒ第三債務者ニ質権ノ設定ヲ通知シ又ハ第三債務者カ之ヲ承諾スルニ非サレハ之ヲ以テ第三債務者其他ノ第三者ニ対抗スルコトヲ得ス
前項ノ規定ハ記名ノ株式ニハ之ヲ適用セス

（仏語訳）

Art. 364. Lorsque le droit de gage a pour objet une créance nominative, la constitution n'en peut être opposée an tiers débiteur et aux autres tiers que si elle a été notifiée au tiers débiteur ou acceptée par lui, conformément aux disposition de l'article 467.

　Les dispositions de l'alinéa précédent ne sont pas applicable aux actions nominatives.

（明治民法）

第365条　記名ノ社債ヲ以テ質権ノ目的ト為シタルトキハ社債ノ譲渡ニ関スル規定ニ従ヒ会社ノ帳簿ニ質権ノ設定ヲ記入スルニ非サレハ之ヲ以テ会社其他ノ第三者ニ対抗スルコトヲ得ス

第365条（指図債権を目的とする質権の対抗要件）

[補論]

　本条は，現行民法にはないので，明治民法の規定を先に掲げた。本条は，債権担保編第104条を承けたものであるが，本稿で詳細に採り上げることはしない。その仏語訳のみを以下に掲げておく。

[仏語訳]

Art. 365. Lorsque le droit de gage a pour objet une obligation nominative emise par une société, la constitution n'en peut être opposée à la société et autres tiers que si elle a été inscrite sur le registre de la société, conformément aux dispositions concernant la cession des obligations.

[現行民法]

　（指図債権を目的とする質権の対抗要件）
　第365条　指図債権を質権の目的としたときは，その証書に質権の設定の裏書をしなければ，これをもって第三者に対抗することができない。

[補論]

　本条については，『民法修正案（前三編）の理由書』によれば，債権担保編第103条末項においては，本条に関する規定を商法に譲っているが，裏書によって譲渡することを得べき債権につき質権を設定することは商事にかぎらないので，本案で１条を設けたとしている。
　ところで，明治民法では，本条の前の第365条で，記名社債質に関する１ヵ条があったがこれは現行民法では削除されている。指図債権については，「手形小切手法」（現在は「手形法」「小切手法」に分かれる）など，いわゆる有価証券法が適用になる分野であり，本条の歴史を辿ってもあまり意味があるとは思えない。したがって，参考までに，法典調査会に提出された原案と明治民法の規定とを以下に記すにとどめる。

第3章 質　権

（調査会原案）

第363条　手形其他裏書ニ依リテ譲渡スルコトヲ得ヘキ債権ヲ以テ質権ノ目的トシタルトキハ其証券ニ質権設定ノ旨ヲ裏書スルニ非サレハ質権者ハ其質権ヲ以テ第三者ニ対抗スルコトヲ得ス

（補論）

　為替手形・小切手においては，裏書は本条に定めるような対抗要件にとどまらず，権利移転の有効要件であるとされている。

（明治民法）

第366条　指図債権ヲ以テ質権ノ目的ト為シタルトキハ其証券ニ質権ノ設定ヲ裏書スルニ非サレハ之ヲ以テ第三者ニ対抗スルコトヲ得ス

（仏語訳）

Art. 366. Lorsque le droit de gage a pour objet une créance à ordre, la constitution n'en peut être opposée aux tiers que si elle a été mentionnée au dos du titre.

（現行民法）

　（質権者による債権の取立て等）

第366条　質権者は，債権の目的である債権を直接に取り立てることができる。

　債権の目的物が金銭であるときは，質権者は，自己の債権額に対応する部分に限り，これを取り立てることができる。

　前項の債権の弁済期が質権者の債権の弁済期前に到来したときは，質権者は，第三債務者にその弁済すべき金額を供託させることができる。この場合において，質権は，その供託金について存在する。

　債権の目的物が金銭でないときは，質権者は，弁済として受けた物について質権を有する。

第366条（質権者による債権の取立て等）

(プロジェ)

Art. 1113. 2. al. S'il s'agit d'une créance donnée en gage, il en perçoit de même les intérêts, avec imputation sur sa propre créance; mais il ne peut en recevoir le capital, sans l'authorization spécial de son débiteur, à moins qu'il ne s'agisse d'un effet négociable par endossement.

(旧民法草案)

第1613条2項　質ト為サレタル債権ニ関シテハ動産質債権者ハ右ニ同シク其債権ノ利息ヲ収取シテ之ヲ自己ノ債権ニ充当ス然レトモ債務者ノ特許ヲ受ケスシテ其債権ノ元本ヲ受取ルコトヲ得ス但裏書ヲ以テ取引ス可キ証券ニ関スルトキハ此限リニ在ラス

(債権担保編)

第108条2項　質ト為シタル債権ニ関シテハ質取債権者ハ其利息ヲ収取シ之ヲ自己ノ債権ニ充当ス然レトモ債務者ノ特別ナル委任ヲ受スシテ其元本ヲ受取ルコトヲ得ス但裏書ヲ以テ取引ス可キ証券ニ関スルトキハ此限ニ在ラス

(補論)

　上に見たように，ボワソナードは，債権質においては，質権者は債務者の特別の授権なくしては第三債務者から弁済を受けられないとしている。その理由を「註釈」で述べているのだが，私には明確には理解できないのでここに記述することができない。債権質の被担保債権は金銭債権であることが通常であり，本来債務者が債権者である質権者に履行すべきものであること，債権者が債務者に対して有する債権が金銭債権であり，債務者が第三債務者に対して有する債権も金銭債権である場合には，両者の間で相殺ができる（三角関係での相殺？）ことにあるようである。

(調査会原案)

第364条　質権者ハ質権ノ目的タル債権ヲ直接ニ取立ツルコトヲ得

第3章 質　権

債権ノ目的物カ金銭ナルトキハ自己ノ債権額ニ対スル部分ニ非サレハ之ヲ取立ツルコトヲ得ス

右ノ債権ノ期限カ質権者ノ債権ノ期限前ニ到来シタルトキハ第三債務者ハ其弁済金額ヲ供託スルコトヲ要ス

債権ノ目的カ金銭ニ非サルトキハ質権者ハ弁済トシテ受ケタル物ノ上ニ質権ヲ有ス

[説明概要]

　質権の目的が債権である場合に，その執行の方法を如何に定めるべきか。立法例も学説も分かれている。既成法典によれば，質権者は債権者の特別な委任のないかぎり質に取った債権を取り立てることができない，ということになっている。それゆえ，既成法典においては，債権質の執行の方法はその債権を売却するのが原則であると解せられる。

　われわれは，質物の性質からみても，実際の利害からみても，質権の目的が債権であればその執行の方法は第三者に対して取り立てるということでなければならないと思う。競売に付するということは余程変わった方法で，多くの場合債務者が非常な迷惑を被ることであろうと思う。

　また，質権者が自己の債権の弁済期の到来前であっても，取り立てることができないというのは，債権質の力は極めて薄弱なものになってしまう。この場合においては，質に取った目的物が金銭であるならば，供託をすればよい。それゆえに第三項をおいた。第2項と第4項については，別段に説明を要しない。

[補論]

　法典調査会では，次の第365条と併せて審議をすることとなったので，本条の債権の中には有価証券も含まれると理解されたこともあって，議論は長引いた。結局，本条については，主義を改めずに文章を改めること，第365条についても同様に文章の再考をすることを起草委員に依頼するということで，審議を終えている。

　本条は，質権の優先弁済機能を貫徹させるために，直接取立ての方法を

第366条（質権者による債権の取立て等）

認めたわけだから，質権者は，債務名義，裁判所による取立て権能の付与なしで，また，質権設定者の取立委任なくして取立をなし得ることになる。要するに，債権質権者は，質入債権の内容を実現するために必要な，裁判上・裁判外の行為をなし得るということである。

（明治民法）

第367条　質権者ハ質権ノ目的タル債権ヲ直接ニ取立ツルコトヲ得
債権ノ目的物カ金銭ナルトキハ質権者ハ自己ノ債権額ニ対スル部分ニ限リ之ヲ取立ツルコトヲ得
右ノ債権ノ弁済期カ質権者ノ債権ノ弁済期前ニ到来シタルトキハ質権者ハ第三債務者ヲシテ其弁済金額ヲ供託セシムルコトヲ得此場合ニ於テハ質権ハ其供託金ノ上ニ存在ス
債権ノ目的物カ金銭ニ非サルトキハ質権者ハ弁済トシテ受ケタル物ノ上ニ質権ヲ有ス

（仏語訳）

Art. 367. Le gagiste peut recouvrer directement la créance donnée en gage.

Lorsque la créance engagée a pour objet une somme d'argent, le gagiste ne peut la recouvrer que jusqu'à concurrence du montant de sa propre créance.

Lorsque la créance engagée devient exigible avant l'échéance de la créance du gagiste, celui-ci peut contraindre le tiers débiteure à consigner la somme due par celui-ci. Dans ce cas, le droit de gage porte sur la somme consignée.

Lorsque la chose qui fait l'objet de la créance engagée est autre qu'une somme d'argent, le gagiste jouit d'un droit de gage sur ladite chose, qu'il a reçue en paiement.

補論

現行民法では，第367条及び第368条は削除されている。
明治民法では，権利質に関する規定は第362条から第368条までであり，現行民法では第362条から第366条までとなって2カ条が削除されているの

第3章 質　権

である。記名社債の質入れに関する第365条と，上記の明治民法第367条に係わる第368条である。その全文を以下に掲げておこう。

「質権者ハ前条（明治民法第367条）ノ規定ニ依ル外民事訴訟法ニ定ムル執行方法ニ依リ質権ノ実行ヲ為スコトヲ得」である。

同条については，『民法修正案（前三編）理由書』では，直接取立てが困難であるものは，民事訴訟法による売却が至当であるから，また，直接取立てができるものでも，それに代えてその転付を請求できるから設けたとされている（蛇足だが，民事執行法，民事保全法制定前は，これらは民事訴訟法に規定されていた）。

(仏語訳)

Art. 368. Le gagiste peut réaliser son gage par les moyens d'exécution prevus au Code de procédure civile, sans préjudice des dispositions continues à l'article précédent.

第4章　抵　当　権

　法典調査会で抵当権という表題の審議において，梅委員から次のような説明があった。要旨のみ掲げる。
　既成法典には，抵当権として，法律上の抵当，合意上の抵当，遺言上の抵当を定めてあった。このうち，法律上の抵当（債権担保編第204条），および遺言上の抵当（債権担保編第212条）は，本案では諸外国の法制度を参考にしつつ，現状では採用しないことにした。法律上の抵当は，制度としてあまり意味がない。遺言上の抵当は，遺言をもって抵当権を設定することができると解するので，とくにここに規定する必要がない。
　また，登記のことが規定されているが，登記が必要なのは抵当権に限ったことではない。別に登記法をもって定めればよいことである。債権担保編第214条は，債務者の無資力と抵当権の登記のことが書いてあるが，このようなことは破産法に譲る。同担保編第221条は，合意上の登記は30年の経過によって，被担保債権が存続していてもその効力を失うとなっていて，これを防ぐには登記の更新を要するとなっている。これは，フランスにおいて登記が人的編成主義を採っているから更新が必要なのであって，わが国の登記法は物的編成主義を採用するであろうから，必要がなくなるであろう。登記の減少（同担保編第226条以下）ということも認めているが，これも必要ない。

　[補論]
　梅の説明は非常に詳細なもので，以上は，ごく簡略に紹介したに過ぎないが，抵当権に至って旧民法と明治民法とは，大きな相違がでることになった。一言すれば，ボワソナードの抵当権法は煩雑であることは間違いないが，それは，彼が民法は抽象的規定を避けてできるだけ具体的な場合を想定して規定しておくべきだと考えたからに外ならない。法律上の抵当

第4章　抵当権

はフランス民法にあり，これを導入したもの，登記に関する規定が民法に存在するのも，フランス民法がそうだからであろう。また，遺言上の抵当はフランス民法にはないが，ベルギー法に倣ってボワソナードが導入したものである。

「総則」の審議に進んでから，削除した旧民法の規定について説明が再度あるが，ここで重要なのは，債権担保編第201条であろう。削除されたものではあるが，梅がその理由について長々と述べているから，以下に全文を掲げておこう。

第201条　意外若クハ不可抗ノ原因又ハ第三者ノ所為ニ出タル抵当財産ノ滅失，減少又ハ毀損ハ債権者ノ損失タリ但先取特権ニ関シ第百三十三条ニ記載シタル如ク債権者ノ賠償ヲ受ク可キ場合ニ於テハ其権利ヲ妨ケス
若シ抵当財産カ債務者ノ所為ニ因リ減少又ハ毀損ヲ受ケ此カ為メ債権者ノ担保カ不十分ト為リタルトキハ債務者ハ抵当ノ補充ヲ与フル責ニ任ス
此補充ヲ与フルコト能ハサル場合ニ於テハ債務者ハ担保ノ不十分ト為リタル限度ニ応シ満期前ト雖モ債務ヲ弁済スル責ニ任ス

以下，梅の説明。

この第1項の規定は，現行法，即ち，明治8年建物書入質規則の第14条の規定に反している。各国の法律を見ても，既成法典の主義に反し現行法の主義の方がむしろ多数である。しかし，これは，われわれの考えでは既成法典の方の主義が宜しいと思う。なぜなら，抵当目的物が設定者の過失なくして滅失・毀損した場合には，設定者は所有権を失うけれども抵当権者もまた抵当権を失うとしなければ仕方がない。設定者の過失によって抵当目的物が減少・毀損したときは抵当権者は抵当の補充をしなければならないという第2項については，損害賠償が取れる，債務者は期限の利益を失う，という程度でよいのではないか。そうだとすれば，抵当権の箇所にそのような規定を設ける必要はない，ということで削除した。第3項については，これは，とりもなおさず債務者過失あるお蔭をもって債権者が一部の弁済を受けねばならぬ，債権者が一部の弁済を受けるというのは債権

第369条（抵当権の内容）

者の不利益であるから，そのようなことは認められない。旁がたもってこの第201条全部を削ることにした。

その他，第205乃至第208条の規定を削った。これらは，抵当権設定の方式に関する規定で，設定には証書が要る，それにはどのような記載が必要か，ということが書いてある。しかし，証拠として証書が必要なら登記簿に記載があることで充分である。もっとも，債権額を記載せよ，目的物の種類を記載せよということは必要だが，これは，登記法に書くべきことである。

第209条，第210条も削った。第209条は，内容が適当ではない。立法者の誤りでないかと思う。第210条の行為無能力者（制限能力者）等に関することは，本案の第一編総則にすでに定めてある。削除した規定は他にもあるが，各箇条と関連しているから，各箇条を説明するときに述べることにする。

法典調査会においては，この梅の説明に意見は全くなく，直ちに各条の審議に入った。

現行民法

（抵当権の内容）
第369条　抵当権者は，債務者又は第三者が占有を移転しないで債務の担保に供した不動産について，他の債権者に先立って自己の債権の弁済を受ける権利を有する。

　地上権及び永小作権も，抵当権の目的とすることができる。この場合においては，この章の規定を準用する。

プロジェ

Art. 1201. L'hypothèque est un droit réel sur immeubles affectés, par la loi ou la volonté de l'home, à l'acquittement de certaines obligations par préférence aux autres, sans qu'il y ait besoin nantissement.

Art. 1203. 1.al. L'hypothèque peut etre constituée non seulement sur la pleine

第 4 章　抵当権

des propriété des immeubles, mais encore sur l'usefruit, autre que l'usefruit légal des père et mère, et sur les droit de bail, d'emphytéose et de superficie, et aussi sur la nue propriété ou sur le fonds démembré de ces droits.

> 補論

　プロジェ第1203条は，旧民法債権担保編第197条に繋がり，同条は，その第1項の一部のみが明治民法第169条第2項として活かされているので，ここに引用する。

> 旧民法草案

第1701条　抵当ハ質ヲ設クルコトヲ要セスシテ法律又ハ人意ニ因リ或ル義務ヲ他ノ義務ニ先チテ弁償スルニ供シタル不動産ノ上ノ物権ナリ

第1703条第1項　抵当ハ不動産ノ完全所有権ノ上ノミナラス又父母ノ法律上ノ用益権ヲ除クノ他用益権，賃借権，永借権及ヒ地上権ノ上ニモ又虚有権ノ上又ハ右等ノ権利ヲ支分シタル不動産ノ上ニモ之ヲ設定スルコトヲ得

> 債権担保編

第195条　抵当ハ法律又ハ人意ニ因リテ或ル義務ヲ他ノ義務ニ先タチテ弁償スル為メニ充テタル不動産ノ上ノ物権ナリ

第197条第1項　抵当ハ不動産ノ完全所有権ノ上ノミナラス用益権，賃借権，永借権及ヒ賃借権ノ上ニモ此等ノ権利ヲ支分シタル所有権ノ上ニモ之ヲ設定スルコトヲ得

> プロジェ注釈

　フランス語のイポテークは，ある債務を担保することを表す「支え，支柱」（soutien, support）を意味するギリシャ語がラテン語を通じて齎されたものである。しかし，それだけでは，他に担保の性質を有する多くのものから区別して，抵当権の意義を適切に述べたことにはならないし，抵当権が物的担保であることを示したことにもならない。

第369条（抵当権の内容）

　抵当権の性質を示せば以下の通りである。第一に，抵当権は物上の権利であり，この点で対人の３つの担保と区別される。第二に，抵当権は不動産上の権利である。この点で動産上の担保と区別される。第三に，人の意思に基づいて生じ又は法の権威によって生ずる。この点で法の権威にのみ基づく不動産先取特権と異なる。第四に，質（nantissement）契約を要しないことで，同じく意思に基づいて生ずる不動産質と異なる。第五に，他の債権者に先立って弁済を受ける権利を付与する。

　フランスでは，抵当権は所有権の支分権（démenbrement）であるか，その権利は動産権であるか不動産権であるかがしばしは議論される。

　（以下，各箇の所説についてのボワソナードの意見は省略し，彼が，抵当権は所有権の支分権とする見解に左袒する理由についてのみ紹介する。なお，山口俊夫『フランス法辞典』では，démenbrement を「（所有権の）部分移譲」と説明している。また，中村紘一他『フランス法律用語辞典』では，Démenbrement de propriété として「所有権の分肢（設定）」と訳されているが，本稿では，「支分権」と訳すことにする。）

　つまるところ，筆者（ボワソナード）の考えるところは次のようである。抵当権は不動産上の物権であることは否定できない以上，所有権の支分権であることを疑うことはできない。

　吾人によれば，所有権を構成する総ての権利が，一身に結集していることになっていないときには，所有権は支分されたとするのである。では，結集して所有権を構成する諸権利とは何か。

　日本民法草案は，フランス民法と同じく，所有権を定義して，「最も完全な方法で，物を使用し，収益し，処分する権利」とする。ところで，土地に抵当権を設定した債務者は，それを使用する権利を失わず，収益，処分する権利を失わないが，かように財物を抵当とした者は，その全体として絶対的特性をもって，叙上の３つの権利を保持するものではない。抵当権設定者は，不動産質に供したのと異なって，占有と収益とをなし得るが，これらの権利を絶対的に行使できるであろうか。収益権の濫用とみられるような行為をすることができるであろうか。できないことは明白である。完全な処分権を保有しているといえるであろうか。建築物や重要な植栽を

第4章　抵当権

撤去するようなことはなし得ないし，これを譲渡した場合には，取得者は抵当権者の追及効に服することになる。

　結論はこうである。抵当権は，動産である債権に従たるとはいえ常に不動産上の権利であり，所有権の支分された権利なのである。

　（なお，プロジェ第1203条第1項の注釈は割愛する。）

　補論

　上記のように，かなり長く註釈を紹介したのは，次の考慮による。すなわち，曽って，抵当権による妨害排除請求が許されるかが，論じられたことがあるが，その是非を抵当権の本質論から導くときに，ボワソナードが説くような抵当権を所有権の支分権とする見解（価値権ではなく，設定者の所有権から分肢された権利を抵当権と見る）が，肯定説の根拠となりえないかと思ったからである。

　調査会原案

第364条　抵当権者ハ債務者又ハ第三者カ占有ヲ移サスシテ債務ノ担保ニ供シタル不動産ニ付キ他ノ債権者ニ先チテ自己ノ債権ノ弁済ヲ受クル権利ヲ有ス
　地上権及ヒ永小作権モ亦之ヲ抵当権ノ目的ト為スコトヲ得此場合ニ於テハ本章ノ規定ヲ準用ス

　説明概要

　本条の第1項は，抵当権の性質を定めた。既成法典の担保編第195条には抵当の定義がなされているが，これには占有を移さないということを言っていない。不動産の優先権であると皆この第195条の定義にあてはまるようである。そこで占有を移さないと書いておけば，質権などと違うところが確かにわかる。担保編第211条には，「合意上ノ抵当ハ‥‥債務者ノ債務ヲ担保スル為メ第三者ヨリ之ヲ設定スルコトヲ得」（同条2項）とあるが，これは抵当権の性質としてはじめに掲げて置く方がよい。

　次に第2項だが，これは，担保編第197条を修正したつもりである。同

第369条（抵当権の内容）

条は非常に詳しい規定であるが，本案では認めない不動産，例えば，用方による不動産，あるいは物権とは認めない賃借権などについては，抵当権の目的とすることができない。同197条4項では，地役権は要役地より分離して抵当とすることができない，としているが，これは本案の第280条2項に，地役権は要役地から分離して権利の目的と為すことをえない，としてあるから，そこに含まれるつもりである。それから，同3項では，完全ならざる所有権及び一部の所有権を抵当にすることを得，と書いてあるが，これは明文のいらないことであろうと思う。

その次にある第198条には，抵当とすることが出来ぬ財産が掲げてある。すなわち，譲渡することができない財産，差押えることができない財産は抵当とすることができない，とあるが，抵当の目的というものは，弁済のない場合に差押えて売却をする，差押えができない売却することができない財産は，抵当の目的とすることができないのは当然であるから明文を俟たぬことである。同条第1項2号・3号は，不動産債権あるいは不動産と為したる債権は抵当の目的とすることができない，とするが，本案においては，そのようなものは不動産と認めない。第2項は船舶の抵当は商法の規定に従う，とあるが，わざわざここに掲げる必要はない。したがって，同条も削除した。

終わりに，本条第2項の末文に「此場合ニ於テハ本章ノ規定ヲ準用ス」としたことについて。地上権，永小作権は不動産上の権利であって物ではない。権利の上の抵当とは準抵当であるから，黙っていても抵当の規定があてはまるというものではない。したがって，このような規定を設けたのである。

|補論|

抵当権の章を説明する起草委員は梅である。本案の審議において，鉱業権や漁業権は抵当の目的とはならないのか，という質問があり，梅は，特別法で認めるのは格別であるが，抵当権は，不動産か地上権・永小作権に限るというのが本案の趣意であると答えている（その答弁において，梅は，削除された担保編第199条を援用する）。また，山林は抵当の目的にはならい

第4章 抵当権

のか，という質問に対して，彼は，禁ずる規則さえなければ出来るつもりであります，と答えているが，この点は「立木ニ関スル法律」（明治42年）を見ることになる。

明治民法

第369条　抵当権者ハ債務者又ハ第三者カ占有ヲ移サスシテ債務ノ担保ニ供シタル不動産ニ付キ他ノ債権者ニ先チテ自己ノ債権ノ弁済ヲ受クル権利ヲ有ス

地上権及ヒ永小作権モ亦之ヲ抵当権ノ目的ト為スコトヲ得此場合ニ於テハ本章ノ規定ヲ準用ス

仏語訳

Art. 369. Le créancier hypothécaire a le droit de se faire payer par préférence aux autres créanciers sur les immeubles que le débiteur ou qu'un tiers a affectés, sans en transférer la possession, à la garantie de la dette.

Le droit de superficie et le droit d emphytéose sont susceptible d'hypothèque. Dans ce cas, les dispositions du présent chapitre sont applicable par analogie.

現行民法

（抵当権の効力の及ぶ範囲）

第370条　抵当権は，抵当地の上に存する建物を除き，その目的である不動産（以下「抵当不動産」という。）に付加して一体となっている物に及ぶ。ただし，設定行為に別段の定めがある場合及び第四百二十四条の規定により債権者が債務者の行為を取り消すことができる場合は，この限りでない。

プロジェ

Art. 1206. L'hypothèque s'étend, de plein droit, aux augmentations ou améliorations qui peuvent survenir au fonds, soit par des causes fortuites et

第370条（抵当権の効力の及ぶ範囲）

gratuities, comme l'alluvion, soit par le fait et aux frais du débiteur, comme par des construction, plantaions ou autres ouvrages, pourvu qu'il n'y ait pas fraude à l'égard des autres créanciers et sauf le privilège des architectes et entrepreneurs de travaux, sur la plus-value, tel qu'il est réglé au Chaptre précédent.

Elle ne s'étend pas aux fonds contigus que le débiteur aurait acquis, même gratuitement, encore qu'il les ait incorporés au fonds hypothèque, au moyan de nouvelles clôtures ou par la suppression des anciennes.

(旧民法草案)

第1706条　抵当ハ慚積地ノ如キ意外及ヒ無償ノ原由ニ因リ或ハ建築，植付又ハ其他ノ工作ノ如キ債務者ノ所為及ヒ費用ニ因リ不動産ニ生スルコトアルヘキ増加又ハ改良ニ当然及フモノトス但他ノ債権者ニ対シテ詐欺ナキコトヲ要シ且前章ニ規定シタル如キ工匠及ヒ工事請負人ノ増加ニ対スル先取特権ヲ妨ス

其抵当ハ債務者カ新囲障ノ設立ニ因リ又ハ旧囲障ノ廃棄ニ因リ隣接地ヲ抵当不動産ニ合体シタルトキト雖モ債務者ノ有償ハ勿論無償ニテ取得シタルモノタリトモ其隣接地ニ及ハサルモノトス

(債権担保編)

第200条　抵当ハ意外及ヒ無償ノ原因ニ因リ或ハ債務者ノ所為及ヒ費用ニ因リテ不動産ニ生スルコト有ル可キ増加又ハ改良ニ当然及フモノトス但他ノ債権者ニ対シテ詐害ナキコトヲ要シ且前章ニ規定シタル如キ工匠，技師及ヒ工事請負人ノ先取特権ヲ妨ス

抵当ハ債務者カ縦令無償ニテ取得シタルモノナルモ其隣接地ニ及ハサルモノトス但新囲障ノ設立又ハ旧囲障ノ廃棄ニ因リテ隣接地ヲ抵当不動産ニ合体シタルトキモ亦同シ

(プロジェ注釈)

　本条は，フランス民法第2133条を発展させたものである。同条は，あまりにも簡潔で疑念を生む。同条は「抵当権は，抵当不動産に生ずるすべて

191

第4章　抵当権

の改良（améliorations）に及ぶ」としているが，増加（augmentations）については述べておらず，改良の生じ得る原因についても説明がない。

　無償の改良とは，河川の沿岸に自然に生じた堆積地（alluvion）とか，近隣に道路等が設置されて抵当地の価値が改良されたとかする場合である。この場合，抵当権はその改良に及ぶ。

　債務者の行為とその費用による建築，植栽その他の作出物などが有償の改良の例である。この場合も抵当権はその改良に及ぶが，他の一般債権者の利益も考慮する必要があるので，これを詐害する場合（le cas de fraude）を除いた。

◯調査会原案

第365条　抵当権ハ其目的タル不動産ニ附加シテ之ト一体ヲ成シタル物ニ及フ但設定行為ニ別段ノ定アルトキ及ヒ第四百十九条の規定ニ依リ債権者カ債務者ノ行為ヲ取消スコトヲ得ル場合ハ此限リニ在ラス

◯説明概要

　本条は，既成法典担保編の第200条に文字の修正を施したものである。同条の第2項については，権利の目的物となった物が後から隣りの地面が同じ所有者の属したからといって，抵当権がそれにまで及ぶということは殆ど想像もできない。そこで，この項は削った。

　第1項には，「意外及ヒ無償ノ原因ニ因リ或ハ債務者の所為及ヒ費用ニ因リテ」とあるが，これらの細かい区別をせず列挙しなくてもよいので，本案では「不動産ニ附加シテ之ト一体ヲ成シタル物ニ及フ」と簡単にした。第1項の但書の趣旨は本案でも採用した。ただ，「他ノ債権者ニ対シテ詐害ナキコトヲ要シ」では，アクシオン・ポーリエンヌを直ちには意味しない。それで，第419条，いずれわれわれが起草の任にあたるであろうが，アクシオン・ポーリエンヌによらなければ採り消せないのだから，その旨を明確にした。次に，「設定行為ニ別段ノ定アルトキ」という例外の明文をあらたに加えた。既成法典でもそういう意味であったろうと思うが，明言しておかないと或いは疑いが生じないとも限らない。

第370条（抵当権の効力の及ぶ範囲）

[補論]

　冒頭に，横田委員によって，「土地がある，それに家が建っているというのは，一体とは見ないのか。」との質問があり，これに対して梅が，「それは，見る心算であります。」と答えたことから，議論が沸騰することとなった。

　本条に関する議論の要諦は，土地と地上の建物とは別個の不動産と見るか一体として1つの不動産と見るのかであった。結局，箕作議長によって，「土地と家屋とは別であるという主義で起草を頼むということに賛成の方の起立を請う」という扱いに，起立多数となる。その結果，「抵当地の上に存する家屋を除く外」という文言と詐害行為取消権に関する条文番号をブランクにした修正案が提出され，「家屋」を「建物」と修正して，修正案が可決された。

　やや疑問となるのは，旧民法財産編第8条の「性質ニ因ル不動産」の規定において，「耕地，宅地」（第1項1号）と「建物」（第1項8号）とは，それぞれが不動産である旨の定めがあり，従って両者は一体とはならないと見られるにもかかわらず，梅が，本条において，土地に設定せられた抵当権が地上の建物にも及ぶと考えたことであり，梅に反対の委員からもこの点からの指摘はなった（土地の抵当権は地上建物には及ばないという見解の根拠は，もっぱら我が国の慣習であるとされている）ということである。

　さらに付言すると，旧民法の動産・不動産の定義に関する規定は非常に詳細に過ぎ（財産編第8条から第14条まで），性質による不動産・動産，用方による不動産・動産，法律による不動産・動産という煩雑な区別を廃して，明治民法第86条となって，土地及び「その定著物」の範囲は解釈に委ねられることとなった。

[明治民法]

第370条　抵当権ハ抵当地ノ上ニ存スル建物ヲ除ク外其目的タル不動産ニ附加シテ之ト一体ヲ成シタル物ニ及フ但設定行為ニ別段ノ定アルトキ及ヒ第424条ノ規定ニ依リ債権者カ債務者ノ行為ヲ取消スコトヲ得ル場合ハ此限リニ在ラス

第4章　抵当権

> (仏語訳)
>
> Art. 370. L'hypothèque s'étend aux choses adjointes à immeuble et qui font corps avec lui, à l'exception des bâtiments élevés sur le fonds hypothéqué. Toutefois, il en est autrement, s'il existe des dispositions particulieres dans l'acte constitutif, ou lorsque le créancier peut faire annuler les actes du débiteur en vertu des dispositions de l'article 424.

> (現行民法)
>
> 第371条　抵当権は，その担保する債権について不履行があったときは，その後に生じた抵当不動産の果実に及ぶ。

　本条は，平成15年に全部改正になったので，他と順序が異なるが，次に明治民法の規定を掲げる。また，プロジェの条文，旧民法草案の条文は省略し，条文番号のみを記す。また，明治民法第371条の仏語訳も省略する。

> (明治民法)
>
> 第371条　前条ノ規定ハ果実ニハ之ヲ適用セス但抵当不動産ノ差押アリタル後又ハ第三取得者カ第381条ノ通知ヲ受ケタルトキハ其後1年内ニ抵当不動産ノ差押アリタル場合ニ限リ前項但書ノ規定ヲ適用ス

　本条に対応するのは，プロジェ第1208条（旧民法草案第1708条），プロジェ第1297条（旧民法草案第1797条）であり，これらが，それぞれ債権担保編第202条と第286条に引き継がれた。
　以下に引用する。

> (債権担保編)
>
> 第202条　抵当財産ノ差押ナキ間ハ債務者ハ財産編第119条及ヒ第120条ニ定メタル期間其不動産ヲ賃貸スルコトヲ得又其期間及ヒ産出物ヲ譲渡シ及ヒ管理ノ総テノ行為ヲ為スコトヲ得

第372条（留置権等の規定の準用）

第286条　第三所持者ハ委棄スルカ又ハ弁済スルカノ催告ヲ受ケタル後ニ非サレハ債権者ニ対シテ果実ノ計算ヲ為スコトヲ要セス

(調査会原案)
第366条　前条ノ規定ハ之ヲ果実ニ適用セス但不動産ノ差押ノ後又ハ第三取得者カ第377条ノ通知ヲ受ケタル後ハ此限リニ在ラス
第三取得者カ第377条ノ通知ヲ受ケタルトキハ其後１年内ニ不動産ノ差押アリタル場合ニ限リ前項ノ規定ニヨル

(補論)
　本条は，法典調査会において若干の議論はあったが，原案のままとなった。原案の第377条の通知というのは，明治民法では第381条で，抵当権者が抵当権を実行せんと欲するときは，予め第三取得者にその旨を通知しなければならない，というものである。これによって通知を受けた第三取得者は，滌除することができたが，滌除制度は廃止され抵当権消滅請求制度が設けられた。抵当権は果実には及ばないのが原則であるとする担保編第286条は維持され，明治民法第371条１項となり，例外の第２項の１年は，起草委員がイタリー法に倣って定めたものである。
　そして，平成15年改正によって，債務者の債務不履行後は，その後に生じた果実に抵当権が及ぶことになった。

(現行民法)
　（留置権等の規定の準用）
　第372条　第296条，第304条及び第351条の規定は，抵当権について準用する。

　留置権の不可分性，先取特権の物上代位性，質権における物上保証人の求償権が抵当権にも準用されることには問題がない。旧民法では，担保編の各所に散在しているのを，このように準用という形式をとって煩雑を避

195

第4章　抵当権

けたのであるから，プロジェや担保編の規定は引用しない。ただ，法典調査会に提出された明治民法第372条の原案は，つぎのようなものであった。

(調査会原案)

第367条　第304条，第305条，第345条及ヒ第346条ノ規定ハ抵当権ニ之ヲ準用ス

(補論)

　上記の第304条，第305条は，明治民法のそれであって，第304条は，先取特権の物上代位，第305条は，先取特権において留置権の不可分性を定めた第296条を準用する規定である。準用規定を更に準用するということで，明治民法では，第296条を準用すると改めたものであろう。
　ところで，調査会原案に現われた第345条，第346条については，席上で，これは元の第347条，第348条にあたるという梅の説明がある。明治民法第345条は質権の占有は占有改定では不可であるというもの，第346条は，質権の被担保債権の範囲であって，いずれも抵当権に準用すべき規定ではない。法典調査会での条文番号で見ると，第347条は質権の混同消滅だが，第348条が質権における物上保証の場合の求償権に関する規定である。つまり，原案に書かれた，第345条が何を指すのか調べがつかなかった。

(明治民法)

第372条　第296条，第304条及ヒ第351条ノ規定ハ抵当権ニ之ヲ準用ス

(仏語訳)

Art. 372. Les dispositions des articles 296, 304 et 351 sont applicable par analogie à l'hypothèque.

第373条（抵当権の順位）

> (現行民法)
>
> （抵当権の順位）
> 第373条　同一の不動産について数個の抵当権が設定されたときは，その抵当権の順位は，登記の前後による。

(プロジェ)

Art. 1253. Tout créancir hypothécaire varablement inscrit sur un immeuble est préférable aux créanciers chirographaires, en tant qu'il peut etre utilement colloqué sur le prix dudit immeuble.

Entre les créanciers ayant hypothèque, légale, conventionnelle ou testamentaire, le rang de collocation se détermine par l'antériorité respective des inscriptions, lors même que deux ou plusieurs inscriptions intéressant des créanciers différent sont prises le même jour; sauf l'action en responsabilité contre le conservateur, s'il n'a pas observé l'ordre numérique des remises, conformement à l'article 1229.

(旧民法草案)

第1753条　総テ不動産ニ付キ有効ニ記入シタル抵当権者ハ其不動産ノ代価ニ付キ有益ニ配当順序ノ定メヲ受クルコトヲ得ルニ因リ無特権債権者ニ先ツモノトス

法律上，合意上又ハ遺嘱上ノ抵当ヲ有スル債権者ノ間ニ於テハ配当順序ハ数名ノ債権者ニ関スル二箇又ハ数箇ノ記入ヲ同日ニ為シタルコト雖モ其記入ノ前後ニ因リテ之ヲ定ム但保管人ノ第1729条ニ従ヒ交付ノ番号ヲ遵守セサル場合ニ於テハ之ニ対スル責任ノ訴権ヲ妨ケス

(債権担保編)

第239条　凡ソ不動産ニ付キ登記シタル抵当債権者ハ無特権債権者ニ先タチ其不動産ノ代価ノ配当ニ加入スルコトヲ得

法律上，合意上又ハ遺言上ノ抵当ヲ有スル数人ノ債権者間ニ於テハ其配当

第 4 章　抵当権

加入ノ順位ハ数個ノ登記ヲ同日ニ為シタルトキト雖モ其登記ノ前後ニ因リテ之ヲ定ム

プロジェ注釈

　本条第1項に定めた原則は，示さなくても疑いを生ずる類のものではないが，本節においてもっとも主要な第2項を際立たせるために置いたものである。

　登記に記入をしなければ第三者に対抗できないことは，この草案の第1219条に規定した。次に必要なのは，登記をもって諸人の順位がきまることである。最も古くからある登記が第一順位となり，最新の登記にまで順を追うのである。

　同日に複数の登記がなされる場合がある。フランス民法第2147条は，同日に数人の登記がなされた場合には，登記官が各々についてその時間を記していた場合でも，同一順位となる，としている（現在は，この規定は改正されている）が，この立場は採らない。イタリー法は，同日の登記であっても，最初に登記をした者に優先権を与えている。同一順位となるのは，同時に登記所に出頭した場合としているが，このようなことは稀な事例といえよう。

調査会原案

第368条　数個ノ債権ヲ担保スル為メ同一ノ不動産ニ付キ抵当権ヲ設定シタルトキハ其抵当権ノ順位ハ登記ノ前後ニ依ル

説明概要

　本条は，既成法典担保編第239条第2項と全く同じ意味の心算である。「数個ノ登記ヲ同日ニ為シタルトキ」ということが書いてあるが，登記の前後によるということであれば，これを書かなくても同じことになるので削った。第一項も，ここに明文の必要はないから削った。

　本案第178条に，登記をしなければ第三者に対抗することを得ず，と規定し，その第三者は無特権債権者までも指すということであれば，担保編

第374条（抵当権の順位の変更）

第246条のようになるであろうと考えたので，これも削った。また，担保編第241条も，本案の規定より当然生ずる結果に過ぎないので削除した。

補論

本案については，全く異議はなく，即決であった。梅が削除したと説明した担保編第241条，第246条は，いずれも注意規定のようなもので，削除の対象となるべくしてなったというようなものである。

明治民法

第373条　数個ノ債権ヲ担保スル為メ同一ノ不動産ニ付キ抵当権ヲ設定シタルトキハ其抵当権ノ順位ハ登記ノ前後ニ依ル

仏語訳

Art. 373. Lorsque plusieurs hypothèques ont été constituées sur un même immeubler pour garantir plusieurs créances, leur rang respectif se determine d'après l'ordre des inscriptions.

現行民法

（抵当権の順位の変更）
第374条　抵当権の順位は，各抵当権者の合意によって変更することができる。ただし，利害関係を有する者があるときは，その承諾を得なければならない。
　前項の規定による順位の変更は，その登記をしなければ，その効力を生じない。

昭和46年，本条は追加された。

第 4 章　抵当権

> （現行民法）
>
> 　（抵当権の被担保債権の範囲）
> 　第375条　抵当権者は，利息その他の定期金を請求する権利を有するときは，その満期となった最後の2年分についてのみ，その抵当権を行使することができる。ただし，それ以前の定期金についても，満期後に特別の登記をしたときは，その登記の時からその抵当権を行使することを妨げない。
> 　前項の規定は，抵当権者が債務ノ不履行によって生じた損害の賠償を請求する権利を有する場合おけるその最後の2年分についても適用する。ただし，利息その他の定期金と通産して2年分を超えることができない。

（プロジェ）

Art. 1254. L'inscription assure aux intérêts de la créance le même rang que pour le principal et les accesoires périodiques qui y sont portés, mais soulement pour les deux dernières années échues, sans préjudice du droit pour le créancier de prendre des inscriptions postérieures pour les intérês plus anciens, mais pour ne valoir qu'à la date desdites inscriptions.

（旧民法草案）

第1753条　記入ハ利息ト定期ノ従タル債権トニ其経過シタル最後ノ2カ年分ニ限リ債権ノ主タルモノト同一ノ順位ヲ保ス但債権者ノ一層古キ利息ノ為メ後ニ記入ヲ為スノ権利ヲ妨ケスト雖モ此記入ハ其日附ニ於テノミ効ヲ生スルモノトス

（債権担保編）

第240条　登記ハ掲載シタル利息及ヒ定期ノ付従物ニ其経過シタル最後ノ2カ年分ニ限リ主タル債権ト同一ノ順位ヲ得セシム但2カ年以外ノ利息及ヒ付従物ノ為メ債権者ノ日後登記ヲ為スノ権利ヲ妨ケス然レトモ此登記ハ

第375条（抵当権の被担保債権の範囲）

其日附後ニ非サレハ効力ヲ生セス

> プロジェ注釈

　抵当権の効力として，清算の日までの利息をことごとく取得するのは正しくない。なぜなら，利息が蓄積したのは債務者の懈怠によるのであって，そのために，他の債権者を害してはならないからである。したがって，フランス民法は2年分（疑いなく満期の最後の2年）と当期の1年分について認めている（第2151条）。しかしながら，本草案では，他の債権者に配慮して2年分しか認めないこととし，それが最後の2年分であることを明記した。なお，より多くの爾後の利息を被担保債権とするには，そのための特別の登記をすることができる。その効力はその日附より生ずる。

> 補論

　本条はフランス法に倣ったが，最後の2年分としたのはボワソナードの見解によることが知られる。現行フランス民法は，ただ3年分としている。なお，債権担保編第186条には，不動産上の特別の先取特権に関して，ほぼ同旨の規定がある。後に同条について，起草委員の梅が言及しているので，同条を掲げておく。
第186条　上ニ記載シタル如クニ保存シタル先取特権又ハ抵当アル債権ニシテ利息又ハ年金ノ附キタルモノハ利息又ハ年金ノ満期ト為リタル最終ノ2カ年分ニ非ズサレハ元本ト同一ノ順位ニテ配当ニ加入スルコトヲ得ス但満期ノ利息又ハ年金ノ中ニテ1カ年以外ノモノヽ為メ慚次ニ特別ノ抵当登記ヲ為ス可キ債権者ノ権利ヲ妨ケス

> 調査会原案

第369条　抵当権者カ利息其他ノ定期金ヲ請求スル権利ヲ有スルトキハ其満期ト為リタル最終ノ2年分ニ付テノミ其抵当権ヲ行フコトヲ得但其余ノ定期金ニ付テモ満期後特別ノ登記ヲ為ストキニ限リ其登記ノ時ヨリ抵当権ヲ行フコトヲ妨ケス

第4章　抵当権

> 説明概要

　本条は，担保編第186条と第240条の規定に文字の修正を加えたまでである。186条に，「利息又ハ年金」とあるが，年金には元本がないことが通常である。一方，第240条では「定期ノ附従物」と書いてある。年金は附従物ではない。そこで，本案では，「定期金」とすることにした。

　本案は，先に議定のあった先取特権にも適用するということになる。

> 補論

　梅は，自分が創作した「定期金」なる語の中に利息も含まれると考えたが，通常の理解では難しいのではないかという質問が出て，成案である明治民法では，「利息其他ノ定期金」と改められている。

　最後の2年分の制約を受けない利息等について，本案では，満期後特別の登記さえすればその登記の時より「抵当権ヲ行フコトヲ妨ス」であるから，順位についての言明がない。そこで本来の抵当権登記と「同一の順位で」という語を入れたらどうかという意見がでたが，「其抵当権」という語のなかに同一順位でという意が含められていると梅は答えている。本条の解釈に言及する場ではないが，後の学説で特別の登記をした時の順位で優先弁済が受けられると解する者もある。旧民法では「同一の順位で」という語があったのであるから，無理にこの語を省かなくてもよかったのではないか。

　質権においては実行費用も被担保債権の範囲に入るということになっているが，本条ではその点の文言はなく準用するということも書かれていない，という質問に対して，梅は，実行費用等は担保しないとする。訟事費用ということで先取特権でカヴァーされるということも理由として述べているが，明治民法では，訟事費用は先取特権の被担保債権から排されている（質権では，第346条。ドイツ民法では，第1118条がある）。この点も，後の解釈では疑問視されていて，抵当権実行費用は，本条に規定はないが，被担保債権に含めてよいという解釈が有力ではなかろうか。

　また，委員のなかからは，例えば10年分の利息であろうとも，これが被担保債権の中に入るとして登記をしておけば，他の債権者を害することに

第375条（抵当権の被担保債権の範囲）

はならないのではないか，という意見を述べる者もあった。これに対する梅の答弁は，その8年分は元本として登記をしておけばよい，そこまで制限する意図ではないというものである。

　ともあれ，本条については，他の委員からの異論が多く，特別の契約があって，その契約を登記さえしておけば，何年分の利息でも何年分の定期金についても，抵当権を始めの順位で行うことできる，というように改めることと決議された。

　その結果，梅から，次のような修正案が出される。

第369条　抵当権者ハ利息其他ノ定期金ヲ請求スル権利ヲ有スルトキハ登記シタル特別ノ契約アル場合ノ外其満期ト為リタル最終ノ2年分ニ付イテノミ其抵当権ヲ行フコトヲ得但其以前ノ定期金ニ付テモ満期後特別ノ登記ヲ為ストキニ限リ其登記ノ時ヨリ抵当権ヲ行フコトヲ妨ケス

　ところが，この修正案については，かなりの時間討議されたにもかかわらず賛成者が1人もなく，原案の第369条に戻ってしまうことになった。そして，原案には「但其余」とあったが修正案では「但其以前」とあり，これは修正案のほうがよいということで賛成多数となる。
　なお，明治民法では，第2項が損害賠償債権について規定するが，これが付加された経過は明らかにし得なかった。

（明治民法）
第374条　抵当権者カ利息其他ノ定期金ヲ請求スル権利ヲ有スルトキハ其満期ト為リタル最後ノ2年分ニ付テノミ其抵当権ヲ行フコトヲ得但其以前ノ定期金ニ付テモ満期後特別ノ登記ヲ為シタルトキハ其登記ノ時ヨリ之ヲ行フコトヲ妨ケス
前項ノ規定ハ抵当権者カ債務ノ不履行ニ因リテ生シタル損害ノ賠償ヲ請求スル権利ヲ有スル場合ニ於テモ最後ノ2年分ニ付テモ亦之ヲ適用ス但利息其他ノ定期金ト通シテ2年分ヲ超ユルコトヲ得ス

第4章　抵当権

仏語訳

Art. 374. Lorsque le créancier hypothécaire a droit à des intérêts ou autres rededevances périodiques, il ne peut les réclamer par hypothèque que pour les deux dernières années échues Toutefois, en ce qui concerne les redevances antérieures, si des inscriptions spécials ont été prises après les échéances, il peut les réclamer par hypotèque à dater desdites inscriptions.

現行民法

（抵当権の処分）
第376条　抵当権者は，その抵当権を他の債権の担保とし，又は同一の債務者に対する他の債権者の利益のためにその抵当権若しくはその順位を譲渡し，若しくは放棄することができる。
　前項の場合において，抵当権者が数人のためにその抵当権を処分したときは，その処分の利益を受ける者の権利の順位は，抵当権の登記にした付記の前後による。

プロジェ

Art. 1258. Tout créancier hypothécaire capable de diposer de sa créance ou dûment représenté ou autorisé à cet effet, peut renoncer à son hypothèque ou seulement à son rang, en faveur d'un autre créancier, soit hypothécaire, soit chirographaire, du même débiteur, sans préjudice de ce qui est dit, au sujet de la novation, par les articles 522 et 525.

Si une créance hypothécaire a été successivement l'objet de cessions, renonciations ou subrogations, la priorité appartient à celui des ayant-droit qui a le premier publié son acquisition par la mention de l'acte constitutif de son droit en marge de l'inscription déjà faite, ou par l'inscription elle-même, si elle n'avait pas encore été prise.

第376条（抵当権の処分）

▶旧民法草案◀

第1758条　総テ債権ヲ処分スルノ能力アリ又ハ合式ニ代理セラレ若クハ此カ為メニ許可セラレタル抵当債権者ハ抵当ヲ有スルト無特権ナルトヲ問ハス同一債務者ノ他ノ債権者ノ利益ニ於テ自己ノ抵当又ハ単ニ其順位ヲ抛棄スルコトヲ得但第1022条及ヒ第1025条ニ更改ニ関シテ記載シタルモノヲ妨ケス

若シ抵当債権カ順次ニ譲渡，抛棄又ハ代位ノ目的タリシトキハ優先権ハ既ニ為シタル記入ノ縁邊ニ自己ノ権利ノ設定証書ヲ附記シ又記入カ未タ為サレサリシトキハ特ニ之ヲ為シテ其得取ヲ第一ニ公示シタル承継人ニ属ス

▶債権担保編◀

第244条　凡ソ債権ヲ処分スル能力アル抵当債権者ハ同一ノ債務者ノ他ノ債権者ノ利益ニ於テ自己ノ抵当権又ハ其順位ノミヲ抛棄スルコトヲ得但財産編第500条及ヒ第503条ニ於テ更改ニ関シ規定シタルモノヲ妨ケス

若シ抵当債権ヲ数次ニ数人ニ対シ譲渡，抛棄又ハ代位ノ目的ト為セシトキハ優先権ハ承継人中登記ニ自己ノ権利ノ設定権限ヲ附記シ又ハ登記ノ有ラサリシトキハ之ヲ為シテ其取得ヲ第一ニ公示シタル承継人ニ属ス

▶プロジェ注釈◀

　抵当権者は，他の債権者の利益のため，自己の債権を保ったまま抵当権を放棄し，同じく抵当権を保有したままその順位を放棄することができる。放棄者の後順位の抵当権者はそれにより損失を被ることも利益を受けることもない。なぜなら，放棄の相手方は，自己の債権額が放棄者より多額である場合には，放棄した抵当権者の債権額の制限内において，小額の場合には，放棄者は残余の部分において，権利を行使するに過ぎないからである。

　抵当権付きの債権は，売買，交換，贈与等において移転することができる。この場合には，抵当権はその被担保債権とともに譲渡されることになる。

第4章　抵当権

調査会原案

第370条　抵当権者ハ其抵当権ヲ以テ他ノ債権ノ担保ト為シ又同一ノ債務者ニ対スル他ノ債権者ノ利益ノ為メ其抵当権ヲ抛棄シ又ハ其順位ノミヲ譲渡シ若クハ抛棄スルコトヲ得

前項ノ場合ニ於テ数人ニ対シ抵当権ノ処分ヲ為シタルトキハ其権利ノ順位ハ抵当権ノ登記ニ付記ヲ為シタル前後ニ依ル

説明概要

　既成法典担保編第244条によると，第一に，その抵当権をもって他の債権の担保とするということと，第二に，順位のみを譲渡するということが規定されていない。

　第一の，抵当権をもって他の債権の担保とする方は，フランス法に倣って許さない心算であろうかと思われる。このことは，他の立法例には多くあることだが，ローマ法，フランス古法を調べてみると許してある。今日にあっても，許してある立法例は決してないことはない。

　更改の場合に，古い債権の担保を新しい債権の担保に移すことができるならば，なぜ他の場合にはできないとする必要があろうか。許さずとしたフランス法でも，妻の法律上の抵当だけは譲渡することができるとしている。妻の抵当が譲渡できるというのは，抵当権を債権から離して譲渡できることを認めているわけで，他の抵当ではできないというのは理屈に合わない。そうしてみると，抵当の抵当ということもできなくてはならない。それで，本案においては，広く抵当権は他の債権の担保とすることができるという明文を設けた。

　次に，順位のみを譲渡することが既成法典にはないということは，これは順位のみを抛棄するというのと同じことと考えて規定になっていないのであろう。しかし，順位の譲渡と順位の抛棄とは異なった結果が生ずるので，「順位ノミヲ譲渡シ若クハ抛棄スルコトヲ得」とした。

補論

　本案の説明に関しては，他の委員から多くの意見，質問があり，長々と

第377条（抵当権の処分の対抗要件）

審議がなされるが，最終的には本野委員が提案した，「其抵当権ヲ抛棄シ」とある箇所の「ヲ抛棄シ」の4字だけを削除する案が賛成多数となった。

本案によって，ボワソナードの起草では省かれていた転抵当，順位のみの譲渡が附加され，抵当権の処分には，①転抵当，②抵当権の譲渡，③順位の譲渡，④抵当権の抛棄，⑤順位の抛棄の5つの類型が存在することになった。その順位の保全の方法としては，付記登記が本案第2項に定められているが，登記の方法は異なるものの，既になした登記の余白（marge de l'inscription déjà faite）に記載するという方法が，プロジェに見えている。

(明治民法)

第375条　抵当権者ハ其抵当権ヲ以テ他ノ債権ノ担保ト為シ又同一ノ債務者ニ対スル他ノ債権者ノ利益ノ為メ其抵当権若クハ其順位ヲ譲渡シ又ハ之ヲ抛棄スルコトヲ得
前項ノ場合ニ於テ抵当権者カ数人ノ為メニ其抵当権ノ処分ヲ為シタルトキハ其処分ノ利益ヲ受クル者ノ権利ノ順位ハ抵当権ノ登記ニ附記ヲ為シタル前後ニ依ル

(仏語訳)

Art. 375. Le créancier hypothécaire peut, soit affecter son hypothèque à la garantie d'une autre créance, soit céder son droit ou son rang d'hypothèque, ou y renoncer, au profit d un autre créancier du même débiteur.

Si, dans les cas prévus à l'alinéa précédent, le créancier hypothécaire a disposé de son hypothèque au profit de plusieres personnes, le rang de ces personnes se détermine d'après l'ordre des mentions additionnelles faites à l'inscription de l'hypothèque.

(現行民法)

（抵当権の処分の対抗要件）
第377条　前条の場合には，第467条の規定に従い，主たる債務者に抵

第4章　抵当権

当権の処分を通知し，又は主たる債務者がこれを承諾しなければ，これをもって主たる債務者，保証人，抵当権設定者及びこれらの者の承継人に対抗することができない。

　主たる債務者が前項の規定により通知を受け，又は承諾をしたときは，抵当権の処分の利益を受ける者の承諾を得ないでした弁済は，その受益者に対抗することができない。

[補論]

　本条に直截に対応するプロジェの規定及び旧民法の規定はない。『民法修正案（前三編）の理由書』によれば次のように記されている。

　債務者が抵当権の処分を知らなかったときは，その処分者に弁済をするのが自然の順序というべく，この場合において，この弁済を有効とすれば処分の受益者は実際に処分の利益を受けることができず，他方，この弁済を無効とすれば，過失なき債務者をして二重の弁済をさせることになる。債務者は登記を見て然る後弁済をすれば，その不利を免れるという者があるが，登記は主として第三者のために設けたもので債務者のために設けたものではない。立法者は更改の場合に付いて規定を設けていたが（財産編第500条），他の場合にこの点の配慮がないのは当を得たものではない。担保編第185条第5項，第244条，第245条を参照すると，既成法典は，抵当又はその順位を他の債権者のために抛棄した場合について，この抛棄は債務者に対して単に登記をすることによって効力を生じさせようと欲したようだが，その不当なことはすでに論じた如くである。よって本案は，オーストリー民法の規定に倣って本条の規定を設けた。

[調査会原案]

第371条　前条ノ場合ニ於テハ債権譲渡ニ関スル規定ニ従ヒ主タル債務者ニ抵当権ノ処分ヲ通知シ又ハ其債務者カ之ヲ承諾スルニ非サレハ之ヲ以テ其債務者，保証人，抵当権設定者及ヒ其承継人ニ対抗スルコトヲ得ス

　主タル債務者カ前項ノ通知ヲ受ケ又ハ承諾ヲ為シタルトキハ其処分ノ利益

第377条（抵当権の処分の対抗要件）

ヲ受クル者ノ承諾ナクシテ為シタル弁済ハ之ヲ以テ其受益者ニ対抗スルコトヲ得ス

> [説明概要]

　ここに，或いは登記があるからよかろうという説もでるであろう。カリフォルニア，ニューヨークの民法草案などでは登記さえすれば宜しいとなっている。しかし，元来登記とは債務者のために設けたものではない。弁済しようとするときに，わざわざ登記簿を見てしかる後に弁済せよというのは無理ではないかと思う。

> [補論]

　旧民法財産編第503条は，「旧債権ノ物上担保ハ新債権ニ移ラス」を原則としていたが，債権者が留保すればこの限りではなかった。そして，物上担保権を新債務に移転させる場合には，第500条で債権譲渡に関する第347条の規定する手続きを踏まないときは，「第三者ニ対シテ其債権ヲ主張スルコトヲ得ス」とする。この財産編第347条は，明治民法第467条の基となった規定である。
　ところで，梅起草委員は，その言に従えば，「登記さえすればよい」という態度を非難するが，本条で問題としているのは，抵当権という物権の処分で，その得喪変更は（例えば，無担保の債権者が抵当権を取得することも起こる）登記をもって公示すべきであり，またそれで充分といえるのではなかろうか。なぜ債権譲渡の手続きにこだわらなければならないのか。そして，債権譲渡における通知・承諾もまた第三者に対する対抗要件とされている。梅は，更改の場合と対比するが，更改は債権において生ずるのであって，物権に生ずる現象ではない。このあたりが私には疑問に思えるところである。旧民法財産編第500条が，債権譲渡に関する規定に従うとしているのは，抵当権が債権の従たる権利であることを考慮したものであろう。本条では，債権と切り離された抵当権の単独処分を容認している（例えば，転抵当を債権・抵当権の共同質入と解すれば別となろうが）のであるから，その限りにおいては債権譲渡との関連はないといわざるをえない。

第 4 章　抵当権

いずれにしても，本案については，更なる考究が必要である。

(明治民法)
第376条　前条ノ場合ニ於テハ第467条ノ規定ニ従ヒ主タル債務者ニ抵当権ノ処分ヲ通知シ又ハ其債務者カ之ヲ承諾スルニ非サレハ之ヲ以テ其債務者，保証人，抵当権設定者及ヒ其承継人ニ対抗スルコトヲ得ス

主タル債務者カ前項ノ通知ヲ受ケ又ハ承諾ヲ為シタルトキハ抵当権ノ処分ノ利益ヲ受クル者ノ承諾ナクシテ為シタル弁済ハ之ヲ以テ其受益者ニ対抗スルコトヲ得ス

(仏語訳)
Art. 376. Dans les cas prévus à l'article précédent, les dispositions prises par le créancier hypothécaire ne sont opposables au débiteur, à la caution, à celui qui a consitrué l'hypothèque et à leurs successeurs, que si ells ont été notifiées au débiteur principal ou acceptées par lui, conformément à l'article 467.

Lorsque le débiteur principal a reçu la notification susmentionée ou a donné son acceptation, le paiement fait, sans le consentement de la personne au profit de laquelle il a été disposé de l'hypothèque, n'est pas opposable à cette personne.

(現行民法)
　（代価弁済）
第378条　抵当不動産について所有権又は地上権を買い受けた第三者が，抵当権者の請求に応じてその抵当権者にその代価を弁済したときは，抵当権は，その第三者のために消滅する。

(補論)
『民法修正案（前三編）の理由書』によれば，本条は，既成法典になく，またイタリー民法を除いて外国の法律にかつて其例を見ない，とされている。法典調査会での梅起草委員の説明も同様である。

第378条（代価弁済）

> 調査会原案

第373条　抵当不動産ニ付キ所有権又ハ地上権ヲ買受ケタル第三者カ抵当権者ノ請求ニ応シテ其代価ヲ弁済シタルトキハ抵当権ハ其第三者ノ為メニ消滅ス

> 説明概要

　滌除というものを許す以上は，この規定が必要である。というのは，第367条（明治民法第372条）で第304条を抵当権に適用するとあるが，この規定によれば，債権者は，買主から抵当債務者が受け取るべき代価について抵当権を行うことができ，そうして更に不足だからといって今度はその不動産を差押えて公売に付して不足額を取ることができる。つまり第三取得者は二重の弁済をしなければならない。これは甚だ穏当ではない。たぶん既成法典の精神はそうではないと思うが，明文の規定がないと疑わしい。第三取得者が二重払いをすまいと思えば，代価の請求をうけてもこれを先ず拒んで，それから次の箇条になっている面倒な滌除の手続きを踏んで抵当権の消滅を請求するということをしなければならないように解される。これはいかにも不都合であろうかと思うので，イタリー民法の規定に倣って本条のような規定を設けたのである。「其代価」というのは，取得の代価という意味である。

> 補論

　梅が本条を必要であるとしているのは，抵当権者は，第372条によって第304条の物上代位が準用される結果，抵当不動産の売買によって債務者が受けるべき金銭上にも抵当権が行使できるので，それによって受領した額については抵当権の被担保債権は消滅するが，なお不足する額については抵当権を行使できることになり，結果として第三取得者は二重弁済を強いられるようなことになる，という点である。

　問題の出発点は，比較的少額の債権を担保する先取特権の規定である第304条をそのまま抵当権に準用し，その結果，目的物の売買代金まで物上代位の対象とされたことにある。先取特権においては，被担保債権額が少

211

額であろうから，売買代金に物上代位によって先取特権の効力が及ぶとしても梅が危惧したような，そして，梅のいうところの第三取得者が二重払いをしなくてはならないような状況は実質的には生じないであろう。要するに，抵当権においても売買代金に物上代位が認められるとしたことに無理があったといわなければならない。

　財産担保編第133条1項では，先取特権の物上代位は，目的物の滅失・毀損の場合に限られており，抵当権においても，プロジェでは，物上代位が認められるのは，抵当権の追及効が及ばない場合に限るとされていたことを改めて想起すべきである。もっとも，物上代位は，「その払渡し又は引渡しの前に差押えをしなければならない」から，使いにくい制度であることは確かである。プロジェでは，この差押えは opposition であって，より使い勝手がよいものが想定されていたといえるのではなかろうか。

　代価弁済は，実務では殆ど用いられないといわれている。抵当不動産を購入する場合には，目的不動産の価額から被担保債権額を控除した額を売買代価とするのではなかろうか（したがって，抵当権者は，通常は代価弁済を働きかけない）。しかる後，滌除（現在は，抵当権消滅請求）という進み方をとるのではないか。

　本条に関する梅の説明によれば，「抵当権者ノ請求ニ応シテ」には，抵当権者が物上代位権を行使する場合も含まれなくてはならないことになるが，このような趣旨の発言は直接には見あたらないけれども，本条の必要性として梅が挙げた第372条，第304条から，そう解してよいと思われるのである。そして，その場合には，抵当権者と第三取得者の間では，抵当権は，受領した代価の額がいくらであろうとも，相対的に消滅するとするのが，梅のいうところであった。

(明治民法)
第377条　抵当不動産ニ付キ所有権又ハ地上権ヲ買受ケタル第三者カ抵当権者ノ請求ニ応シテ之ニ其代価ヲ弁済シタルトキハ抵当権ハ其第三者ノ為メニ消滅ス

明治民法第378条

(仏語訳)

Art. 377. Lorsqu'un tiers qui a acheté la propriété ou la superficie de l'immeuble hypothéqué en a payé le prix au créancier hypothécaire, à la demannde de celui-ci, l'hypothèque se trouve éteinte au profit de ce tiers.

(補論)

　以下の条文（明治民法第378条から第387条まで）は滌除にかかわる。滌除制度は，現在は廃され，抵当権消滅請求制度に代わられている。しかし，本稿の趣旨がプロジェから明治民法までの変遷を追うことにあるから，明治民法とそれに対応するプロジェの規定を掲げておく。法典調査会での起草委員の説明やプロジェの注釈についてもごく簡単に付しておく。現行民法には規定がないため，順序を変えて頭書に明治民法を記載する。

(明治民法)

第378条　抵当不動産ニ付キ所有権，地上権又ハ永小作権ヲ取得シタル第三者ハ第382条乃至第384条ノ規定ニ従ヒ抵当権者ニ提供シテ其承諾ヲ得タル金額ヲ払渡シ又ハ之ヲ供託シテ抵当権ヲ滌除スルコトヲ得

(プロジェ)

Art. 1269. Le tiers détenteur peut, sans payer toutes les dettes hypothécaires inscrites, en affranchir l'immeuble, en payant aux créanciers dans l'ordre où ils sont incrits ou en consignant en leur faveur le prix de son acquisition ou la valeur estimative de l'immeuble ou une somme supérieure, le tout accepté par eux, expressément ou tacitement, après les offres et la procédure dite "de purge," telles qu'elles sont réglées ci-après.

(旧民法草案)

第1769条　第三保有者ハ記入シタル総テノ抵当債務ヲ弁済セサルモ債権者ニ其記入ノ順序ヲ以テ弁済シ又ハ債権者ノ為メニ自己ノ取得代価額若クハ

第4章　抵当権

不動産ノ評価額若クハ之ヲ超ユル額ヲ供託シテ不動産ノ負担ヲ免カレシムルコトヲ得但右ニ付テハ下ニ規定セル如キ提供及ヒ滌除ト称スル手続ヲ為シタル後債権者ニ於テ明示又ハ黙示ニテ承諾シタルコトヲ要ス

[債権担保編]
第255条　第三所持者ハ登記シタル総テノ抵当債務ヲ弁済セサルモ債権者ニ其登記ノ順序ニ従ヒ不動産ノ取得代価，其評価若クハ之ニ超ユル金額ヲ払渡シ又ハ債権者ノ為メニ之ヲ供託シテ不動産ノ負担ヲ免カレシムルコトヲ得但下ニ規定セル如キ提供及ヒ滌除ノ手続キヲ為シタル後債権者ノ明示又ハ黙示ノ承諾アリタルコトヲ要ス

[補論]
　旧民法は，債権担保編第252条で次のように定めていた。すなわち，抵当債権者の権利と抵当不動産の第三取得者利益との調整を図って（concilier），第三取得者は，以下の5つの手段を取り得る，というものである。
　第一　抵当債務を弁済すること
　第二　滌除すること
　第三　財産検索の抗弁（l'exception de discussion）を以て対抗すること
　第四　不動産を委棄（délaisser）すること
　第五　所有権徴収を受ける（subir l'expropriation）こと
　債権担保編は，このそれぞれについて，「款」を設けて詳細な規定をおいている。なお，第五の expropriation は，所有者の意にさからって所有物を奪う作用を意味し，ここでは，具体的には抵当権の実行としての競売を指している。
　プロジェ第1269条の注釈には特記するものはない。滌除はフランスでは purge といい，もとは医学用語であるというような説明がある。なお，滌除においては，その取得代価に限って弁済をするものであり，抵当債務をすべて弁済するのではない点が上記第一の抵当債務の弁済とは異なるとしている。

明治民法第379条

［調査会原案］

第374条　抵当不動産ニ付キ所有権，地上権又ハ永小作権ヲ取得シタル第三者ハ下ノ規定ニ従ヒ抵当権者ノ承諾ヲ得タル金額ヲ払渡シ又ハ供託シテ抵当権ヲ滌除スルコトヲ得

［説明概要］

　本条は，既成法典債権担保編第255条と第268条との規定を併せたのと殆ど意味は同じ心算である。字句は修正した。

［仏語訳］

Art. 378. Le tiers qui a acquis un droit de propriété ou la superficie ou d'emphytéose sur l'immeuble hypothéqué peut, après offres faites au créancier hypothécaire et acceptation, par celui-ci, de ces offres, purger conformément aux despositions des articles 382 à 384, en versant au créancier la somme offerte ou en la consignant.

［明治民法］

第379条　主タル債務者，保証人及ヒ其承継人ハ抵当権ノ滌除ヲ為スコトヲ得ス

［プロジェ］

Art. 1271. Le droit de purger les hypothèques n'appartient pas au tiers détenteur tenu personnellement de la dette hypothécaire, soit principalement, soit comme caution.

　Il n'appartient pas non plus à un codébiteur conjoint du constituant, à moins qu'il n'ait payé sa part dans la dette, avant les premières poursuites hypothécaire;

　Ni, dans aucun cas, à l'un héritiers du débiteur, lors même qu'il a payé sa part héréditaire de la dette;

　Ni à celui ou à l'héritier de celui qui a constitué hypothèque sur son bien pour

第 4 章　抵当権

la dette d'autrui.

(旧民法草案)
第1771条　抵当ヲ滌除スルノ権利ハ主タル債務者ト為リ又ハ保証人ト為リテ一身上ニ抵当債務ノ責ニ任スル第三保有者ニ属セス
右ノ権利ハ債務者ノ相続人ニシテ債務ニ於ケル自己ノ部分ノミヲ弁済シタル者ニ属セス
又右ノ権利ハ他人ノ債務ノ為メ自己ノ財産ニ付キ抵当ヲ設定シタル者又ハ其者ノ相続人ニ属セス

(債権担保編)
第257条　抵当ヲ滌除スル権利ハ主タル債務者ト為リ又ハ保証人ト為リテ自身ニテ抵当債務ノ責ニ任スル第三所持者ニ属セス
又右ノ権利ハ他人ノ債務ノ為メ自己ノ財産ヲ抵当ト為シタル者ニ属セス

(プロジェ注釈)
　本条は，第三所持者だが他の資格を有するゆえに，滌除して抵当権から解放されえない者を示した。第一に，連帯債務者，共同債務者のごとく主たる債務を不可分に負担する者となり，あるいは，保証人，手形の裏書人 (donneur d'aval) のごとく従たる債務者となる者，これらは，抵当物の所持者ではあるが第三所持者ではない。第二に，共同して抵当債務ノ一部を負担するに過ぎない共同債務者は，当該債務の他の部分のために滌除することができない。第三，原債務の相続人は，被相続人である債務者自身が滌除をすることができないのであるから，滌除権を行使できない。最後に，物上保証人 (caution réelle)。その目的物をもって他人の債務を担保した者だからである。

(調査会原案)
第375条　主タル債務者，保証人及ヒ其承継人ハ抵当権ノ滌除ヲ為スコトヲ得ス

明治民法第380条

(説明概要)

　意味は債権担保編第257条と変わることはない。ただ,「第三所持者」という語が同条第1項と第2項との関係でわかり難いので,第2項を削除して第1項では用いないことにした。

(仏語訳)

Art. 379. La purge ne peut être faite par le débiteur principal, la caution et leurs successeurs.

(明治民法)

第380条　停止条件附第三取得者ハ条件ノ成否未定ノ間ハ抵当権ノ滌除ヲ為スコトヲ得ス

(プロジェ)

Art. 1270. L'acquéreur sous condition suspensive ne peut purger, tant que son droit n'est pas consolidé par l'accomplissement de la condition.

L'acquéreur sous condition résolutoire peut purger, même avant que son droit soit consolidé par la défaillance de la condition.

Dans ce cas, si les offres du tiers détenteur ont été acceptées et si, après la radiation des hypothèques sur lesquelles les fonds ont manqué, l'acquisition du tiers détenteur est résolue, les inscriptions radiées sont rétablies conformément à l'article 1249.

Si, dans le même cas, les offers n'ayant pas été acceptées, l'immeuble est vendu aux enchères, comme il est réglé ci-après, l'adjudication prononcée, soit au profit du tiers détenteur, soit profit d'un autre, demeure désormais à l'abri de la résolution.

(旧民法草案)

第1770条　停止条件附ノ取得者ハ其権利カ条件ノ成就ニ因テ固定セサル間

第 4 章　抵当権

ハ滌除スルコトヲ得ス

解除条件附ノ取得者ハ其権利カ条件ノ缺クルニ因テ固定セサル前ト雖モ滌除スルコトヲ得

此場合ニ於テ若シ第三保有者ノ提供カ承諾セラレタルモ元資ノ不足スル抵当抹殺ノ後其第三保有者ノ取得カ解除セラルルニ於テハ抹殺シタル記入ハ第1749条ニ従ヒ之ヲ回復ス

若シ右ノ場合ニ於テ提供カ承諾セラレスシテ下ニ規定セル如ク不動産ヲ競売ニ付シタルトキハ其第三保有者ノ利益ニ於テ宣告セラレタルト其他ノ者ノ利益ニ於テ宣告セラレタルトヲ問ハス以後解除条件ヲ免カルルモノトス

[債権担保編]

第256条　停止条件附ニテ不動産ヲ取得シタル者ハ条件ノ成就ニ因リテ其権利ノ定マラサル間ハ滌除スルコトヲ得

解除条件附ニテ取得シタル者ハ条件ノ到来セサルニ因リテ其権利ノ定マル前ト雖モ滌除スルコトヲ得

此場合ニ於テ第三所持者ノ提供カ承諾セラレタルモ其金額ハ抵当債務ヲ全ク弁済スルニ足ラスシテ其抵当ヲ抹消シタル後第三所持者ノ取得カ条件ノ到来ニ因リテ解除スルニ於テハ抹消ヲ受ケタル抵当債権者ノ登記ハ第237条ニ従ヒテ之ヲ回復ス

又右ノ場合ニ於テ提供カ承諾セラレスシテ下ニ規定セル如ク不動産ヲ競売ニ付シタルトキハ競落ハ第三所持者ノ為メ宣告アリタルト其他ノ者ノ為メ宣告アリタルトヲ問ハス以後解除条件ヲ免カレシム

[プロジェ注釈]

　停止条件付きの権利者が，条件の成否未定の間に，抵当権者に債務を完済せずに彼の確定した権利を消滅させることができるとするのは，全く不都合なことであるから，滌除することはできないが，解除条件付きの権利者は，滌除することができる。ただ，滌除後に解除条件が成就した場合に備えて規定をした。本条第 3 項，第 4 項である。

明治民法第381条

(調査会原案)

第376条　停止条件附第三取得者ハ条件未定ノ間ハ抵当権ノ滌除ヲ為スコトヲ得ス

説明概要

　本条は，担保編第256条に僅かな修正を加えた心算である。条件付き権利といえども，一般の規定に従い処分，相続，保存ができる（第192条）。それゆえ明文をおかないと停止条件付き権利者も滌除できるという解釈が生じないとも限らない。
　解除条件については，条件成就の効力は既往に遡らない。したがって，後に解除条件が成就しても滌除が失効するということはない。したがって，既成法典第256条の第3項，第4項のような規定は不要となった。

補論

　すでに滌除制度はなくなったから，論ずる意味はないが，解除条件付き第三取得者が滌除権を行使して，抵当権が消滅し登記が抹消された後に条件が成就した場合の爾後処理には問題はなくはなかった。

(仏語訳)

Art. 380. Le tiers acquéreur sous condition suspensive ne peut purger tant que la condition est pendante.

明治民法

第381条　抵当権者カ其抵当権ヲ実行セント欲スルトキハ豫メ第378条ニ掲ケタル第三取得者ニ其旨ヲ通知スルコトヲ要ス

補論

　上記規定に対応する，以下に示す旧民法債権担保編，旧民法草案，プロジェの規定は大きく変えられた。したがって，該当する規定のみを簡単に

第4章　抵当権

紹介するにとどめる。

(プロジェ)

Art. 1274.1.al. Le tiers détenteur peut purger à toute époque, tant qu'il n'est pas poursuivi par les créanciers et, au plus tard, dans le mois après la sommation de payer ou de d'élaisser, à peine de déchéance.

(旧民法草案)

第1774条第1項　第三保有者ハ債権者ヨリ訴追ヲ受ケサル間ハ何時タリトモ滌除スルコトヲ得又遅クトモ弁済スルヤ又ハ不動産ヲ委棄スルヤノ催告ヲ受ケタル後1カ月内ニ滌除スルコトヲ得但之ニ違フトキハ失権ト為ルモノトス

(債権担保編)

第260条第1項　第三所持者ハ債権者ヨリ訴追ヲ受ケサル間ハ何時ニテモ滌除スルコトヲ得又弁済ヲ為スカ又ハ不動産ヲ委棄スルカノ催告ヲ受ケタル後1カ月内ニ滌除スルコトヲ得但此ニ違フトキハ其権ヲ失フ

(調査会原案)

第377条　抵当権者カ其抵当権ヲ実行セント欲スルトキハ豫メ第374条ノ第三取得者ニ其旨ヲ通知スルコトヲ要ス

(説明概要)

　既成法典では，第260条に至って突然催告ということがでてくる。就中，本案の主義では，第三取得者には弁済の義務はないということになっている。また，委棄ということも廃した。債務がないのに催告ということはいけない。委棄もいけない。それで，かようにただ通告をする。抵当権者が自分は抵当権を実行するつもりであるがそれでよいか，という挨拶をするということに帰着するのである。

明治民法第382条

> 補論

　ボワソナードは，抵当不動産の第三所持者は債務も負担する者であると捉えていたと思われる（フランス民法第2168条は，tiers détenteur は満期となったすべての利息及び元本を支払う義務あり（tenir）とする）。それゆえ，抵当権の実行を免れる方法の一つとして，プロジェ第1266条において「総ての抵当債務を弁済すること」を挙げ，本条すなわちプロジェ第1274条1項において，弁済の催告（la summation de payer）という語を用いたと思われる。これに対して，本条を説明した梅は，抵当不動産の第三取得者には，債務がなく，したがって弁済をする義務がないとしており（債務と責任の分離？），この相違が催告を「通知」としたことに現われたのである。してみると，本条は，仏法系の旧民法の規定の字句を単に修正したにとどまらないことになろうか。

> 仏語訳

Art. 381. Lorsque le créancier hypothécaire veut exercer son droit d'hypotèque, il est tenu de notifier, par avance, son intention aux tiers acquéreurs mentionnés à l'article 378.

> 明治民法

第382条　第三取得者ハ前条ノ通知ヲ受クルマテハ何時ニテモ抵当権ノ滌除ヲ為スコトヲ得
第三取得者カ前条ノ通知ヲ受ケタルトキハ1カ月以内ニ次条ノ送達ヲ為スニ非サレハ抵当権ノ滌除ヲ為スコトヲ得ス
前条ノ通知アリタル後ニ第378条ニ掲ケタル権利ヲ取得シタル第三者ハ前項ノ第三取得者カ滌除ヲ為スコトヲ得ル期間内ニ限リ之ヲ為スコトヲ得

> 補論

　上記本条は，先に掲げたプロジェ第1274条，旧民法草案第1774条，債権

第4章　抵当権

担保編第260条に対応する。前条は、これらの規定にある「催告」を「通知」と変えたため、また、抵当権を実行するための手続きを明らかにするために、その第1項に変更を加えたものであった。以下は、これらの規定の第2項、第3項を掲げる。

プロジェ

Art. 1274. 2. al. Toutefois, la déchéance n'a pas lieu de plein droit; elle doit etre demandée au tribunal qui peut ne pas la prononcer et accorder un délai supplémentaire au tiers détenteur, s'il justifie d'empêchements légitimes et si les créanciers ne doivent pas éprouver un préjudice sèrieux du retard.

3. al La déchéance ne peut non plus être prononcée si, des offres à fin de purge ayant été faites tradivement, les créanciers y ont répondu ou ont laissé s'écouler, sans demander ladite déchéance, le délai d'un mois qui leur est accordé par l'article 1278- 2 pour répondre aux offres.

旧民法草案

第1774条2項　然カレトモ右ノ失権ハ当然生スルモノニ非スシテ裁判所ニ之ヲ請求スルコトヲ要ス但裁判所ハ第三保有者カ正当ノ障碍アリシコトヲ証明シ且債権者ノ其遅延ノ為メニ現実ノ損害ヲ受ケサルトキニ於テハ失権ヲ宣告セサルコトヲ得

第3項　又債権者提供ニ答フル為メ第1778条ニ依リ付与セラレタル1カ月ノ期間ニ失権ヲ請求セサルニ於テハ失権ヲ宣告スルコトヲ得ス

債権担保編

第260条2項　然カレトモ右ノ失権ハ当然生セス之ヲ請求スルコトヲ要ス但裁判所ハ第三所持者カ正当ノ障碍アリシコトヲ証シ且債権者カ其遅延ノ為メニ現実ノ損害ヲ受ケサル可キニ於テハ失権ヲ宣告セサルコトヲ得

第3項　又債権者ヨリ第265条第2号ニ規定シタル1カ月ノ期間ニ失権ヲ請求セサルニ於テハ失権ヲ宣告スルコトヲ得ス

明治民法第382条

> 調査会原案

第378条　第三取得者ハ前条ノ通知ヲ受クルマテハ何時ニテモ抵当権ノ滌除ヲ為スコトヲ得
第三取得者カ前条ノ通知ヲ受ケタルトキハ１カ月以内ニ次条ノ送達ヲ為スニ非サレハ抵当権ノ滌除ヲ為スコトヲ得ス
前条ノ通知後ニ第374条ニ掲クル権利ヲ取得シタル第三者モ亦前項ノ期間内ニ次条ノ送達ヲ為スコトヲ要ス

> 説明概要

　本条は，担保編の第260条に多少の修正を加えたのである。同条第２項，第３項は，取得者をあまりに保護しすぎはしないか。元来滌除ということは，法律が第三取得者を保護して与える権利であって，定められた期間内に行使しないというような怠慢な第三取得者は保護しなくともよい。その代わり本条は第３項を加えた。

> 補論

　梅が，第三取得者の保護に過ぎるとした担保編第260条２項，３項は，ボワソナードがフランス民法にはないにもかかわらず，付け加えたものであった。

> 仏語訳

Art. 382. Le tiers acquéreur peut, à tout moment, procéder à la purge, tant qu'il n'a pas reçu la notification prévue à l'article précédent.

　Lorsque le tiers acquéreur a reçu la notification dont s'agit, il ne peut procéder à la puege que si, dans le mois qui suit, il fait les significations prescrites à l'article suivant.

　Le tiers qui, après ladite notification, a acquis un des droits énumérés à l'article 378 peut procéder à la purge, dans le délai seulement où le tiers acquéreur don't il est parlé à l'alinea précédent peut le faire lui-même.

第4章　抵当権

> **明治民法**
>
> 第383条　第三取得者カ抵当権ヲ滌除セント欲スルトキハ登記ヲ為シタル各債権者ニ左ノ書面ヲ送達スルコトヲ要ス
>
> 一　取得ノ原因，年月日，譲渡人及ヒ取得者ノ氏名，住所，抵当不動産ノ性質，所在，代価其他取得者ノ負担ヲ記載シタル書面
>
> 二　抵当不動産ニ関スル登記簿ノ謄本但既ニ消滅シタル権利ニ関スル登記ハ之ヲ掲クルコトヲ要セス
>
> 三　債権者カ１カ月内ニ次条ノ規定ニ従ヒ増価競売ヲ請求セサルトキハ第三取得者ハ第一号ニ掲ケタル代価又ハ特ニ指定シタル金額ヲ債権ノ順位ニ従ヒテ弁済又ハ供託スヘキ旨ヲ記載シタル書面

プロジェ

Art. 1276. Dans le susdit délai d'un mois, le tiers détenteur droit notifier à tous les créanciers inscrits et à ceux à l'égard desquels la transcription vaut inscription, conformément aux articles 1124, 1184 et 1185;

1　Un exposé de son titre d'acquisition, indiquant sa nature, sa date et celle de la transcription, la désignation précise de l'aliénateur et celle de l'acquéreur, celle de l'immeuble sur lequel le droit est cédé, le prix et les charges de la cession ou l'évaluation du droit, s'il a été acquis par échange, donation ou legs;

2　Un tableau des inscriptions, présentant, pour chacune, sa date et le folio du registre où elle est portée, le nom et le domicile élu du créancier et le montant de la somme inscrite en principal;

3　Une élection de domicile pour le tiers détenteur, dans l'arrondissement du tribunal civil de la situation de l'immeuble;

4　Une déclaration que le tiers détenteur est prêt, à défaut de surenchère par lesdits créanciers, faite cnformément à la loi et dans le délai d'un mois augmenté du délai des distances, siot leur payer, dans l'ordre de leur inscription, le prix ou l'évaluation de l'immeuble ou même une somme

明治民法第383条

supérieure fixée par lui, siot à consigner lesdites sommes à leur nom, sans distinction des créances échues, à terme ou conditinnelles; sauf ce qui est dit à l'article 1134 à l'égard du créancier nanti.

(旧民法草案)
第1776条　右１カ月ノ期間ニ第三保有者ハ記入シタル各債権者ト第1624条第1684条及ヒ第1185条ニ従ヒ登記カ記入ニ等シキ効力ヲ有スル債権者トニ左ノ諸件ヲ告知スルコトヲ要ス

　第一　取得証書ノ性質, 其日附及ヒ登記ノ日附, 譲渡人及ヒ取得者ノ精確ナル指定, 権利カ譲渡サレタル不動産ノ精確ナル指定, 譲渡ノ代価及ヒ其負担又ハ交換, 贈与若クハ遺贈ニ因リテ其権利ヲ取得シタルトキハ評価額ヲ指示スル取得証書ノ説明書

　第二　各記入ニ付キ其日附及ヒ其記載セラレタル帳簿ノ葉数ト債権者ノ氏名及ヒ其選定シタル住所ト主タル債権トシテ記入シタル金額トヲ明示スル記入表

　第三　不動産所在地ノ民事裁判所ノ管轄内ニ於ケル第三保有者ノ住所選定

　第四　第三保有者ハ右ノ債権者カ法律ニ従ヒ且距離ニ応シテ増加スヘキ１カ月ノ期間ニ於テ為サレタル増競売アラサルニ於テハ満期, 有期又ハ条件付キノ債権ヲ区別セスシテ各債権者ノ記入ノ順序ニ於テ之ニ不動産ノ代価若クハ評価額又ハ自己ノ定メタル一層大ナル金額ヲ弁済シ或ハ其債権者ノ名ヲ以テ右ノ金額ヲ供託セントスル旨ノ陳述

(債権担保編)
第262条　上ニ記載シタル１カ月ノ期間内ニ第三所持者ハ登記シタル各債権者ト119条第178条及ヒ第179条ニ従ヒ登記カ抵当ノ登記ニ同シキ効力ヲ有スル債権者トニ左ノ諸件ヲ告知スルコトヲ要ス

　第一　取得証書ノ旨趣, 其日附及ヒ登記ノ日附, 譲渡人及ヒ取得者ノ氏名, 職業, 住所, 譲受ケタル不動産ノ性質, 其所在地, 譲渡ノ代価及ヒ其負担ヲ指示スル要領書但交換, 贈与若クハ遺贈ニ因リテ権利ヲ取得シ

225

第4章　抵当権

タルトキハ其評価ヲ指示スヘシ
第二　各抵当登記ノ日附，其帳簿ノ葉数，其債権者ノ氏名，住所及ヒ主タル債権トシテ登記シタル金額ヲ明示スル登記表
第三　第三所持者ハ右ノ債権者カ法律ニ従ヒ且１カ月ノ期間ニ増価競売ヲ求メサルニ於テハ満期，未満期又ハ条件附ノ債権ヲ区別セスシテ各債権者ノ抵当登記ノ順序ニ従ヒ之ニ不動産ノ代価其評価若クハ之ニ超ユル金額ノ弁済又ハ其債権者ノ為メニ金額ノ供託ヲ為サントスルノ陳述

（調査会原案）

第379条　第三取得者カ抵当権ノ滌除ヲ為サント欲スルトキハ登記ヲ為シタル各債権者ニ左ノ書面ヲ送達スルコトヲ要ス
一　取得ノ原因，年月日，登記ノ年月日，譲渡人及ヒ取得者ノ氏名，住所，抵当不動産ノ性質，所在及ヒ代価其他取得者ノ負担ヲ指示スル書面
二　抵当不動産ニ関スル登記簿ノ謄本但既ニ消滅シタル権利ニ関スル登記ハ之ヲ掲クルコトヲ要セス
三　債権者カ１カ月内ニ次条ノ規定ニ従ヒ増価競売ヲ請求セサルトキハ第三取得者ハ第一号ニ掲クル代価又ハ其指定スル金額ヲ債権ノ順序ニ従ヒテ弁済又ハ供託スヘキ旨ヲ記載スル書面

（説明概要）

　本条の規定は，担保編の第262条の規定と凡そその意味を同じくしている。transcription と inscription とは，フランス法では区別があったのだが，ここでは必要ないと思って「登記」とした。その他，不自然と感じたところなど，修正をした。

（仏語訳）

Art. 383. Lorsque le tiers acquéreur veut purger, il est tenu de signifier à chaque créancier inscrit:

1　Un acte indiquant le titre d'acquisition, sa date, les nom, prénoms et domicile de l'aliénateur et de l'acquéreur, la nature de l'immeuble

明治民法第384条

   hypothéqué, sa situasion, le prix et les autres charges incombant à l'acquéreur;
2 Un extrait du registre indiquant les inscriptions relatives à l'immeuble hypothéqué, sans qu'il soit nécessaire, toutefois, d'y mentionner les inscriptions relatives aux droits déjà éteints;
3 Un acte constatant qu'à défaut, par les créanciers, de demander dans le délai d'un mois la surenchère, cnformément aux dispositions de l'article ssuivant, le tiers acquéreur est prêt à leur payer ou à consigner, suivant le rang de leurs créances, le prix mentionné au n°1 ou une somme spécialement déterminée.

（明治民法）

第384条　債権者カ前条ノ送達ヲ受ケタル後１カ月内ニ増価競売ヲ請求セサルトキハ第三取得者ノ提供ヲ承諾シタルモノト看做ス

増価競売ハ若シ競売ニ於テ第三取得者カ提供シタル金額ヨリ10分ノ１以上高額ニ抵当不動産ヲ売却スルコトノ能ハサルトキハ10分ノ１ノ増価ヲ以テ自ラ其不動産ヲ買受クヘキ旨ヲ附言シ第三取得者ニ対シテ之ヲ請求スルコトヲ要ス

前項ノ場合ニ於テハ債権者ハ代価及ヒ費用ニ付キ担保ヲ供スルコトヲ要ス

（プロジェ）

Art. 1278 Tout créancier inscrit qui n'accepte pas l'offer ci-dessus prescrite doit requérir la mise aux enchères de l'immeuble ou du droit cédé, dans les forms, dans les délais, et sous les conditions ci-après:
1 La réquisition doit, à peine de nullité, être accompagnée d'une surenchère d'un dixième en sus de la somme offerte, avec déclaration que le requérant est prêt à donner caution ou garantie suffisante pour le prix total ainsi augmenté et pour les frais; le tout est signé, sur l'original, par le requérant

第4章　抵当権

ou son fondé de pouvoir spécial;

2　Ladite réquisition doit, à peine de nullité également, être signifiée au tiers détenteur, au domicile par lui élu, dans le mois de la notification des offers, plus autant de jours qu'il y a de fois dix ris, pour l'aller et le retour des pièces, entre le domicile élu par le créancier et son domicile réel au Japon;

3　Pareille signification doit être faite au précédent propriétaire, débiteur principal, dans le même délai, augmenté de même à raison de la distance de son domicile réel;

4　Si l'hypothèque sur le fonds aliéné a été constituée par un autre que le débiteur, la signification doit être faite aussi à ce dernier, dans le même délai.

Lesdits délais se confondent, jusqu'à concurrence du plus court.

（旧民法草案）

第1778条　総テ記入シタル債権者ニシテ上ニ定メタル提供ヲ受諾セサルハ譲渡サレタ不動産又ハ権利ヲ競売ニ付スルコトヲ下ノ方式，期間及ヒ条件ヲ以テ求ムルコトヲ要ス

第一　其請求ニハ提供セラレタル金額ノ上少クモ10分1ノ増競売ト請求者此ノ如ク増額シタル代価ノ全部及ヒ費用ノ為メ十分ナル保証人又ハ担保ヲ供セント準備スル旨ノ陳述トヲ添フルコトヲ要ス若シ之ニ違フトキハ其請求ハ無効タリ又右ハ総テ請求者又ハ其特別代理人ニ於テ正本ニ書名スヘシ

第二　右ノ請求ハ提供告知ヨリ1カ月内ニ第三保有者ニ其選定シタル住所ニ於テ之ヲ通知スルコトヲ要ス若シ之ニ違フトキハ其請求ハ亦無効タリ但右ノ期間ハ債権者ノ選定シタル住所ト其日本ニ在ル本住所トノ間ニ於テ書類往返ノ為メ10里毎ニ1日ヲ増加ス

第三　主タルト否トヲ問ハス債務者タル前所有者ニ其本住所ノ距離ノ割合ニ応シテ増加シタル右同一ノ期間内ニ右ニ等シキ通知ヲ為スコトヲ要ス

228

明治民法第384条

第四　若シ債務者ニ非サル者カ譲渡セラレタル不動産ニ付キ抵当ヲ設定シタルトキハ亦同一ノ期間ニ於テ債務者ニ通知ヲ為スコトヲ要ス
右ノ期間ハ最モ短キ期間ニ満ツルマテ相混同スルモノトス

(債権担保編)

第265条　凡ソ抵当ヲ登記シタル債権者ニシテ上ニ定メタル提供ヲ受諾セサル者ハ左ノ方式，期間及ヒ条件ヲ以テ抵当財産ノ競売ヲ要求スルコトヲ要ス
第一　其要求ニハ提供金額ノ上少クトモ10分1ノ増価ニテ買受クルコトト其増額シタル代価ノ全部及ヒ費用ノ為メ十分ナル保証人又ハ担保ヲ供スル旨ノ陳述トヲ添フルコトヲ要ス若シ此ニ違フトキハ其要求ハ無効タリ但此場合ニ於テハ総テノ正本ニ要求者又ハ其特別代理人ノ署名アルコトヲ要ス
第二　右ノ要求ハ提供告知ヨリ1カ月内ニ第三所持者ニ之ヲ送達スルコトヲ要ス若シ此ニ違フトキハ其要求ハ亦無効タリ
第三　右ノ期間ニ於テ債務者タルト否トヲ問ハス前所有者ニ右ニ同シキ送達ヲ為スコトヲ要ス
第四　主タル債務者ニ非サル者カ抵当ヲ設定シタルトキモ亦同一ノ期間ニ於テ其債務者ニ送達ヲ為スコトヲ要ス

(調査会原案)

　第380条　債権者カ前条ノ送達ヲ受ケタルヨリ1カ月内ニ増価競売ヲ請求セサルトキハ第三取得者ノ提供ヲ承諾シタルモノト看做ス
増価競売ハ若シ競売ニ於テ第三取得者カ提供シタル金額ヨリ10分1以上高価ニ抵当不動産ヲ売却スルコト能ハサルトキハ10分1ノ高価ヲ以テ自ラ其不動産ヲ買受クヘキ旨ヲ附言シ第三取得者ニ対シテ之ヲ請求スルコトヲ要ス
前項ノ場合ニ於テハ其代価及ヒ費用ニ付キ担保ヲ供スルコトヲ要ス

第4章　抵当権

説明概要

　本条第1項の規定は，既成法典の担保編第255条，第262条第3項，第265条並びに第268条の規定をみると自ら明瞭である。第265条第2号，第3号には，「其要求ハ無効」とあるが，それでは酷であるので，これを廃して，ただ「担保ヲ供スルコトヲ要ス」にとどめた。「保証人」とあるのも，担保のなかに含まれるから省いた。「署名」が必要だというのも，仮に署名がなくとも当事者が作成した書面に相違ないという確かな証拠があればよいので，これも削った。

仏語訳

Art. 384. Lorsque le créancier ne demande pas la surenchère dans mois qui suit la réception des significations prévues à l'article précédent, il est censé avoir accepté l'offre du tiers acquéreur.

　Le créancier est tenu de former une surenchère entre les mains du tiers acquéreur, en déclarant que, faute de pouvoir vendre aux enchères l'immeuble hypothèque à un prix supérieur d'un dixième à la somme offerte par le tiers acquéreur, il est prêt à acheter lui-même cet immeuble au prix ainsi accru d'un dixième.

　Dans le cas prévu à l'alinéa précédent, le créancier est tune de fournir une garantie pour le paiement du prix et des frais.

補論

　債権担保編第265条は，次条（明治民法第385条）にも対応する。したがって，次条では，プロジェ，旧民法草案および同条を掲げることは省略する。

明治民法

第385条　債権者カ増価競売ヲ請求スルトキハ前条ノ期間内ニ債権者及ヒ抵当不動産ノ譲渡人ニ之ヲ通知スルコトヲ要ス

明治民法第386条

(調査会原案)

第381条　債権者カ増価競売ヲ請求スルトキハ前条ノ期間内ニ債務者及ヒ譲渡人ニ之ヲ通知スルコトヲ要ス

(説明概要)

本条の規定は，担保編の第265条第３号及び第４号を１カ条にしたので，別に意味に違いはない。

(仏語訳)

Art. 385. Lorsque le créancier forme une surenchère, il est tenu de la notifier au débiteur et à l'aliénateur de l'immeuble hypothèque, dans le delai prescript à l'article précédent.

(明治民法)

第386条　増価競売ヲ請求シタル債権者ハ登記ヲ為シタル他ノ債権者ノ承諾ヲ得ルニ非サレハ其請求ヲ取消スコトヲ得ス

(プロジェ)

Art. 1279. Lorsqu'une surenchère valuable a été signifiée dans les forms et le délai prescript, le surenchéreure ne peut la rétracter sans le consentment des autre créanciers inscrits, lesquels peuvent porsuivre la vente publique sur ladite surenchère.

S'il y a vente publique, les articles 1290 et suivants ci-après sont applicables.

(旧民法草案)

第1779条　若シ定マリタル方式及ヒ期間ヲ以テ増競売ヲ通知シタルトキハ増競買人ハ他ノ記入シタル債権者ノ承諾ナクシテ之ヲ言消スコトヲ得ス但其債権者ハ右増競売ニ付キ公売ヲ訴追スルコトヲ得
若シ公売アリタルトキハ下ノ第1790条以下ヲ適用ス

第4章　抵当権

債権担保編

第267条　定マリタル方式及ヒ期間ヲ以テ増価競売ノ告知ヲ為シタルトキハ其競売ノ要求者ハ抵当ノ登記ヲ為シタル他ノ債権者ノ承諾ナクシテ競売ヲ取消スコトヲ得其債権者ハ此増価競売ノ実行ヲ要求スルコトヲ得

若シ競売ノ実行アリタルトキハ第278条以下ヲ適用ス

補論

　プロジェでは，「登記した他の債権者の承諾なくして rétracter することができない」とされている。この rétracter は撤回すると訳すべきものと思われるが，取消すと訳しても誤りではないであろう。旧民法草案について，私が依拠した『史料』では「言消ス」となっていて，『再閲』でも同じである。

調査会原案

第382条　増価競売ヲ請求シタル債権者ハ登記ヲ為シタル他ノ債権者ノ承諾ヲ得ルニ非サレハ其請求ヲ取消スコトヲ得ス

説明概要

　これも担保編の第267条第1項と意味は同じである。第2項があったのは削った。第278条以下を適用す，とあるが，同条以下は競売の規定であって，競売の実行があったときは競売の規定を適用するというのは当然のことだからである。

仏語訳

Art. 386. Le créancier qui a formé une surenchère ne peut retirer sa demande, à moins que les autres créanciers inscrits n'y consentent.

明治民法

第387条　抵当権者カ第382条ニ定メタル期間内ニ第三取得者ヨリ債務ノ弁済又ハ滌除ノ通知ヲ受ケサルトキハ抵当不動産ノ競売ヲ請求スルコトヲ得

プロジェ

Art. 1290. Si le tiers détenteur n'a ni payé, ni délaissé, ni proposé la purge, dans les délais ci-dessus fixés, les créanciers hypothécaire peuvent poursuivre son expropriation de l'immeuble par la vente aux enchères, dans les forms et avec la publisité réglées par le Code de Procedure civile.

　Il en est de même si, les offres à fin de purge n'ayant pas été acceptées, il y a eu surenchère d'un dixième.

旧民法草案

第1790条　若シ第三保有者カ弁済ヲ為サス，委棄ヲ為サス又滌除ヲ提出セサルトキ又ハ滌除ノ目的ニテ為シタル提供ヲ受諾セラレサルニ因リテ増競売ノアリタルトキハ民事訴訟法ニ規定シタル方式ト公示トヲ以テ不動産ヲ競売ニ付ス

補論

　プロジェの第1290条では第2項があるが，旧民法草案1790条では，第1項，第2項を併せて翻訳してある。その趣旨は不明。かえって，次に紹介する旧民法債権担保編第278条が，プロジェの体裁を受け継いでいる。

債権担保編

第278条　第三所持者カ弁済ヲ為サス委棄ヲ為サス又滌除ヲ提出セサルトキハ抵当債権者ハ民事訴訟法ニ規定シタル方式ト公示トヲ以テ不動産ヲ競売ニ付ス

滌除ノ目的ニテ為シタル提供ノ受諾ヲ得サル場合ニ於テ増価競売ノ請求ア

233

第4章　抵当権

リタルトキモ亦同シ

[調査会原案]

第383条　第三取得者カ第378条ニ定ムル期間内ニ債務ノ弁済又ハ滌除ノ通知ヲ為ササルトキハ抵当権者ハ抵当不動産ノ競売ヲ請求スルコトヲ得

[説明概要]

　この箇条は、担保編の第278条とその意味は同じ心算である。競売手続きが民事訴訟法で定められるかどうかは不明確なので、これを省いた。第2項も不要である。

[仏語訳]

Art. 387. Lorsque le créancier hypothécaire n'a pas reçu du tiers acquéreur le versement de ce qui lui est dû ou la notification à fin de purge, dans les délais prescrits à l'article 382, il peut demander la vente aux enchères de l'immeuble hypothéqué.

[補論]

　滌除制度は、すでにみたように、フランス民法の purge の制度を出自とするが、これは、フランス古法においては、抵当権を公示する制度がなかったので、隠れた抵当権者を釣り出して、不動産取引の安全を図ろうとしたことに由来するとされる。その後、1795年のデクレで抵当権に inscription の制度が導入され、上記のような必要がなくなったにもかかわらず、惰性的に民法典に残存したのが現行の制度だといわれている（甲斐道太郎「滌除制度とその機能」（『担保法大系』第1巻546頁））。
　このフランス民法の在り方を漫然と承け継いだのがプロジェであり、それを旧民法が取り入れ、さらに明治民法は旧民法を修正する方針で編纂されたため、明治民法にも惰性的に承継されたかのようである。しかし、梅は、『民法要義』において、滌除制度の有用性について明確な叙述を残していて（有斐閣復刻版同書、「巻之二　物権編」542～545頁）、抵当権と用益

第388条（法定地上権）

権との調和という観点からみて妥当な制度であることを述べており，そのことからすれば，決して惰性的ないし無批判的に承継したのではないことを知ることができるが，後世の民法学者は，滌除制度については批判的であった（たとえば，我妻栄『担保物権法』（昭和11年初版本180頁）。

増価競売の負担，代価・費用についての担保供与義務，賃借権取得者には滌除権が認められていないことなど，第三取得者が廉価に抵当権を消却せんとする目的に資し，他方，用益権保護としての作用も十分ではなく，立法論としては廃止すべきだというのが趨勢であったのである。

(現行民法)

（法定地上権）
第388条　土地およびその上に存する建物が同一の所有者に属する場合において，その土地又は建物につき抵当権が設定され，その実行により所有者を異にするに至ったときは，その建物について，地上権が設定されたものとみなす。この場合において，地代は，当事者の請求により，裁判所が定める。

(補論)

本条は，抵当権の効力の及ぶ範囲（第370条）についての法典調査会の審議において，土地と建物とは別個の不動産として扱うことになったのを受けて，新たに設けられたものである。したがって，プロジェ，旧民法には，対応する規定はない。次条も同様である。

(調査会原案)

第384条　抵当権ノ設定ノ当時ニ於テ抵当地ニ抵当権設定者ノ所有ニ係ル建物アルトキハ抵当権設定者ハ土地ノ競売ノ場合ニ付キ地上権ヲ留保シタルモノト看做ス但地代ハ当事者ノ請求ニ因ヨリ裁判所之ヲ定ム

第4章　抵当権

[起草者からの修正案]

第384条　抵当権設定ノ当時土地ニ建物アル場合ニ於テ土地又ハ建物ノミヲ抵当トシタルトキハ抵当権設定者ハ競売ノ場合ニ付キ地上権ヲ設定シタルモノト看做ス但地代ハ当事者ノ請求ニ依リ裁判所之ヲ定ム

[補論]

　先にも述べたように，本条は，第370条が起草委員の想定したのとは異なった方針で定められた結果として必要となったものである。おそらく原案としても十分に練られたものではなかったのではなかろうか。そのことは，審議中に起草委員から修正案がだされたこと，さらにこの修正案についても，「抵当権設定当時」とあるのは削ると訂正がなされていること，この修正案では，土地と建物との所有者が同一人であることがむしろ判明しにくくなっていることが指摘されることなど，梅委員自らが，「ここで考えた文章であるから，なるべくは仮に決しておいて，整理会の時までによく考えて文章を直すことにしたい」，という発言をしていることからも推測できるのである。

　本条原案の提出と同時に，一括競売に関する第385条も提出され，この2条は一括して審議されているが，第385条については，あまり議論がなかった。

　なお，ここで，地上権について若干言及しておく。旧民法では，地上権とは，「他人ノ所有ニ属スル土地ノ上ニ於テ建物又ハ竹木ヲ完全ノ所有権ヲ以テ占有スル権利ヲ謂フ」（財産編第171条）と定義されていたので，梅は，次のように述べている。これは，フランスなどにおいて或る学者の唱えるところの，地上権は建物および竹木の所有者なり，という説に基づいたように思われる（プロジェにおいても，第501条のコメントでは，建物および植物の敷地に関していえば，地上権者はemphytéoteに過ぎず，底地については何らの権利を有しない者，と述べられている）。しかし，日本においては，地上権は，土地についての物権と構成した，と（民法議事速記録二161頁）。すなわち，旧民法におけると，明治民法におけるとでは，地上権の性質は全く異なることに留意しなければならない。次に，法定地上権であって，

第389条（抵当地の上の建物の競売）

なぜ法定賃借権ではなかったのか，という点については，梅らの認識としては，明治民法が施行された後は，建物所有のための他人の土地の利用権は地上権が通常であって，賃借権は殆ど行われないであろうというものであったからと思われる（「地上権ニ関スル法律」参照）。これがそのようにはならず，民法施行後10年にして，「建物保護ニ関スル法律」の制定をみなければならなかった。

明治民法

第388条　土地及ヒ其上ニ存スル建物カ同一ノ所有者ニ属スル場合ニ於テ其土地又ハ建物ノミヲ抵当ト為シタルトキハ抵当権設定者ハ競売ノ場合ニ付キ地上権ヲ設定シタルモノト看做ス但地代ハ当事者ノ請求ニ因リ裁判所之ヲ定ム

仏語訳

Art. 388. Lorsque le sol et le bâtiment qui s'y trouve apartiennent à un même propriétaire, si l'hypothèque ne porte que sur le sol ou sur le bâtiment seulement, celui qui l'a consistuée est considéré comme ayant établi un droit de superficie, pour le cas de la vente aux enchères. Dans ce cas, la redevance est fixée par le tribunal, sur la demande des parties.

現行民法

（抵当地の上の建物の競売）
第389条　抵当権の設定後に建物が築造されたときは，抵当権者は，土地とともにその建物を競売することができる。ただし，その優先権は，土地の代価についてのみ行使することができる。
　前項の規定は，その建物の所有者が抵当地を占有するについて抵当権者に対抗することができる権利を有する場合には，適用しない。

第 4 章　抵当権

> 補論
>
> 　本条は，法典調査会では，第388条とともに，一括して提案されていたことは，先に述べた。なお，本条第 2 項は，平成15年改正で追加されたものである。

> 調査会原案
>
> 第385条　抵当権設定後ニ其設定者カ抵当地ニ建物ヲ築造シタルトキハ抵当権者ハ土地ト共ニ之ヲ競売スルコトヲ得但其ノ優先権ハ土地ノ代価ニ付テノミ之ヲ行フコトヲ得

> 明治民法
>
> 第389条　抵当権設定ノ後其設定者カ抵当地ニ建物ヲ築造シタルトキハ抵当権者ハ土地ト共ニ之ヲ競売スルコトヲ得但其優先権ハ土地ノ代価ニ付テノミ之ヲ行フコトヲ得

> 仏語訳

Art. 389. Lorsque, après la constitution de l'hypothèque, celui qui l'a constituée a élevé un bâtiment sur le sol hypothéqué, le créancier hypothécaire peut vendre aux enchères le bâtiment avec le sol. Toutefois, il ne peut exercer son droit de préférence que sur le prix du sol.

> 現行民法
>
> 　（抵当不動産の第三取得者による買受け）
> 第390条　抵当不動産の第三取得者は，その競売において買受人となることができる。

> プロジェ

Art. 1291. Dans tous les cas, si la résolution n'est pas demandée ou n'a pas été admise, le tiers détenteur peut, lors de la mise aux enchères, se porter

第390条（抵当不動産の第三取得者による買受け）

enchérisseur.

Si l'adjudication est prononcée en sa faveur, le jugement d'adjudication est seulement mentionné en marge de la transcription de son titre originaire, comme confirmative du même titre.

旧民法草案

第1791条　総テノ場合ニ於テ若シ解除カ請求セラレス又ハ認許セラレサルトキハ第三保有者ハ競売ノ際競買人ト為ルコトヲ得若シ第三保有者ノ利益ニ於テ競落ヲ宣告シタルトキハ競落ノ判決ハ原証書ヲ固定スルモノトシテ其原証書ノ登記ノ辺縁ニ之ヲ附記スルノミトス

債権担保編

第280条　総テノ場合ニ於テ解除ノ請求ナク又ハ其認許ナキトキハ第三所持者ハ競売ノ際競買人ト為ルコトヲ得
第三所持者ノ利益ニ於テ競落ヲ宣告シタルトキハ其判決ハ原証書確認ノ証拠トシテ其原証書ニ依ル登記ニ之ヲ附記スルノミ

補論

　本条で，第三所持者（tiers détenteur　旧民法草案では，第三保有者）は，自ら抵当不動産の競落人となることが認められているが，次の二点に留意する必要があろう。第一に，この détenteur とは，「（暫定的権限に基づいて，自己又は他人のためにする他人の所有物の）一時的所有者，容仮占有者」を意味する（山口俊夫辺『フランス法辞典』）とすれば，わが民法にいう抵当不動産の第三取得者とは意味が異なることである。プロジェ注釈（第1791条）においては，tiers détenteur は，自ら抵当不動産を競落した場合でも，なお，第三保有者は，追奪を受けたとみなされる（il peut considéré comme evince）とし，第二に，プロジェ第1299条において，「第三保有者カ競落人トナリタルトキハ第1281条ニ定メタル如ク滌除ノ目的ニテ為シタル提供カ受諾セラレタル場合ニ於ケル如ク賠償ヲ得ク」としているので，滌除との係わりのなかで，第三保有者の競売参加並びに競落が認められているこ

第4章　抵当権

とである。
　プロジェ第1281条は，旧民法債権担保編第288条に対応するので，同条も参照のこと。

(調査会原案)

第384条　第三取得者ハ競売人ト為ルコトヲ得
第三取得者カ競落人ト為リタルトキハ之ヲ其取得ノ登記ニ附記スルコトヲ要ス

(説明概要)

　本条は，担保編第280条に文字の修正を加えた。

(明治民法)

第390条　第三取得者ハ競買人ト為ルコトヲ得

(補論)

　明治民法起草者は，本条は，既成法典債権担保編第280条に字句の修正を加えたものとするが，tiers détenteur が，第三保有者となり，第三所持者となり，さらに第三取得者（tiers acquéreur）となって，この者は抵当不動産の所有権者ということとなった。しかし，抵当権の実行があった場合には，抵当権に対抗できないものとして，取得した所有権が消滅する虞もある。このような観点からすれば，本条の立法趣旨は至極簡単である。所有権者が自ら買主となりうるというのは通常はありえないが，第三取得者の地位は前述の如く不安定なので，自ら買主となって自己の所有権を安定させることができるとしたのが，本条であるということになる。規定の性格からすれば，注意規定ということになろうか。

(仏語訳)

Art. 390. Le tiers acquéreur peut se porter adjudicataire.

第391条（抵当不動産の第三取得者による費用の償還請求）

> (現行民法)
>
> （抵当不動産の第三取得者による費用の償還請求）
> 第391条　抵当不動産の第三取得者は，抵当不動産について必要費又は有益費を支出したときは，第196条の区別に従い，抵当不動産の代価から，他の債権者より先にその償還を受けることができる。

(プロジェ)

Art. 1296. Si le fonds hypothéqué a subi des détériorations du fait du tiers détenteur pendant sa possession, ou si celui-ci a fait sur le fonds des dépenses nécessaires ou utiles, il en est fait raison, entre lui et les créanciers hypothécaires.

(旧民法草案)

第1796条　若シ抵当不動産カ第三保有者ノ占有中其所為ニ因リ毀損ヲ受ケ又ハ第三保有者カ不動産ニ付キ必要又ハ有益ノ出費ヲ為シタルトキハ第三保有者ト抵当債権者トノ間ニ於テ其計算ヲ為スモノトス

(債権担保編)

第285条　第三所持者カ抵当不動産ノ占有中其所為ニ因リテ之ヲ毀損シ又ハ之ニ必要若クハ有益ノ出費ヲ為シタルトキハ第三所持者ト抵当債権者トノ関ニ於テ其計算ヲ為ス

(プロジェ注釈)

　その取得した不動産に抵当権の存在を知りまたは知り得べき第三保有者は，債権の担保を減少させる総ての行為をしてはならず，この義務に反したときは，債権者に賠償をしなければならない。また，逆に，第三保有者が抵当不動産に必要または有益の費用を支出したときは，補償を受けるのが当然である。というのは，債権者は，正当な原因なくして利得を得ることになるからである。

第 4 章　抵当権

> 補論

　ボワソナードは，本条の注釈において注を付している。それは，条文草案に用いた"faire raison"という語についてであって，ラテン語の"rationem facere"に由来し，"faire compte"（計算をする）と同義であって，フランス古法で用いられたが，現在でもしばしば民法典中にみることができる（たとえば，第1511条），と述べている。余計なことながら，現在のフランス民法第1511条では，"tenir compte"とされている。

> 調査会原案

第386条　第三取得者カ抵当不動産ニ必要費又ハ有益費ヲ加ヘタルトキハ第196条ノ区別ニ従ヒ不動産ノ代価ヲ最モ先ニ其償還ヲ受クルコトヲ得

> 説明概要

　本条は，担保編第285条に少しく修正を加えた。原文には，第三取得者が不動産を毀損したときは賠償をせよとしているが，これは，抵当権を妨害した（価値を侵害した）ことになるのだから，賠償すべきなのは当然であって，別段言うをまたない。次に，第三取得者が支出した必要費・有益費について，抵当権者との間で「其計算ヲ為ス」としていて，その全額について償還できるのかどうか明らかではない。そこで，ここでは，第196条の規定に従いとして，この点を明らかにした。

> 明治民法

第391条　第三取得者カ抵当不動産ニ付キ必要費又ハ有益費ヲ出シタルトキハ第196条ノ区別ニ従ヒ不動産ノ代価ヲ以テ最モ先ニ其償還ヲ受クルコトヲ得

> 仏語訳

Art. 391. Lorsque le tiers acquéreur a fait des dépenses nacessaires ou utiles relativement à l'immeuble hypothéqué, il peut se faire rembourser tout d'abord sur le prix de l'immeuble, suivant les distinctions établies à l'article 196.

第392条（共同抵当における代価の配当）

> **現行民法**
>
> （共同抵当における代価の配当）
> 第392条　債権者が同一の債権の担保として数個の不動産につき抵当権を有する場合において，同時にその代価を配当すべきときは，その各不動産の価額に応じて，その債権の負担を按分する。
>
> 　債権者が同一の債権の担保として数個の不動産につき抵当権を有する場合において，ある不動産の代価のみを配当すべきときは，抵当権者は，その代価から債権の全部の弁済を受けることができる。この場合において，次順位の抵当権者は，その弁済を受ける抵当権者が前項の規定に従い他の不動産の代価から弁済を受けるべき金額を限度として，その抵当権者に代位して抵当権を行使することができる。

プロジェ

Art. 1256. Lorsqu'un créancier a hypothèque sur plusieurs immeubles dont les divers prix sont liquidés en même temps, as créance doit être répartie sur tous proportionnellement à leur importance.

En cas de liquidations successive, si ledit créancier est payé en entier sur le prix de l'un d'eux et qu'il en résulte une perte pour un ou plusieurs autres créanciers n'ayant hypothèque qu'après lui sur ledit immeuble, ceux-ci sont subrogés de droit à l'hypothèque du créancier désintéressé, pour leur propre créance et à leur rang respectif, sur les autres immeubles, pour la portion contributoire afférent auxdits immeubles dans la créance qui les a primés.

旧民法草案

第1756条　債権者カ各箇ノ代価ノ同時ニ清算セラレタル数個ノ不動産ニ付キ抵当ヲ有スルトキハ其債権ハ総テノ不動産ニ其重要ノ割合ニ応シテ之ヲ配当ス可シ
順次ノ清算ノ場合ニ於テ若シ右ノ債権者カ不動産中１箇ノ代価ニ因リテ全ク弁済ヲ受ケ此一箇ノ不動産ニ付キ其債権者ノ次ニ抵当ヲ有スル１人又ハ

第4章 抵当権

数人ノ債権者ノ為メニ損失ノ生スルトキハ其1人又ハ数人ノ債権者ハ他ノ各不動産ニ付テハ其己レニ先タチタル債権ニ於ケル其各不動産ノ分担部分ニ対シ自己ノ債権ノ為メ其相互ノ順位ヲ以テ右弁済ヲ受ケシ債権者ノ抵当ニ当然代位ス

[債権担保編]

第242条　債権者カ数個ノ不動産ニ付キ抵当ヲ有シ其各箇ノ代価カ同時ニ清算アリシトキハ其債権ハ総不動産ノ価額ノ割合ニ応シテ之ヲ分配シ可シ漸次ノ清算ノ場合ニ於テ右ノ債権者カ不動産中ノ1箇ノ代価ニ因リテ全ク弁済ヲ受ケ此1箇ノ不動産ニ付キ其債権者ノ次ニ抵当ヲ有スル1人又ハ数人ノ債権者カ為メニ弁済ヲ受クルコトヲ得サルトキハ其1人又ハ数人ノ債権者ハ他ノ各不動産ニ付テハ其相互ノ順位ヲ以テ弁済ヲ受ケタル債権者ノ抵当ニ当然代位ス

[プロジェ注釈]

　本条の規定する代位は，フランス法には存在しない。イタリー民法2011条に倣ったものである。その趣旨は，法文を一読すれば容易に理解できるであろう。

[補論]

　共同抵当における，同時配当の場合の割付け，異時配当の場合の後順位者の代位を定めた規定であって，ドイツ法系，英米法系にもなく，フランス法にもない制度である。一般的には，共同抵当権者がある特定の不動産から債権額全額を回収しようとし，それがため当該不動産の後順位者が害される結果となったとしても，後順位者は他の不動産に代位することは許されず，その危険を甘受しなければならないとする法制が行われているようである。我妻教授が，本条の制度をもって，巧妙な立法と評される所以である。ただ，本条は，後順位者については規定したが，他の利害関係人，すなわち，物上保証人，先順位抵当権者との関係は，解釈に委ねられることとなった。

第392条（共同抵当における代価の配当）

　本条の原となったのは，プロジェでは，イタリー民法第2011条とするが，風間鶴寿『全訳　イタリア民法典（追補版）』（法律文化社，1977年）によれば，第2856条がそうである。法文の体裁はプロジェとは異なる。比較法的には，それがどのように運用されているのかに留意をする必要があろう。

[調査会原案]

第387条　債権者カ数個ノ不動産ニ付キ抵当権ヲ有スル場合ニ於テ同時ニ其代価ヲ配当スヘキトキハ其各不動産ノ価額ニ準シ其債権ノ負担ヲ分配ス
　前項ノ場合ニ於テ或不動産ノ代価ノミヲ配当スヘキトキハ抵当権者ハ其代価ニ付キ債権全額ノ弁済ヲ受クルコトヲ得此場合ニ於テハ次ノ順位ニ在ル抵当権者ハ前項ノ規定ニ従ヒ右ノ抵当権者カ他ノ不動産ニ付キ弁済ヲ受クヘキ全額ニ満ツルマテ之ニ代位シテ抵当権ヲ行フコトヲ得

[説明概要]

　本条は，担保編第242条に文字の修正を加えた。原文第1項で，「総不動産」とあるが，所有の総ての不動産というようにもとれるので，「各不動産」とした。第2項で，「不動産中ノ1箇」とあるが，一箇だけで全額弁済が受けられない場合もある。要するに異時配当の場合にこの規定が当てはまらなければならないから，この「1箇」という字は省いた。

[明治民法]

第392条　債権者カ同一ノ債権ノ担保トシテ数個ノ不動産ノ上ニ抵当権ヲ有スル場合ニ於テ同時ニ其代価ヲ配当スヘキトキハ其各不動産ノ価額ニ準シテ其債権ノ負担ヲ分ツ
　或不動産ノ代価ノミヲ配当スヘキトキハ抵当権者ハ其代価ニ付キ債権ノ全部ノ弁済ヲ受クルコトヲ得此場合ニ於テハ次ノ順位ニ在ル抵当権者ハ前項ノ規定ニ従ヒ右ノ抵当権者カ他ノ不動産ニ付キ弁済ヲ受クヘキ金額ニ満ツルマテ之ニ代位シテ抵当権ヲ行フコトヲ得

第4章　抵当権

仏語訳

Art. 392. Dans le cas où le créancier a l'hypothèque sur plusieurs immeubles pour une seule créance, s'il y a lieu de répartir au même moment le prix de ces immeubles, la charge de la créance se divise proportionnellement au montant de leur valeur.

S'il y a lieu de répartir seulement le prix d'un des immeubles, le créancier hypothécaire peut exiger que le prix soit versé entre ses mains jusqu'à concurrence du montant intégral de sa créance. Dans ce cas, le créancier hypothécaire immédiatement postérieur en rang peut agir hypotécairement, comme subrogé, jusqu'à concurrence de la somme que le créancier susmentionné etait en droit d'exgiger sur les autres immeubles, conformément aux dispositions de l'alinéa précédent.

現行民法

（共同抵当における代位の付記登記）
第393条　前条第2項後段の規定により代位によって抵当権を行使する者は，その抵当権の登記にその代位を付記することができる。

プロジェ

Art. 1257. Ladite subrogation produit son effet contre les créanciers qui sont inscrits sur lesdits immeubles à la suite de celui dont les droits sont ainsi transmis.

Si les subrogés font mentionner leur subrogation en marge des inscriptions prises, ils doivent être nominativement compris dans la procédure d'ordre, et aucune radiation ou réduction de l'inscription ne peut avoir lieu sans leur consentement.

Si l'hypothèque du créancier désintéressé n'a pas été inscrite sur less autrs immeubles qui lui sont affectés, l'inscription peut être prise et la susdite mention faite aux mêmes fins par les subrogés.

第393条（共同抵当における代位の付記登記）

(旧民法草案)

第1757条　前条ノ代位ハ右ノ如ク其権利ノ利転セラレタル債権者ニ次テ右不動産ニ付キ記入ヲ為シタル債権者ニ対シテ其効ヲ生ス

若シ右ノ代位者カ其為シタル記入ノ縁邉ニ其代位ヲ附記セシメタルトキハ其代位者ハ順序規定ノ手続中ニ指名シテ之ヲ加ハラシムルコトヲ要シ其承諾アルニ非サレハ何等ノ抹殺又ハ減少ヲモ為スコトヲ得ス

若シ弁済ヲ受ケシ債権者ノ抵当ニ供シタル他ノ不動産ニ付キ其抵当ヲ記入セサリシトキハ代位者記入ヲ為シ且右ト同一ノ目的ニテ其縁邉附記ヲ為スコトヲ得

(債権担保編)

第243条　前条ノ代位ハ原債権者ニ次テ右各不動産ニ付キ登記ヲ為シタル債権者ニ対シテ其効ヲ生ス

右ノ代位者カ登記ニ其代位ヲ附記シタルトキハ其代位者ヲ順序配当手続中ニ加ハラシムルコトヲ要シ且其承諾アルニ非サレハ何等ノ抹消又ハ減少ヲモ為スコトヲ得ス

(補論)

　代位の付記登記についての規定であり，とくにプロジェ注釈を紹介する用をみない。

(調査会原案)

第388条　前条ノ規定ニ従ヒ代位ニ因リテ抵当権ヲ行フ者ハ其抵当権ノ登記ニ其代位ヲ附記スルコトヲ得

登記官吏カ代価ノ配当ヲ終ヘタル不動産ニ付キ登記抹消ノ請求ヲ受ケタルトキハ其抹消ヲ為スト同時ニ代位ノ附記ヲ為スコトヲ要ス

(説明概要)

　本条は，担保編第243条に文字の修正を加えたものだが，すこし違うところがある。原文第1項は，言うを待たないことであり，かつ誤解を招く

第4章　抵当権

表現であるので，書かない方がよいと思った。むしろ，代位者にはその登記をする権利があるということを明らかにしておくべきである。この代位は，法定の代位であるから，付記をしなかったからといって，債務者とその承継人には代位を対抗できても不都合はない。しかし，第三者との関係では（付記）登記が必要である。第1順位の抵当権は消えているので，代位の附記がなければその代位を知らずして代価を分かってしまうことも生じかねない。それゆえ，代位者は，自己の利益のために附記を為すことを得るとしておけば宜しい。

　本条第2項は，既成法典にはなかったものである。代価の配当が終わって登記が消えてしまったところに，後から申請して付記登記をすることは実際にはできないと思われるので，このような規定を設けた。

補論

　審議において，箕作委員から，本条第2項については，このような登記手続に関する規定を民法のなかに置くというのは体裁上穏やかではない，これを削除して登記法に入れるという案が出て，賛成多数となった。

明治民法

第393条　前条ノ規定ニ従ヒ代位ニ因リテ抵当権ヲ行フ者ハ其抵当権ノ登記ニ其代位ヲ附記スルコトヲ得

仏語訳

Art. 393. Celui qui exerce l'hypothèque par subrogation, conformément aux dispositions de l'article précédent, peut faire mention de cette subrogation dans l'inscription de son hypothèque.

現行民法

（抵当不動産以外の財産からの弁済）
第394条　抵当権者は，抵当不動産の代価から弁済を受けない債権の

第394条（抵当不動産以外の財産からの弁済）

部分についてのみ，他の財産から弁済を受けることができる。
　前項の規定は，抵当不動産の代価に先立って他の財産を配当すべき場合には，適用しない。この場合において，他の各債権者は，抵当権者に同項の規定による弁済を受けさせるため，抵当権者に配当すべき金額の供託を請求することができる。

（プロジェ）

Art. 1261. Les créanciers hypothécaires qui ne sont pas désintéressés en entier par le produit de la vente des immeubles demeurent créanciers chirographaires pour ce qui leur reste dû.

Si la distribution de tout ou partie des valeurs mobilières précède la vente des immeubles, les créanciers hypothécaires y figurent provisoirement, comme créanciers chirographaires, pour le montant intégral de leur créance.

Lorsqu'ensuite a lieu la distribution du prix des immeubles hypothéqués, les mêmes créanciers y sont colloqués comme s'ils n'avaient rien reçu des valeurs mobilières; mais ceux qui doivent ainsi être payers entièrement ne touchent le montant de leur collocation hypothécair que sous la déduction des sommes qu'ils ont reçues comme créanciers chirographires, lesquelles sommes sont retituées à la masse mobilière.

A l'égard de ceux qui ne peuvent être payes hypothécairement qu'en partie, leur droit sur la masse mobilière est réglé définitivement d'après la somme pour laquelle ils ne viennent pas utilement à l'ordre, et ce qu'ils ont touché au-delà de cette proportion est retune sur leur collocation hypothécaire et restitué à la masse mobilière.

Les sommes ainsi restituées sont l'objet d'une nouvelle répartition entre les créanciers purement chirographaires et ceux des créanciers hypothécaires qui n'ont pu être colloqués à l'ordre ou ne l'ont été que pour une partie de leur créance.

第 4 章　抵当権

(旧民法草案)

第1761条　不動産売払代価ヲ以テ全部ノ弁済ヲ受ケサル抵当債権者ハ其尚受ク可キモノニ付テハ無特権債権者タリ

若シ不動産ノ売払ニ先チテ動産有価物ノ全部又ハ一分ノ配当ヲ為ストキハ抵当債権者ハ其債権全額ノ為メ無特権債権者トシテ仮ニ其配当ニ加ハル

其後ニ至リ抵当不動産ノ代価ヲ配当スルトキハ右ノ債権者ハ動産有価物ニ付キ何等ノモノヲモ受取ラサリシカ如ク其配当順序ニ加ハル然レトモ此ノ如クシテ全ク弁済ヲ受ク可キ者ハ無特権債権者トシテ受取リタル金額ヲ減除スルニ非サレハ其抵当ノ配当額ヲ受クルコトヲ得スシテ其減除シタル金額ハ動産財団中ニ之ヲ返還ス

抵当ニ因テ一分ノミノ弁済ヲ受クルコトヲ得可キ者ニ付テハ其動産財団ニ対スル権利ハ有益ニ順序ニ加ハラサル所ノ金額ニ従ヒ確定ニ定メラレ其者ノ右ノ割合外ニ受取リタルモノハ其抵当ノ配当額中ヨリ控除シ之ヲ動産財団中ニ返還ス

右ノ如ク返還セラレタル金額ハ純粋ノ無特権債権者ト有益ニ配当順序ニ加ハリタル抵当債権者トノ間ニ於ケル新配当ノ目的ヲ為ス

(債権担保編)

第247条　不動産ノ売却代価ヲ以テ全部ノ弁済ヲ受ケサル抵当債権者ハ其残額ニ付テハ無特権債権者タリ

若シ不動産ノ売却ニ先タチテ動産有価物ノ配当ヲ為ストキハ抵当債権者ハ其債権全額ノ為メ無特権債権者トシテ仮ニ其配当ニ加入ス

其後ニ至リ抵当不動産ノ代価ノ配当アルトキハ抵当債権者ハ動産有価物ニ付キ何等ノ弁済ヲモ受ケサリシカ如ク其配当ニ加入ス然カレトモ此配当ニ於テ全ク弁済ヲ受ク可キ者ハ動産ノ配当ニテ受取リタル金額ヲ控除スルニ非サレハ其抵当ノ配当額ヲ受取ルコトヲ得ス其控除シタル金額ハ動産財団中ニ之ヲ返還ス

不動産ノ代価ノ配当ニ於テ一分ノミノ弁済ヲ受クルコトヲ得ヘキ者ニ付テハ其残額ニ従ヒ其動産財団ニ対スル権利ヲ定ム但此割合外ニ受取リタルモノハ之ヲ動産財団中ニ返還ス

第394条（抵当不動産以外の財産からの弁済）

右ノ返還額ハ純粋ノ無特権債権者ト有益ニ配当ニ加入スルヲ得サル抵当債権者及ヒ債権ノ一分ノミニ付キ之ニ加入シタル抵当債権者トノ間ニ於テ更ニ之ヲ配当ス

[プロジェ注釈]

　本条は，極めて重要な法則を定めた。それらは，フランス商法典第552条から第556条までの規定から借用したものである。それは，破産（faillite）の場合のために規定されたもので，民事における支払不能（déconfiture）にまで及ぶものではないとするのが学説判例であるが，その趣旨の公正性から，最適のものとしてこの民法草案に用いることに全く躊躇はない。

[補論]

　注釈では，上記の後に長文の解説が付くのだが，ことがらは任意競売における配当の問題であるから，民法という視点からは省略してもよいであろう。

[調査会原案]

第389条　抵当権者ハ抵当不動産ノ代価ヲ以テ弁済ヲ受ケサル部分ニ付テノミ他ノ財産ニ付キ其債権ノ弁済ヲ受クルコトヲ得
　前項ノ規定ハ抵当不動産ノ代価ニ先チテ他ノ財産ノ代価ヲ配当スヘキ場合ニハ之ヲ適用セス但他ノ各債権者ハ抵当権者ヲシテ前項ノ規定ニ従ヒ弁済ヲ受ケシムル為メ之ニ配当スヘキ金額ノ供託ヲ請求スルコトヲ得

[説明概要]

　本条は，担保編第247条に多少の修正を加えた。この担保編の規定は非常に精密にできていて，フランス商法の規定を略そのまま移したようである。既成法典の内容は，理屈には合っているが計算が面倒である。原則は，本案と既成法典とは同じであって，抵当権者はまず抵当不動産について弁済を受けその不足分だけについては外の財産の値を取ることができる。も

第4章　抵当権

し，抵当不動産よりも外の財産が先に換価されるというような場合には，抵当権者は，普通の債権者として他の債権者と平等の弁済を受けるが，それは唯仮に受けるのであって，今度抵当不動産を売った場合には，やはりそこから抵当権者の取れるものは取って，もしそれで足りないならば，足りない部分だけはいったん仮に取っておいた他の財産の値の中から差し引いて，そのあとの金額については，その抵当不動産から得たところの価を通常の債権者との間でまた分け直すというのである。

　ただ公平であるというだけで，これほど計算を面倒にしてはよくなかろうというので，本案の第2項のようにしたのである。

　補論

　梅は，説明にあたって，本条は既成法典第247条に多少の修正を加えたとしているが，本条第2項についての説明を読むと，すべて競売の場で配当をするのか，抵当権者の受けられるべき債権額を供託という手段で確保するかという点で，ボワソナード草案とは方向性が全く異なるといいうる。また，ボワソナードが，仮に配当を受けるとしているのは，抵当不動産よりも先に債務者の動産について配当がなされる場合を想定しているという点については，とくに梅の言及はない。

　明治民法

第394条　抵当権者ハ抵当不動産ノ代価ヲ以テ弁済ヲ受ケサル債権ノ部分ニ付テノミ他ノ財産ヲ以テ弁済ヲ受クルコトヲ得
　前項ノ規定ハ抵当不動産ノ代価ニ先チテ他ノ財産ノ代価ヲ配当スヘキ場合ニハ之ヲ適用セス但他ノ各債権者ハ抵当権者ヲシテ前項ノ規定ニ従ヒ弁済ヲ受ケシムル為メ之ニ配当スヘキ金額ノ供託ヲ請求スルコトヲ得

　仏語訳

Art. 394. Le créancier hypothécaire peut, pour la partie seulement de sa créance dont il n'a pas été payé sur le prix de l'immeuble hypothéqué, se faire payer sur les autres biens du débiteur.

明治民法第395条

Les dispositions de l'alinéa précédent ne sont pas applicable, lorsqu'il y a lieu de répartir le prix desdits biens avant le prix de l'immeuble hypothéqué. Toutefois, l'un quelconque des autres créanciers peut demander que la somme qui doit etre attribuée au créancier hypothécaire soit consignée pour lui etre ultérieurement versée, conformément aux dispositions de l'alinéa précédent.

[補論]

明治民法第395条は，短期賃貸借保護の規定で，平成15年に改正となって，現行第395条になった。したがって，次には明治民法の規定を掲げる。

[明治民法]

第395条　第602条ニ定メタル期間ヲ超エサル賃貸借ハ抵当権ノ登記後ニ登記シタルモノト雖モ之ヲ以テ抵当権者ニ対抗スルコトヲ得但其賃貸借カ抵当権者ニ損害ヲ及ホストキハ裁判所ハ抵当権者ノ請求ニ因リ其解除ヲ命スルコトヲ得

[プロジェ]

Art. 1262. Lorsqu'un immeuble hypothéqué a été, soit aliéné en tout ou partie, soit grevé d'usufruit ou d'un autre droit réel, tout créancier hypothécaire inscrit sur l'immeuble avant la transcription de l'acte constitutif de l'aliénation ou du démenbrement de la propriété conserve, à l'encontre du tiers acquéreur, le droit de demander le payement de ce qui lui est dû et, subsisdiairement, celui de poursuivre l'expropriation dudit immeuble, comme s'il n'était pas aliéné ou démenbré, pour être payé sur le prix, à son rang d'hypothèque.

Toutefois, les baux faits ou renouvelés pour la durée mentionnée aux articles 126 et 127 doivent être respectés par les créanciers déjà inscrits.

[旧民法草案]

第1762条　抵当不動産カ全部又ハ一分讓渡サレ又ハ用益権若クハ其他ノ物

第4章　抵当権

権ヲ負担スルトキハ譲渡又ハ支分権設定証書ヲ登記スル前ニ其不動産ニ対シ記入ヲ為シタル抵当債権者ハ第三取得者ニ対シ尚ホ己レニ受ク可キモノノ弁済ヲ請求スルノ権利ヲ保存シ又右不動産カ譲渡サレス又ハ支分セラレサルトキノ如ク自己ノ抵当順位ヲ以テ其代価ニ因リ弁済ヲ受クル為メ右不動産ノ徴収ヲ訴追スルノ権利ヲ付随ニテ保存ス

然レトモ第626条ニ及ヒ第627条ニ記載シタル継続期ヲ以為シ又ハ更新シタル賃借ハ既ニ記入シタル債権者ニ於テ之ヲ遵守スルコトヲ要ス

（債権担保編）

第248条　抵当不動産カ譲渡サレ又ハ用益権其他ノ物権ヲ負担シタルトキハ其権利ノ登記前ニ登記ヲ為シタル抵当債権者ハ第三取得者ニ対シ債務ノ弁済ヲ請求スル権利ヲ保有シ又此不動産ノ売却代価ヲ以テ弁済ヲ受クル為メ其不動産ノ徴収ヲ訴追スル権利ヲ付随ニテ保有ス

然レトモ財産編第119条及ヒ第120条ニ規定シタル期間ヲ以テ為シ又ハ更新シタル賃貸借ハ抵当債権者之ヲ遵守スルコトヲ要ス

（プロジェ注釈）

　（本条第1項で，抵当権者は，自己の抵当権の順位をもってその代価によって弁済を受けるために，抵当不動産の徴収（expropriation）を訴追する権利があるが），本条第2項で唯一の例外を定めた。

　それは，賃貸借で相当な（modéré）期限を定めたものについてである（プロジェ第126条は，管理権に基づく賃貸の期限として，家屋，店舗その他の建築物については，5年としている。なお，第127条は，更新に関する規定である）。なぜなら，賃貸借に於いて，抵当権者の徴収を危惧して財産の賃貸が行われないことになることは，あってはならないことだからである。これより長い期間の定めのある賃貸も無効ではなく，抵当権者の要求によって許容されるべき期間に短縮される。

（調査会原案）

第390条　第　条ニ定メタル期間ヲ超ヘサル賃貸借ハ抵当権ノ登記後ニ登

明治民法第395条

記シタルモノト雖モ之ヲ以テ抵当権者ニ対抗スルコトヲ得

説明概要

　本条は，債権担保編第248条第2項に，ただ文字の修正を加えた。賃借権は，既成法典では物権であったが，ここでは債権とすることになっている。しかし，登記をすれば物権と同じ働きをするから，抵当権者との関係でこの点を別に明文を設けておく必要はない。そして，短期の賃貸借を抵当権者に対抗できるとしないと土地の利用を止めることになってしまう。短期賃貸借が管理行為であることは既成法典も認めている。それが抵当権者に対抗できないというのは不都合であるから，その意味では既成法典と同じ主義をとったのである。

補論

　賃貸借の規定が審議前であるので，原案では，短期賃貸借についての条数はブランクになっている。
　プロジェの注釈は，法定の期間を超える約定をしても，その期間は法定の期間に短縮されるように説明されている。横田委員が，3年まではよいのか10年というのは全くいけないのか，という質問をしたのに対して，梅は，自分の考えでは，長いのは全く保護されない，短期は管理行為だが長期は処分行為であるからいけない，とした方がよかろうと述べている。
　本条原案は，上に掲げた通り，明治民法の規定とは異なって但書がなかった。但書は，衆議院において，付加されたものである（広中俊雄編著『第九回帝国議会の民法審議』（有斐閣），116頁以下，第325条参照）。

仏語訳

Art. 395. Les baux n'excédant pas la durée prevue à l'article 602 sont opposables aux créanciers hypothécaires, même s'ils n'ont été inscrits qu'après l'inscription des hypothèques.Toutefois, lorsque ces baux portent préjudice aux créanciers hypotécaires, le tribunal peut, sur la demande de ceux-ci, en ordonner la résolution.

第 4 章　抵当権

> (現行民法)
>
> （抵当権の消滅時効）
> 第396条　抵当権は，債務者及び抵当権設定者に対しては，その担保する債権と同時でなければ，時効によって消滅しない。

(プロジェ)

Art. 1308. La prescription de l'hypothèque ne s'accomplit qu'avec la prescription de la créance elle-même, lorsque l'immeuble est resté dans les biens du débiteur.

　Dans le même cas, les actes qui interrompent et les causes qui suspendent le cours de la prescription à l'égard de la créance produisent le même effet à l'égard de l'hypothèque.

(旧民法草案)

第1808条　抵当ノ時効ハ不動産カ債務者ノ財産中ニ存スル場合ニ於テハ債権ノ時効ト同時ニ非サレハ成就セス
　右ノ場合ニ於テ債権ニ関シ時効ノ進行ヲ中断スル所為及ヒ之ヲ停止スル原由ハ抵当ニ関シテ同一ノ効力ヲ生ス

(債権担保編)

第295条　抵当ノ時効ハ不動産カ債務者ノ資産中ニ存スル場合ニ於テハ債権ノ時効ト同時ニ非サレハ成就セス
　右ノ場合ニ於テ債権ニ関シ時効ノ進行ヲ中断スル行為及ヒ之ヲ停止スル原因ハ抵当ニ関シテ同一ノ効力ヲ生ス

(プロジェ注釈)

　本条は，次条と比較したとき，基本的な区別が存在する。すなわち，不動産が債務者の手中に存する場合と，彼によって譲渡された場合とである。
　第一の場合は，債権の消滅時効のみが抵当権を消滅させる。第二の場合は，次条に規定し，更なる区別を設けた。すなわち，所有者たる債務者に

第396条（抵当権の消滅時効）

よって譲渡された場合と所有者ではない者によって譲渡された場合とである。

[補論]

上記の次条，すなわち，ボアソナード草案第1309条については，次に述べる現行民法第397条の箇所を見られたい。

[調査会原案]

第391条　抵当権ハ債務者及ヒ抵当権設定者ニ対シテハ債権ト同時ニ非サレハ時効ニ因リテ消滅セス

[説明概要]

本条は，担保編第295条１項の文字に修正を加えた。既成法典では，不動産が債務者の資産中に存する場合としている。普通の場合にはこれでよいが，債務者ではない者が抵当権設定者である場合もあるから，「債務者及ヒ抵当権設定者ニタイシテハ」とした。また，第295条２項については削除した。これらのことは，「時効」の規定が当てはまるので，ここに明文を要さぬことだからである。

[補論]

本条は，被担保債権が時効消滅しない限りは抵当権も消滅しないことになるが，後順位抵当権者や一般債権者など，本条に規定されていない者との関係では，債権が時効消滅にいたらない場合でも，抵当権のみが時効消滅するのではないかという問題を残した。

[明治民法]

第396条　抵当権ハ債務者及ヒ抵当権設定者ニ対シテハ其担保スル債権ト同時ニ非サレハ時効ニ因リテ消滅セス

第4章 抵当権

仏語訳

Art. 396. L'hypothèque ne s'éteint, par prescription, à l'égard du débiteur et de celui qui l'a constituée, qu'en même temps que la créance qu'elle garantit.

現行民法

（抵当不動産の時効取得による抵当権の消滅）
第397条　債務者又は抵当権設定者でない者が抵当不動産について取得時効に必要な要件を具備する占有をしたときは，抵当権は，これによって消滅する。

プロジェ

Art. 1309. Si l'immeuble hypothéqué a été aliéné par le débiteur, en même temps propriétaire, et est possédé par l'acquéreur ou ses ayant-cause, l'hypothèque inscrite ne s'éteint que par la prescription de trente ans, sans trouble résultant des actions hypothécaires, à comter du jour ou l'acquéreure a transcrit son titre; sans préjudice du cas où la créance elle-même s'éteindrait auparavant par la prescription libératpoire.

Art. 1310. Si l'immeuble a été cédé par un autre que le vrai propriétaire, le possesseure prescrit contre les créanciers hypothécaires inscrit, par le laps de temps qui lui est nécessaire pour prescrire contre le propriétaire, suivant qu'il est de bonne ou de maivaise foi.

Il en est de mème pour celui qui est possesseur de l'immeuble sans titre.

旧民法草案

第1809条　抵当不動産ノ所有者タル債務者カ其不動産ヲ譲渡シテ取得者又ハ承継人カ之ヲ占有スルトキハ記入シタル抵当ハ抵当訴訟ヨリ生スル妨害ナキニ於テハ取得者カ其証書ヲ登記シタル日ヨリ起算シ30年ノ時効ニ因リテノミ消滅ス但債権カ免責時効ニ因リテ其前ニ消滅スヘキ場合ヲ妨ケス
第1810条　若シ真ノ所有者ニ非サル者カ不動産ヲ譲渡シタルトキハ占有者

第397条（抵当不動産の時効取得による抵当権の消滅）

ハ其善意ナルト悪意ナルトニ従ヒ所有者ニ対シテ時効ヲ得ル為メニ必要ナル時間ノ経過ヲ以テ記入シタル抵当債権者ニ対シテ時効ヲ取得ス
無名義ニテ不動産ヲ占有スル者ニ付テモ亦同シ

(債権担保編)
第296条　抵当不動産ノ所有者タル債務者カ其不動産ヲ譲渡シテ取得者又ハ其承継人カ之ヲ占有スルトキハ登記シタル抵当権ハ抵当上ノ訴訟ヨリ生スル妨碍ナキニ於テハ取得者カ其取得ヲ登記シタル日ヨリ起算シ30カ年ノ時効ニ因リテノミ消滅ス但債権カ免責時効ニ因リテ其前ニ消滅ス可キ場合ヲ妨ケス
第297条　真ノ所有者ニ非サル者カ不動産ヲ譲渡シタルトキハ占有者ハ其善意ナルト悪意ナルトニ従ヒ所有者ニ対シテ時効ヲ得ル為メニ必要ナル時間ノ経過ニ因リ抵当権者ニ対シテ時効ヲ取得ス
無権原ニテ不動産ヲ占有スル者ニ付テモ亦同シ

(補論)
　時効法は，プロジェと明治民法とでは大幅にその趣旨を変えている。ここでは，プロジェの注釈の概要は省略する。

(調査会原案)
第392条　債務者又ハ抵当権設定者ニ非サル者カ抵当不動産ニ付キ取得時効ニ必要ナル条件ヲ具備シタル占有ヲ為ストキハ抵当権ハ之ニ因リテ消滅ス

(説明概要)
　本条は既成法典の債権担保編第296条，第297条とは少し違っている。既成法典は，占有者が所有者から不動産を譲り受けた場合と，所有者ならざる者から譲り受けた場合とを区別してある。前者の場合では必ず30年経たなければならないが，後者の場合には普通の取得時効の規則を適用するとあるから15年で時効に罹るようになっている。私（梅）の考えでは，両者

第4章　抵当権

を区別するならば，反対でなければならないと思う。むしろ，取得時効の規則に当て嵌まるのであれば，取得者の善意悪意の区別に従って，本案では10年と20年となったから，それで消滅するとした方がよかろう。それで，既成法典を改めた。

　また，「所有者タル債務者」という言葉が使ってあるが，所有者と債務者とが別である場合もあることを考慮して字句を改めた。

（明治民法）

第397条　債務者又ハ抵当権設定者ニ非サル者カ抵当不動産ニ付キ取得時効ニ必要ナル占有ヲ為シタルトキハ抵当権ハ之ニ因リテ消滅ス

（仏語訳）

Art. 397. Lorsqu'une personne, autre que le débiteur ou celui qui a constitué l'hypothèque, a possédé l'immeuble, dans les conditions requises pour la prescription acquisitive, l'hypothèque s'eteint par fait.

（現行民法）

　（抵当権の目的である地上権等の放棄）
第398条　地上権又は永小作権を抵当権の目的とした地上権者又は永小作人は，その権利を放棄しても，これをもって抵当権者に対抗することができない。

（プロジェ）

Art. 1263. Si l'hypothèque porte sur un démembrement de la propriété et que le débiteur ait renoncé à son droit, le créancier inscrit avant que la renonciation ait été transcrite conserve le droit de suite nonobstant ladite renonciation.

（旧民法草案）

第1763条　若シ抵当カ所有権ノ支分ニ存シテ債務者其権利ヲ抛棄シタルト

第398条（抵当権の目的である地上権等の放棄）

キハ其拋棄ノ登記前ニ記入シタル債権者ハ其拋棄ニ拘ハラス追及権ヲ保存ス

(債権担保編)
第249条　所有権ノ支分権ヲ抵当ト為シタル場合ニ於テ債務者其権利ヲ拋棄シタルトキハ其拋棄ノ登記前ニ抵当登記ヲ為シタル債権者ハ其拋棄ニ拘ハラス追及権ヲ保存ス

(プロジェ注釈)
　本条は，他人の所有権の支分権を抵当に供した抵当債務者が，これを放棄した場合を想定するものである。この放棄は，登記すべきものであるが，もし，債務者の放棄前に抵当権の登記がなされていたときは，放棄は抵当権を害することはできない。たとえば，用益権が設定されていて，それを抵当権の目的とした抵当権者は，その放棄はなかったこととして，権利が存在するものとして売却することができる。

(調査会原案)
第393条　地上権又ハ永小作権ヲ抵当ト為シタル者カ其権利ヲ拋棄スルモ之ヲ以テ抵当権者ニ対抗スルコトヲ得ス

(説明概要)
　本条は，担保編第249条に文字の修正を施しただけである。「所有権ノ支文権ヲ抵当ト為シタル場合」とあるが，本案では，支分権を以て抵当とすることができることを明らかにし，支分権という漠然たる言葉を使わず，地上権又は永小作権ということにした。第三者に対抗するためには登記を要することが決まっている以上は，一々登記ということを書いておかぬでもよいと考え省略した。

(明治民法)
第398条　地上権又ハ永小作権ヲ抵当トナシタル者カ其権利ヲ拋棄シタル

261

第4章 抵当権

モ之ヲ以テ抵当権者ニ対抗スルコトヲ得ス

仏語訳

Art. 398. Si le titulaire d'un droit de superficie ou d'emphytéose renonce audit droit, après l'avoir grevé d'hypothèque, sa renonciation n'est pas opposable aux créanciers hypothécaires.

〈編著者紹介〉

平井 一雄（ひらい・かずお）

獨協大学名誉教授

〈主要著作〉

民法拾遺　第1巻（2000年，信山社）

民法拾遺　第2巻（2000年，信山社）

日本民法学史・通史（共編，1997年，信山社）

日本民法学史・各論（共編，1997年，信山社）

日本民法学史・続編（共編，2015年，信山社）

基本講座民法1（総則・物権）（共編，2011年，信山社）

基本講座民法2（債権法）（共編，2012年，信山社）

史料・明治担保物権法
―プロジェから明治民法まで―

2016年（平成28年）3月10日　第1版第1刷発行

編著者　平井　一雄

発行者　今井　　貴
　　　　渡辺　左近

発行所　信山社出版株式会社

〒113-0033 東京都文京区本郷6-2-9-102
Tel 03-3818-1019　Fax 03-3818-0344
henshu@shinzansha.co.jp
Printed in Japan

Ⓒ 平井一雄，2016.　　印刷・製本／松澤印刷・日進堂製本

ISBN978-4-7972-2365-1 C3332

━━━ 好評既刊 ━━━

清水　元・橋本恭宏・山田創一　編
■財産法の新動向　　　　　　　　　　18,000 円
　－平井一雄先生喜寿記念－

水本　浩・平井一雄　編
■日本民法学史・通史　　　　　　　　 8,000 円

水本　浩・平井一雄　編
■日本民法学史・各論　　　　　　　　10,000 円

平井一雄・清水　元　編
■基本講座民法 1（総則・物権）　　　　3,800 円

平井一雄・清水　元　編
■基本講座民法 2（債権法）　　　　　　4,200 円

平井一雄　著
■民法拾遺　第 1 巻　　　　　　　　　18,000 円

平井一雄　著
■民法拾遺　第 2 巻　　　　　　　　　14,000 円

━━━ 信山社 ━━━